Dieter Urban   Kreativitätstechniken für Werbung und Design

Dieter Urban

Kreativitätstechniken für Werbung und Design

ECON Verlag
Düsseldorf · Wien · New York · Moskau

Das Denken für sich allein bewegt nichts,
sondern nur das auf einen Zweck gerichtete
und praktische Denken.

Aristoteles

Ich bedanke mich bei meinen
Studenten in Augsburg, Linz und St. Gallen,
die mit ihren Arbeiten wesentlich zur
Veranschaulichung meiner Thesen
beigetragen haben!

Inhalt

Einleitung

Wohl zu keiner Zeit waren soziologische, ökonomische und ökologische Aufgabenstellungen so zahlreich – starke, unkonventionelle Ideen zu ihrer Lösung so gefragt wie heute. Der weltpolitische Umbruch, die Auflösung der Ost-West-Konfrontation, die Zuspitzung des Nord-Süd-Konflikts und die damit zusammenhängende ethnische Bewegung sowie die Umweltdiskussion mit ihren brisant-existentiellen Fragen – nicht zuletzt die südostasiatische industrielle Evolution mit den Verschiebungen von bislang stabilen Marktanteilen, lassen den Ruf nach Innovation und Kreativität immer lauter werden.
Nicht jedes Problem wird durch das Durchhauen des »gordischen Knotens« gelöst. Auch an Abhilfen im privaten und geschäftlichen Alltag wird oft wochen- und monatelang geknobelt, ehe die »Nuß geknackt« ist. Die Suche nach *neuen* Ideen kann nämlich nicht innovationsblockierend vonstatten gehen. Vielmehr ist es eine Reihe von pragmatisch erforschten Methoden und Techniken kreativen Denkens, welche das Spielmaterial zur Öffnung unseres schöpferischen Potentials liefern. Eine gebrauchstüchtige neue Idee ist selten ein Zufallsprodukt, häufig jedoch eine Kombination von Gedanken, welche dem Problem systematisch zu Leibe rücken. Dazu ist es notwendig, daß sich die jedem Menschen innewohnende Kreativitätsenergie frei und ungebunden entfalten kann. Kreativität muß »entmythologisiert« werden. Wenn dieses »Zauberwort« früher meist nur mit Künstlern und Intellektuellen in Verbindung gebracht wurde, so deshalb, weil Kreativität in einer innovationsrenitenten Gesellschaft zwangsläufig nie populär werden konnte, d.h. zu wenig geübt und gefördert wurde, weil die konventionelle, eingeschränkte Ideenfindung im Normalfall ausreichte.
Wie finde ich die originelle, verblüffende Lösung – wie weiland Christoph Kolumbus, als er das Ei zum Stehen bringen sollte? Nur über die Distanz zu allem bisher Dagewesenen, nur über die Bereitschaft zum Risiko; aber auch nur über die totale Kenntnis des Problems, der Problembeschaffenheit und des Problemhintergrundes.
Das Kennenlernen bzw. Sichbewußtmachen von Spielfeldern

in Verbindung mit zielbezogenen Denkrichtungen wird Ihnen Wege öffnen, die Sie gehen können, um konstruktive Ideen zu finden. Im einzelnen geht es mir um die

- Vermittlung von kommunikationstheoretischem Basiswissen (damit ich »gut zu Fuß« bin, muß ich das richtige »Schuhwerk« haben),
- Darstellung ambivalenter Denkrichtungen (wobei der »rechte Fuß weiß, wo der linke hintritt« – in diesem Fall sind die sich gegenseitig ergänzenden beiden Gehirnhälften gemeint),
- Infragestellung etablierter Denkgewohnheiten (wenn ich »meiner Nase nachgehe«, komme ich auch vorwärts...),
- Optimierung vorhandener kreativer Fähigkeiten durch systematisches Vorgehen (wer sich in einem Labyrinth mit der rechten Hand an der Wand orientiert, findet auf dem kürzesten Weg den Ausgang),
- Einübung empirisch erprobter Ideenfindungstechniken und ihre Kombination untereinander (Kühe geben Milch, lila Kühe geben Schokolade).

Warum wird Kreativität (traditionell) eher mit musischer als mit naturwissenschaftlicher Begabung in Zusammenhang gebracht? Vielleicht, weil das Er-finden von gestalterischen Lösungen eher in der Ästhetik, die klassische Erfindung eher in der Funktion etabliert ist. Abgesehen davon, daß Design die »Kunst ist, Schönheit mit Zweck zu verbinden«, haben der visuelle Impuls und seine Wahrnehmungsverarbeitung ihre Wurzeln in archaischen Entwicklungsperioden und besitzen daher eine fundamentalere Gültigkeit.

Der Mensch ist wahrscheinlich deshalb mehr »Augenmensch« als »Ohrenmensch«, weil er als Kind zuerst »das Licht der Welt erblickt«, ehe er sich nachahmend durch Sprechen artikuliert. Menschen bleiben auch dann, wenn sie den Kinderschuhen entwachsen sind, im Grunde ihres Wesens »bildhaft-anschauliche« *Denker*. Sie leben bei jeder Begriffsbildung, bei Vergleich und Beurteilung, bei Assoziation und Kreation vom (vorausgegangenen) Bildeindruck. Dieser hat großen Einfluß auf ihr abstraktes Denken und logisches Folgern. Fehlen ihm die »Grundbilder«, fühlt sich der Mensch blind wie in einem dunklen Raum. Unsere Existenz ist darauf ausgerichtet, permanent »mit dem Bild« und »vom Bild« zu leben. Ehe beispielsweise ein Maler ein Bild malt oder ein Fotograf ein Motiv sucht, hat er Farbe, Form und Struktur »im Kopf« – selbst das Imaginäre, Abstrakte nimmt in seiner Vorstellung Gestalt an.

Unsere Sprache stellt dafür das passende (bildhaft-metaphorische) Vokabular zur Verfügung: Da wird jemand tunlichst »übersehen«, da kann man etwas heute oder überhaupt »nicht mehr sehen«, da hat jemand für eine bestimmte Sache »kein Auge«, da paßt etwas »nicht ins Bild«, oder da kann sich jemand »kein rechtes Bild« von einer Sache machen...
Allerdings versagt unser Vorstellungsvermögen, wenn etwas außerhalb unserer (dreidimensionalen) Weltsicht liegt, z.B. Wunder, Phänomene oder gar Zauberei. Da glauben wir nur, was wir »mit unseren eigenen Augen gesehen haben«..., weil wir eben bildhaft-anschauliche Denker sind.
Weil dem so ist, wird plausibel, daß der Mensch in einer von unterschiedlichsten Diskurswelten geprägten Zeit – trotz hohem Wissensstand – vermehrt nach Bildkonsum verlangt; die »visuelle Inflation« in Form von Schildern, Tafeln, illustrierten Zeitschriften, Comics- und Fotobänden, die Renaissance des Kinos, der Boom der Videotheken und nicht zuletzt die tägliche »TV-Medizin« sprechen hier wohl eine deutliche Sprache.
Wenn in die zweckbestimmte Gestaltung von Botschaften soziokulturelle und psychologische Vorgaben einfließen, können Bild- und Textideen nicht voneinander getrennt werden: Wirkungsvolle Darstellung von Mitteilungen, die über *Sicht*-Felder empfangen werden, kann sowohl mit verbalen als auch visuell-verbalen, jedoch nicht mit ausnahmslos visuellen Ausdrucksmitteln erreicht werden:

- Eine Bildbotschaft *ohne* Text würde kaum funktionieren: Beim (allerersten) Anblick einer lilafarbenen Kuh z.B. bleibt es dem (nichtinformierten) Betrachter überlassen, in welche Richtung er denkt – d.h., seinem Naturell entsprechend, bildet er den Text dazu in seinem Kopf (...Fehlfarbe, seltene Rasse?)
- Eine Bildbotschaft *mit* Text kann funktionieren, wenn unter Umständen nur ein Wort (Milka) die Denkschiene bestimmt, d.h., für den Betrachter wird durch den verbalen Zusatz die Wahrnehmung der Situation (Schokolade) umgepolt. Es wird ihm plötzlich klar, worauf er sein Bewußtsein richten, was er erkennen soll. Er prägt sich das Bild, die Werbung und die Marke ein.
- Eine Textbotschaft *ohne* Bild funktioniert, weil sie ebenfalls mit den Augen aufgenommen wird: Beim Lesen der Schlagzeile »Milka – die zarteste Versuchung...« bildet der Betrachter das *Bild* dazu in seinem Kopf.

Text zum Lesen ist auch visuelle Kommunikation, weil mit dem Gestaltungsmittel Typographie die Rezeption der Botschaft *bild*haft gesteuert werden kann. Das Basisproblem jeder wirkungsvollen Printwerbung ist deshalb die Bildwahl, um den Betrachter in eine bestimmte Richtung denken zu lassen, oder die Textformulierung, um den Leser (mit oder ohne Bild) im Sinne der Botschaft zu »lotsen«.

Wer im Konsumenten etwas bewegen, ihn für etwas motivieren will, muß den Weg über die visuelle Kommunikation gehen: Die Werbung investiert fast alle Ideen in das kommunikative Bild – entweder in statischer (Anzeigen, Plakate) oder in dynamischer Version (Fernsehen, Kino).

Weil vor allem der Zeitschriftenanzeige in diesem Zusammenhang ein höherer Rang eingeräumt werden muß, soll in diesem Buch auf die »Konzeption durch Variation« – dargestellt an drei bereits erschienenen Beispielen – detailliert eingegangen werden. Das Wort, der Text ist deshalb mit eingebunden, weil beides die Kommunikation wesentlich unterstützt und damit das Interpretationsspektrum der puren Bildaussage gezielt einzuschränken vermag.

Gute Werbung ist besser als Werbung, die »nicht schlecht« ist. Neben der handwerklichen Perfektion als Basis spielt der Effekt – das, was »rüberkommen« soll – eine ganz entscheidende Rolle: Wenn Werbung nicht auf einer starken Idee aufbauen kann, wird sie letztlich so unauffällig sein wie ein verlorenes weißes Taschentuch im Schnee. Ideen liegen nicht auf der Straße, auch fallen sie nicht vom Himmel; schon gar nicht können sie durch den »Kuß der Muse« erwartet werden. Gute Ideen wachsen nur in einem Perspektivenwechselklima: Wenn es dem Gestalter nicht gelingt, sich in die Rolle des Adressaten, in dessen Blickwinkel, verbunden mit entsprechendem Interessevolumen und Verarbeitungsfähigkeit, zu versetzen, wird er wohl oder übel »L'art pour l'art« produzieren – also »säen, ohne zu ernten«.

Was ist nun also eine gute, produktive Idee – und wie gelangt man dazu?

Kreativität ist, zum Beispiel in der gedruckten Werbebotschaft, ein komplexer Begriff: Eine Gestaltungskonzeption besteht aus Form und Inhalt, besser gesagt, aus einer inhaltsbezogenen Formgebung – welche Ausdruck vermitteln kann. Inhalt, d.h. Wert, Nutzen und Qualität einer Ware oder Dienstleistung, ist eine abstrakte Größe, welche erst durch ihr Aussehen bzw. ein Symbol sichtbar gemacht wird.

Sowohl für die Konzeption einer verbalen Aussage als auch für die Gestaltung einer visuellen Form – das Layout, bestehend aus Bild, Text und Firmensignet – bedarf es eines originellen Einfalls, dessen Zustandekommen die Hauptproblematik der Gestaltungsarbeit ausmacht.
Eine Zeitschriftenanzeige besteht also aus mehreren Gestaltungselementen, die sämtlich in einem (Verständigungs-)Zusammenhang stehen. Wird dieser Zusammenhang, der zunächst all jenen Betrachtern intakt erscheint (also auf gegenseitiger Vereinbarung beruht), die aufgrund ihrer soziokulturellen, intellektuellen und psychologischen Situation *konventionalisiert* sind, gestört, ist damit bereits ein höherer Aufmerksamkeitswert verbunden. Auf diesen Ansatz, welcher die Philosophie dieses Buches reflektiert, wird noch detailliert eingegangen.
Jedes Element (Zeichen) einer bereits erschienenen Anzeige läßt sich nicht nur einzeln herauslösen, sondern auch größen-, anordnungs- und richtungsbezogen, also formal verändern, d.h., durch die Gewichtung der Zeichen untereinander bzw. durch die Veränderung dieser Gewichte entsteht auch eine Veränderung der Bild-/Text-Dramaturgie. Dabei ist es interessant festzustellen, *wie* durch diese Variationen die jeweilige Akzentuierung schwerpunktmäßig verändert werden kann.
Der Leser und Anwender dieses Buches möge u.a. an drei (erschienenen) Anzeigen diese zum Teil verblüffende Wirkung nachvollziehen – und daraus ersehen, welch immenses Gestaltungsrepertoire ihm ständig zur Verfügung steht, wenn er sich diese Möglichkeiten einmal bewußtmacht.
Halten wir also als *ersten* Aspekt der »organisierten« Gestaltungsideenproduktion fest: Wer Werbebotschaften konzeptionell und grafisch bearbeitet, muß sich stets darüber im klaren sein, daß z.B. eine Anzeige nicht nur *ein* Zeichen in sich selbst darstellt, sondern immer einen Zeichenverband (semiotisch: Superzeichen), bestehend aus mehreren Elementen, die, wie Töne einer Melodie, unterschiedlich laut, hoch und rhythmisiert eingesetzt werden können. Jede Phrasierung mit diesen Zeichen, ja sogar Zeichenteilen, drückt einen bestimmten Diskurs aus, der durch die Wahrnehmung und die damit verbundene gedankliche Verarbeitung seitens des Betrachters entsteht. Ehe eine bestimmte Diskurswelt im Betrachter aufgebaut werden kann, muß der Gestalter – immer wechselnd zwischen der Rolle des Senders und der des Empfängers – ver-

schiedenste Variationen durchspielen. Ideenproduktion kann demnach systematisch-methodisch und technisch betrieben werden. Die erste Möglichkeit, welche sich auf die Form, das Layout, die Grafik einer Werbeanzeige bezieht, besteht zum einen aus der syntaktischen Analyse (Auflösung), zum anderen aus der variablen Synthese (Neuzusammensetzung).
Der *zweite* Aspekt, welcher sich auf den Inhalt, die Botschaft, den Bild/Text-Zusammenhang bezieht, liegt in der Möglichkeit des Austauschs der Elemente mit jenen anderer, ebenfalls bereits erschienener Anzeigen – entweder der gleichen oder sogar anderer Branchen. Das klingt paradox, aber wer einmal den Versuch unternommen hat, die Schlagzeile eines Automobilinserats mit dem Bild einer Fotokamera zu kombinieren weiß, welche Wirkung beim Betrachter entstehen kann: Dieser sucht nach gedanklichen Verbindungen – und beschäftigt sich deshalb viel intensiver mit der damit verbundenen Botschaft, als wenn der Text nur das Bild »beschreibt«... Bild- und Textmotive verschiedenster Anzeigen lassen sich »grundsätzlich« immer gegenseitig (neu) kombinieren. Ob es im jeweiligen Fall Sinn macht, muß der Bearbeiter selbst entscheiden; Ausschuß ist zwangsläufig vorprogrammiert – ohne (Empfänger-)Rollenverständnis bleibt dies ein vergebliches Unterfangen. Nicht jedes Bild »paßt« zu jedem Text; Effekt entsteht nur dann, wenn der scheinbar unpassende, unlogisch-absurde Zusammenhang einen Denkprozeß auslöst und somit die Anzeige konstruktiv originell erscheinen läßt. Die bereits erwähnten drei Beispiele im Buch mögen die Technik der *Neukombination* (Heuristik) auch hier in genügend überzeugender Weise veranschaulichen.
In der Anzeigengestaltung kann die Ideenfindung mit der heuristischen Bearbeitung eines »fremden« Sujets begonnen werden:

- Bild größer / Text kleiner bzw. Text größer / Bild kleiner oder
- nur Bild ohne Text bzw. nur Text ohne Bild arrangieren;
- zum Bild anderen Text bzw. zum Text ein anderes Bild stellen;
- Produkt oder Dienstleistung statt Nutzen vorstellen, bzw. Nutzen statt Produkt oder Dienstleistung vorstellen sowie
- Zielgruppe verändern bzw. Produkt/Dienstleistung verändern.

Die Vielfalt der auf diese Weise entstehenden Variationen ergibt eine bunte Palette an Lösungsmöglichkeiten. Sie unter-

scheiden sich dabei in punkto Konzeption, Anmutung und Effizienz zum Teil beträchtlich vom ursprünglichen Inserat.
Mit den in diesem Buch dargestellten Versuchen einer meiner Studiengruppen wird dokumentiert, daß es durchaus möglich ist, die inzwischen klassischen Denkprinzipien

- Abstraktion (= systematische Problemdefinition),
- Morphologie (= systematische Strukturierung),
- Assoziation (= phantastische Gedankenspiele),
- Analogie (= andere Bereiche / ähnliche Strukturen)

mit diesem spontanen, beschleunigenden, kreativen Ideenfindungsverfahren auch und gerade in der werblichen Botschaftsgestaltung anzuwenden.
Der Berufsalltag zeigt immer wieder, daß Designer, Werber, Organisatoren bis hin zu Technikern und Architekten zwar prinzipiell in der Lage sind, brauchbare bis neuartige Ideen zu finden und zu realisieren, dabei jedoch nie oder selten *systematisch* vorgehen. Kreativität galt immer als Phänomen, als divergente Größe – man hat sie, oder man hat sie nicht. Erst die Kreativitätsforschung konnte unter Beweis stellen, daß eine produktive Idee immer auf der Kombination Realität/Intuition, These/Antithese, Konvergenz/Divergenz beruht.

Zwei Motive standen für mich als Autor im Vordergrund:

- Das Entwickeln kreativer Vorgänge, welche innerhalb einer kalkulierbaren Zeitgröße bei systematisch-methodischer Arbeitsweise fast zwangsläufig gebrauchstüchtige Ansätze liefern, mit denen man sinnvoll und gezielt weiterarbeiten kann.

- Das Stärken des oft fehlenden oder zumindest schwachen Bewußtseins des kreativen Machers, *wie* seine Ideen zustande gekommen sind, welche *Wege* er gegangen ist und wie er diese auf der Suche nach weiteren Ideen wieder gehen kann.

WER DIE RICHTUNG KENNT, FINDET AUCH DAS ZIEL!

Am Ende dieser Einleitung erlaube ich mir noch eine persönliche Anmerkung: Bei dieser Arbeit handelt es sich weder um eine sozialpsychologische noch kommunikationstheoretische Untersuchung eines Wissenschaftlers. Vielmehr sollten in einer Art *Leitfaden* Ergebnisse und Erkenntnisse der Lehrmitteilung eines Gestalters mit langjähriger Berufserfahrung zusammengefaßt werden. Dabei habe ich mich selbstverständlich nicht nur am Problemlösungsprozeß, d.h. der Organisation produktiver Kreativität, sondern auch am denk- und verhaltenswissenschaftlichen Aspekt der Kreativitätsforschung orientiert.

Aystetten, im Herbst 1993 Dieter Urban

Spielfelder

Teil I

1 Kommunikation als menschliches Bedürfnis

Verhalten

Jedes Individuum – ob Mensch, Tier oder Pflanze – ist zeitlebens gezwungen, sich mit seiner Umgebung auseinanderzusetzen. Alles, was lebt, muß sich auch verhalten. Jedes Verhalten hat Mitteilungscharakter: die Natur durch das Wetter, die Flora durch ihre Reaktionen in den physischen und emotionalen Beziehungen zum Menschen, die Fauna durch Stimmlaute als Ausdrucksbewegungen, der Homo sapiens durch seine »Massenkommunikation treibenden Zellen«.

Wahrnehmung
Verarbeitung
Weitergabe
Reaktion

Jede Aufnahme von Informationen durch unsere Sinne, deren Wahrnehmung, Verarbeitung, Weitergabe sowie die Reaktion darauf, ist Kommunikation. Diese bildet die soziale Basis für unser Leben: Fragen zu stellen, Antworten zu geben, Wünsche mitzuteilen; sie dient aber auch dazu, sich anderen gegenüber zu behaupten.

Leben ist Kommunikation. Durch die Vielfalt seiner Sinnesorgane ist der Mensch dafür geradezu prädestiniert. Um möglichst gut mit unserer Umgebung in Verbindung zu stehen, stellt uns die Natur verschiedene »Empfänger« zur Verfügung:

- *optisch* – Die Augen dienen uns zur Aufnahme aller optischen Reize in dem für uns wichtigen Lichtspektrum. Die aufgenommenen Impulse werden im Gehirn reproduziert – Begriffe als Bilder, Bilder als Begriffe.
- *akustisch* – Die Ohren vermitteln uns akustische Informationen in einem begrenzten Umfeld. Sowohl Geräusche als auch Sprache und Musik werden durch das zweitwichtigste unserer Sinnesorgane rezipiert.
- Geruchs-, Geschmacks- und Gefühlsnervenzellen ermöglichen uns einerseits attraktive, andererseits abstoßend/warnende Situationen.

Während auch Tiere mit den gleichen Sinnesorganen kommunizieren können, ist der Mensch als höherentwickeltes Wesen in der Lage, sich auf zwei Ebenen zu verständigen:

- *Gespräch* – direkt (Gespräch, zweiseitig, privat – die Sinnesorgane stellen unmittelbar den Kontakt zwischen den Partnern her, welche weder zeitlich noch räumlich getrennt sind).

Botschaft

– indirekt (Botschaft, einseitig, öffentlich – zwischen Verhalten und Wahrnehmung tritt ein raumzeitlich ungebundenes Medium. Diese speicherungsfähige Kommunikation verläuft stets frontal, also weder bilateral noch multilateral.)

Kombinationen dieser beiden grundsätzlichen Modelle untereinander sind möglich: Die mündliche Weisung eines Vorgesetzten ist ein direktes, privates Gespräch – aber einseitig, weil sie keiner Widerrede bedarf. Ein Vortrag mit einem Redner »zum Anfassen« ist direkte, einseitige, aber öffentliche Kommunikation, weil jeder Zuhörer willkommen ist. Indirekt ist ein (zweiseitig/privates) *Telefonat*, weil, zwar zeitgleich, ein Raum überbrückt werden muß, und ein (einseitig/privater) *Brief*, weil das Medium Post stärker bewertet wird als seine Nichtöffentlichkeit.

privat

öffentlich

Die indirekte, mediale, nicht von »Angesicht zu Angesicht« fließende Kommunikation beinhaltet eine weitere – für den Gestalter äußerst relevante Kategorie:

Werbebotschaft

– Massenkommunikation (Werbebotschaft, kodiert, kanalisiert – zwischen den Partnern fungiert ein Gestalter, welcher das Kommunikationsverhältnis herstellt, d.h. die Botschaft entsprechend formuliert und die Zielgruppe über ein entsprechendes Übertragungsmedium anpeilt.)

Hier wird also zwischen dem vertrauten (Angehöriger, Freund, Bekannter) und dem anonymen (Interessent, Käufer) Adressaten nochmals unterschieden.

anonym

mündlich

In der mündlichen Kommunikation gelangt die Mitteilung auf direktem Weg von Partner 1 (Sender) zu Partner 2 (Empfänger). Im tagtäglichen Umgang mit unseren Mitmenschen finden wir die wohl wichtigste Art der Kommunikation: Wenn der *Sender* z.B. eine Frage stellt, die der *Empfänger* hört, hat sich schon der erste Teil einer klaren direkten Kommunikation vollzogen. Im zweiten Teil entscheidet sich, ob der Empfänger nur (Geräusche) gehört oder doch schon (den Inhalt der Frage) wahrgenommen hat: Wenn er nicht nachfragt, verarbeitet er und reagiert darauf. Diese Reaktion (Feedback) kann entweder die richtige oder falsche Antwort, sein Bedauern der Ratlosigkeit oder eine (schulterzuckende?) Nichtreaktion beinhalten. Von letzterem abgesehen, wird der Empfänger im Anschluß daran selbst zum Sender, und Partner 1 muß auf das Feedback reagieren.

Sender
Empfänger

Feedback

Durch den (gegebenenfalls) fortwährenden Rollentausch von Sender und Empfänger besteht nun durch gegenseitiges Nachfragen und Ergänzen die Chance, zu einer präzisen Information zu gelangen. Hierin liegt der eigentliche Vorteil der direkten Kommunikation: Am Telefon z.B. kann ich ein schnelleres und ausführlicheres Feedback bekommen als über Briefkontakt. Beim Vieraugengespräch allerdings ist die Qualität der Beziehungskommunikation am höchsten, weil nur hier alle Sinne gleichzeitig auf den Empfang bzw. die Weitergabe einer Mitteilung gerichtet sind.

sinnliche Kommunikation

Selbstverständlich beginnt der Verständigungswechsel nicht erst beim eigentlichen Gespräch. Vielmehr werden schon beim ersten optischen, akustischen oder gar Geruchskontakt Signale ausgetauscht. Zunächst möchte ich jedoch nur auf die direkte, lautsprachlich-verbale Kommunikation eingehen.

direkt lautsprachlich-verbal

Ein Beispiel: Gesetzt den Fall, Sie sitzen im Wartezimmer eines Arztes; Ihnen gegenüber ein weiterer Patient, mit dem Sie ins Gespräch kommen wollen. Wie verhalten Sie sich? Handelt es sich zufällig um eine Person, die Sie bereits kennen, werden Sie auf kürzestem Wege Ihr gewünschtes Thema anschneiden. Wie aber stellen Sie sich an, wenn Sie Ihr Gegenüber vorher noch nie gesehen haben? Starten Sie mit einem Problem oder einer Bagatelle? Wenn Sie einmal darüber nachdenken, warum eher banale Dinge (etwa das Wetter) eine Unterhaltung auslösen können, werden Sie feststellen, daß je kleiner das Risiko ist, zu früh ein Statement abzugeben, desto größer die grundsätzliche Bereitschaft dazu vorhanden sein kann.

banale Dinge

Eine (gewünschte) Kommunikation kommt stets über eine mehr oder minder harmlose Frage oder über einen Small talk zustande. Dieses Vorgehen empfiehlt sich auch in der Massenkommunikation, denn auch da handelt es sich um Adressaten, deren Kontaktbedürfnisse wir nur schlecht beurteilen können. Das erklärt auch die Tatsache, daß Werbung mit hohem Unterhaltungswert nicht nur wirksamer ist, sondern aus bereits erwähnten Gründen immer mehr an Bedeutung gewinnt. – Nicht jede Konversation läßt sich in ein Muster fassen. Ihr Zustandekommen und Verlauf – der bis zum ernsthaften Dialog führen kann – sowie das individuelle Ergebnis hängen von drei Partnerbezügen ab:

Small talk

- soziokulturell (Kultur, Klasse, Situation),
- intellektuell (Bildungsgrad, Vorinformation, Artikulation),
- psychologisch (Kontaktfähigkeit, Motivation, Sensibilität).

soziokulturell intellektuell psychologisch

Trotzdem lassen sich immer wieder einige grundsätzliche Gemeinsamkeiten feststellen: Vor Beginn einer Plauderei müssen bei jedem Partner mehr oder weniger psychologische Barrieren abgebaut werden: Befangenheit vor der Intimsphäre des

Befangenheit

Vorbehalte
Skepsis

anderen, Vorbehalte gegenüber der eigenen Offenbarung und Skepsis gegenüber der Reaktion des anderen. Der Partner, dessen Bedürfnis nach Kommunikation entsprechend groß ist, kann dies durch einen ersten Versuch (risikolose Frage oder Bemerkung) signalisieren. Der Angesprochene muß in irgendeiner Weise darauf reagieren:

Interesse
Desinteresse

- Interesse (Blickkontakt, freundliches Lächeln, Antwort) = positiv,
- Desinteresse (Ignoranz, keine Antwort) = negativ.

Vertrauen
Aufmerksamkeit
Motivation
Erwartungen

Bei positivem Feedback besteht minimales Interesse – Mindestvoraussetzung für den Aufbau einer minimalen Vertrauensbasis. Setzt sich die Plauderei fort, wachsen Aufmerksamkeit, Motivation und Erwartungen. Fehlen Interesse und/oder Vertrauen, bricht der Kontakt ab.

Daß der Mensch trotz Befangenheit, Vorbehalten und Skepsis, also einer gewissen (Anfangs-)Scheu allem Unbekannten gegenüber, kommuniziert, hängt mit seinen sozialen Bedürfnissen zusammen. Je besser sich Partner gegenseitig kennen, desto vertrauter werden sie miteinander. Psychologische Barrieren (Grundängste) werden von anderen Trieben derart überlagert, daß sie irgendwann nicht mehr bewußt wahrnehmbar sind.

Wer sich diese Triebe bewußtmachen will, braucht sich nur einmal die Frage zu stellen, warum er sich gerne auf ein Gespräch einläßt (passiv) oder warum er gerne eines in Gang setzen will (aktiv). Unter anderem handelt es sich doch um die folgenden Bedürfnisse:

- Neugier (Wie kann ich von wem etwas Neues, Wichtiges erfahren?)
- Selbstbewußtsein (Womit kann ich mich anderen gegenüber behaupten?)
- Sendungsbewußtsein (Wie kann ich anderen zeigen, daß ich viel weiß?)

wichtige
Bedürfnisse

- Streitlust (Wo und bei wem kann ich meine Aggressionen abbauen?)
- Selbstschutz (Wie kann/muß ich mich gegen Angriffe wehren?)
- Strategie (Wie und womit kann ich andere überreden bzw. überzeugen?)
- Diskussionsfreude (Wann und wo kann ich meine Meinung einbringen?)

Ort, Stimmung,
Situation

- Renommiersucht (Wo, wie, wem, womit kann ich meine Erfolge mitteilen?)

Das Bedürfnis allein, d.h. der Abbau von hemmenden Barrieren, ist zwar eine wichtige Voraussetzung beim Zustandekommen eines Gesprächs, reicht aber für dessen optimale Wirkung längst nicht aus. Der (ungestörte) Ort, die (richtige) Stimmung sowie die (akustische) Situation stellen entscheidende Bedingungen dar, wenn partnerbezogen, intakt und konstruktiv kommuniziert werden soll; wenn also über den Small talk, die Plauderei, die Konversation hinaus Vertrautheit und gegenseitiges Verständnis wachsen sollen.

Bedingungen

Wer sich diese kommunikationsfördernden Bedingungen einmal vor Augen führen möchte, sollte sich fragen, welche der folgenden Punkte für ihn selbst Priorität haben.

Prioritäten

Kommunikation als menschliches Bedürfnis: P. Watzlawick/

Direkte Kommunikation	*Indirekte Kommunikation*
• Beide Partner müssen bereit und fähig sein, d. h. sich artikulieren und zuhören können, die gleiche Sprache sprechen und die gleichen (Fach-)Wörter verstehen können.	• Sender und Empfänger müssen bereit und fähig sein, d.h. formulieren und »zwischen den Zeilen« lesen können. Weil Rückfragen nicht möglich sind, muß die Botschaft absolut verständlich sein.
• Ein Mindestinteresse an Partner und Thema muß vorhanden sein.	• Eine Erwartungshaltung gegenüber der Information muß vorhanden sein.
• Ein Mindestvertrauen gegenüber dem Partner muß vorhanden sein.	• Glaubwürdigkeit und Nachvollziehbarkeit müssen vorhanden sein.
• Genügend Zeit für Fragen und Antworten muß verfügbar sein.	• Je nach Art des Übertragungsmediums muß genügend Zeit zur Wahrnehmung und Verarbeitung vorhanden sein.
• Toleranz dem Partner gegenüber.	• Takt im Umgang mit dem Leser/Hörer.

J. H. Beavin/D. D. Jackson (»Menschliche Kommunikation«) fassen in sechs Punkten zusammen:
»(1) Die Freiheit, auf Kommunikation mit anderen Menschen zu verzichten, besteht nicht. (2) Jede Kommunikation hat einen Inhalts- und Beziehungsaspekt. Ein Großteil der Gespräche dient nicht dem Informationsaustausch, sondern der Definierung von Ich und Du. Das Ichbewußtsein eines Menschen ist abhängig von der Bestätigung durch andere. (3) Menschliche Kommunikation bedient sich sowohl der verweisenden Wort- und Satzsprache als auch einer Ausdruckssprache von Gebärden, Gesten und Mimik. Die zweite ist unmittelbarer, ursprünglicher, aber weniger logisch faßbar. (4) Kommunikationsabläufe sind symmetrisch oder komplementär, je nachdem, ob die Beziehung auf Gleichheit oder Ungleichheit beruht. In symmetrischen Abläufen kommt es leicht zu offenen Auseinandersetzungen, im Komplementären bleiben Konflikte oft verdeckt, unbewußt (Extremfall ›folie à deux‹). (5) In einer Beziehung ist jedes Verhalten zugleich Ursache und Wirkung. Die Ereignisfolge (z.B. nörgeln – sich zurückziehen) wird nur von den Partnern verschieden interpretiert. (6) Das eigene Erwartungsschema und das des Partners, um das ich aus früherer Erfahrung Bescheid weiß, ist mitbestimmend für das Verhalten und engt die Vielfalt der Verhaltensmöglichkeiten ein (darum kann es zu Zirkelreaktionen kommen).«

Kategorien: analog/digital, nonverbal/verbal, visuell/visuell-verbal

Von allen Lebewesen ist nur der Mensch in der Lage, gefühlsmäßig *und* berechnend, also analog und digital zu verkehren (Stand der Kommunikationswissenschaft von 1988).
Jedes Gespräch, jede Nachricht, jede Werbebotschaft weist einen Inhalts- und einen *Beziehungs*aspekt auf. Analoge und digitale Kommunikationsarten bestehen deshalb nicht nur nebeneinander, sondern ergänzen sich in jeder Information gegenseitig. Im folgenden stelle ich diese beiden Kategorien einander gegenüber:

Analoge Kommunikation	*Digitale Kommunikation*
• Hat Ähnlichkeitsbeziehung zum Inhalt.	• Willkürliche Beziehung zum Inhalt.
• Hat ihre Wurzeln in frühen Entwicklungsperioden des Menschen und gilt als anerkannter gegenüber der wesentlich jüngeren digitalen Kommunikationsart.	• Ist komplexer, vielschichtiger, abstrakter, rhetorischer (z. B. Amtsdeutsch, Werbesprache). Eignet sich vor allem zur Übermittlung von »druckreifen« Formulierungen.
• Auf der Ebene der Partnerbeziehungen (gegenseitige Abhängigkeit) praktizieren wir fast ausschließlich analoge Kommunikation.	• Wo die persönliche Beziehung zum Gegenstand der Kommunikation wird, ist digitales Mitteilungsmaterial fast nicht zu gebrauchen.

rechtes/ linkes Gehirn

Die analoge Kommunikation wird der rechten Gehirnhälfte zugeordnet, die digitale entsprechend der linken Gehirnhälfte.

emotional/ rational

Das menschliche Gehirn, ein Wunderwerk aus 15 Milliarden Bausteinen, verfügt über zwei Zentren (rechtsliegend = Intuition, Kreativität; linksliegend = Logik, Intellekt), welche beim Denken und Handeln wechselseitig aktiviert werden.

Gehirnforschung

Die neuere Gehirnforschung ist nur ein Glied in einer jahrhundertelangen Kette: Schon der griechische Arzt Hippokrates (400 v. Chr.), auf den bekanntlich alle Mediziner eingeschworen sind, behauptete, daß der Mensch mit zwei unterschiedlich denkenden Gehirnhälften ausgestattet sei, aber erst nach dem Zweiten Weltkrieg ist dies sukzessive von der Wissenschaft nachgewiesen worden. Seit Beginn der neunziger Jahre befinden wir uns in einer Phase des Umschwungs: Schulmedizinische Deutungen über Denk-, Lern- und Verhaltensfunktionen werden manchmal im doppelten Sinn auf den Kopf gestellt.

Unwidersprochen ist, daß Groß- und Kleinhirn mit dem verlängerten Rückenmark als Teile angesehen werden müssen. Daß aber das Großhirn selbst (zwei Halbkugeln, deren Oberfläche vielfach zerklüftet ist) in *unterschiedlich* funktionierende Teile gegliedert ist, wäre noch vor wenigen Jahren von den meisten Forschern angezweifelt worden, welche immer glaubten, die rechte und linke Hälfte würden sich nur durch die Kybernetik bezüglich der rechten und linken Körperseite unter-

scheiden. Die aktuelle Forschung behauptet und belegt, daß beide Großhirnhemisphären in der Tat differenzierte Funktionen wahrnehmen, welche über die Links/Rechts-Trennung hinausgehen
Die meisten unserer Alltagsbeobachtungen – z.B. Konzentrationsschwierigkeiten, fotografisches Gedächtnis, beim Betrachten von Bildern Text im Kopf haben bzw. beim Lesen von Text Bilder im Kopf haben etc. – vermitteln in der Deutung der neueren Gehirnwissenschaft verblüffende Aha-Erlebnisse. Unterschiedliche Begabungen, Fähigkeiten und Spezialisierungen im Menschen (naturwissenschaftlich/technisch, musisch/künstlerisch, intelligenter Erfinder, cleverer Verkäufer, Analytiker, Kreativer etc.) lassen auf unterschiedlich ausgeprägte Gehirnhälften schließen:

links:	*rechts:*
Analyse	Synthese
Planung	Emotionen
Mathematik	Musikalität
Organisation	Körpersprache
Sprache/Lesen	Rhythmus/Tanz
DIGITALES DENKEN	ANALOGES DENKEN
Verbale Kommunikation	Visuelles Denken
Logisches Denken	Ganzheitliche
Detailkenntnisse	Erfahrungen
Gedächtnis	Gedächtnis
für Wörter	für Personen
und Zahlen	und Sachen
Sprach-	Erlebnis-
Gedächtnis	Gedächtnis

analog: visuell

Alle visuellen (bildlichen und bildnerischen) Wahrnehmungs- und Darstellungsfunktionen des Empfängers bzw. Senders sind mit der rechten Hirnhemisphäre verbunden. Hier werden auch alle Bildeindrücke aufgenommen und abgelegt, die mit dem Sehnerv auf der Netzhaut registriert werden. Diese Bilder können dann ein ganzes Leben erhalten bleiben, d.h., durch entsprechende Impulse können sie immer wieder abgerufen werden.
Aus der rechten Gehirnhälfte meldet sich auch unser physisch/psychisches Gefühl: Freude, Trauer, Sympathie, Abneigung, Intuition, Inspiration etc., welche oft nur in tiefer liegenden Hirnschichten zu finden sind, werden rechts zu Denk- und Verhaltensweisen verarbeitet.
Interessant für den Gestalter ist die Tatsache, daß über die rechte Gehirnhälfte (und nicht über beide!) auch das ganze kreative Potential in Gang gesetzt werden kann – auch das nur latent vorhandene. Das Rechtshirn ist zuständig dafür, daß sich der »Diskursmensch« (das in verschiedensten Alltagswelten eingebundene Individuum) von der Realität lösen kann, um in die Welt der Phantasie, der Freiheit von allen Konventionen auszuschweifen. Wer jemals an einer Brainstorming-Runde teilgenommen hat, weiß sofort, was ich meine…

Kreativität

Phantasie

digital: verbal

Sämtliche verbalen (sprachlichen, sprech- und hörbaren bzw. schreib- und lesbaren) Mitteilungen des Senders oder Empfängers kommen aus dem Linkshirn. Hier werden auch alle Sprachen und Daten gespeichert, Zahlen, Formeln und Recherchen gesammelt, die es auszuwerten gilt. Hier ist kein Platz für Unlogisches, Paradoxes, Groteskes, wohl aber für Methodik, Systematik, Kombinationsmöglichkeiten. In der linken Gehirnhälfte entwickelt sich unser Lernen, Denken und Planen: Alle Anleitungen, Prüfungen, Lehrgänge und Trainingsseminare werden hier genauso verarbeitet wie die Konzeption von Verkehrsleitsystemen, Verlagsbuchreihen, Werbekampagnen etc. Neben der analytischen Funktion des Linkshirns liegt hier auch die Fähigkeit des Menschen zum Kodieren und Dekodieren. Wiederum interessant für den Gestalter: Ergebnisse, welche beim phantastischen Ausschweifen mit dem Rechtshirn entstanden sind, werden hier im Linkshirn (unser »Zensor«, Bewertungsfilter) auf ihre Verwertbarkeit abgeprüft.

Kodierung/ Dekodierung

Kontrolle

Mogens Kirckhoff (»Mind Mapping – Die Synthese von sprachlichem und bildhaftem Denken«) macht dazu folgende Anmerkung: »Jedes Großhirnzentrum arbeitet auf der einen Seite ganz unabhängig von dem anderen und erfüllt seine Funktio-

nen. Auf der anderen Seite sind beide Gehirnhälften über einen dicken Nervenstrang, das Corpus callosum, miteinander verbunden. Auf diesem Wege wird das Faktenwissen mit dem kreativ-emotionalen Bereich gekoppelt und umgekehrt. Inwieweit bei einem Menschen individuelle Schwerpunkte auf der rechten oder linken Gehirnhälfte festgelegt sind oder variabel bleiben, läßt sich bis heute noch nicht eindeutig nachweisen. Doch wissen wir, daß nur sehr selten beide Zentren gleich stark ausgeprägt sind. Wir können vielmehr im Alltag beobachten, daß von Persönlichkeit zu Persönlichkeit unterschiedliche Dominanzen der einen oder der anderen Seite bestehen. Viel spricht dafür, daß sich die Dominanzen im Laufe unseres Lebens verändern.«
Um Ihnen, liebe Leser, dies ein wenig zu veranschaulichen, stelle ich einmal unterschiedliche Gehirndominanzen einander gegenüber:

LINKSHIRN		RECHTSHIRN
		Kinder = Singen, Spielen, Malen, Bilderbuch anschauen, Fernsehen (visuell)
Schüler = Lesen, Schreiben, Rechnen, Auswendiglernen (verbal)		
Hausaufgaben machen		Fußball spielen
diskursive Fähigkeiten:		intuitive Fähigkeiten:
Bildung	männl./Führungskräfte/weibl.	Improvisation
Aus-/Fort-/Weiterbildung		Flexibilität
Examen/Diplom		Phantasie
Magisterarbeit/Promotion		Einfallsreichtum
• Juristen		• Künstler/innen
Ingenieure		Designer/innen
Wirtschaftler		Architekt/innen
Naturwissenschaftler		Krankenschwestern
Sachbücher		Belletristik
These (Realität)	*Synthese*	*Antihese (Lust)*

Dazu wieder Mogens Kirckhoff: »Zur Ermittlung entsprechender Dominanzen – oder auch ausbalancierter Gehirnfunktionen – dient der Gehirndominanztest. Zu seinen Ergebnissen gehören auch folgende Feststellungen: Personen mit Rechtshirndominanz lassen sich leicht von ihren Gefühlen leiten. Sie reden viel und oft einfach darauflos. Sie schätzen schöngeistige Literatur unter anderem deshalb, weil sie beim Lesen die Texte in Bilder umgestalten können. Hingegen bevorzugen Personen mit Linkshirndominanz meist Fachliteratur. Bevor sie eine Entscheidung treffen, sammeln sie alle verfügbaren Fakten. Sie verschaffen sich selten über das Rechtshirn den großen Überblick. Geistig sind sie oft eher unbeweglich und konservativ. Ihre Fähigkeit, sich sprachlich gut ausdrücken zu können, ihre überzeugende Logik und ihre große Sachkenntnis verleihen ihnen eine starke Überzeugungskraft, so daß sie oft in dominierende Positionen gelangen.«
Die tagtägliche Kommunikation, der Umgang mit Kollegen und Freunden, aber auch die geschäftliche oder private Partnerschaft, leidet, wenn Rechts- und Linksdominierte aufeinandertreffen. Meist kommt es dabei zu Mißverständnissen, nicht selten sogar zu Problemen, die auf den ersten Blick unbegründet erscheinen, jedoch mit unterschiedlichen Persönlichkeitsstrukturen zusammenhängen. Zur Vergegenwärtigung habe ich auch hier wieder einige typische Denk- und Handlungsweisen miteinander konfrontiert:

Mißverständnisse und Probleme bei unterschiedlichen Persönlichkeitsstrukturen

LINKSDOMINIERT	RECHTSDOMINIERT
• Darstellung technischer Abläufe mit Zahlen, Formeln und Diagrammen, aber *ohne* Bilder.	• Diskussion über technische Abläufe *ohne* Beleg durch Daten und Fakten.
• Im Kino weniger Gefühlswallungen bei sentimentalen Szenen.	• Im Vortragssaal weniger konzentriert, wenn keine Dias gezeigt werden.
• Kreative Arbeit der Werbeabteilung in den Augen der EDV-Abteilung »spinnig«, »absurd«.	• Systematische Arbeit der EDV-Abteilung in den Augen der Werbeabteilung »engstirnig«, »langweilig«.
• Hier werden eher Digitaluhren getragen.	• Da werden eher Analoguhren (mit Zeigerlauf) bevorzugt.
• Die Abwägung von Fakten ergibt bei Entscheidungen Ausschlag.	• Die Hinzuziehung des Gefühls ist oft das »Zünglein an der Waage«.

ausgewogene Gehirnhälften

Bei den Kreativen – ob Architekt, Designer oder Werbetexter – darf keine der beiden Gehirnhälften unterentwickelt sein: Mit der rechten assoziieren und kombinieren sie, mit der linken arbeiten sie methodisch und systematisch; rechts »heben sie vom Boden ab« – links halten sie Ausschau nach einem sicheren »Landeplatz«.

visuell-verbale Synthese

Die Funktion beider synchron arbeitender, also permanent aufeinander abgestimmter Gehirnhemisphären, d.h. die Synthese von verbalem und visuellem Denkverhalten, läßt sich zusammenfassend wohl am besten an der Ganzheit unserer Sprache darstellen. Der Wortlaut *einer* Nachricht kann sowohl gesprochen als auch geschrieben, d.h. gehört oder gelesen werden. Nur: Alles, was mündlich (mit Stimm-Melodie) übermittelt wird, ist auf das rechte Hirn, alles was schriftlich (mit dem Alphabet) formuliert wird, ist auf das linke Hirn ausgerichtet. Hier nochmals eine Gegenüberstellung:

LINKSLIEGEND	RECHTSLIEGEND
Geschriebenes zum Lesen	Gesprochenes zum Hören
Schriftart/-charakter/-größe	Stimme/Dialekt/Lautstärke
Stimulanzien: Farben, Bilder	Gestik/Mimik, Geräusche, Musik
Lesetempo bestimmbar	Hörtempo nicht bestimmbar
Lesererlebnis hat »Weitwinkel«-Charakter	Hörerlebnis hat »Teleobjektiv«-Charakter
Tageszeitung	Rundfunkgerät
Presseartikel	Nachrichtensendung
Leitartikel	Rundfunkkommentar
Anzeigen	Funkwerbung
Botschaft durch Zeichen	Botschaft nicht durch Zeichen
verschlüsselt	verschlüsselt

Zeichen als Sprache

Alle Kommunikationsarten des Menschen bezeichnen wir als Sprache. Im Unterschied zu anderen Lebewesen verständigen wir uns durch Zeichen, welche lautsprachliche und/oder nichtlautsprachliche Formen aufweisen. Grundsätzlich wird dabei differenziert zwischen vier Kategorien:

Verbale Kommunikation	*Nonverbale Kommunikation*
Sprache unter Verwendung von Wörtern und Sätzen, geformt in	• sichtbar (Bilder ohne Ton, Signale, Zeichensprache, Gestik/Mimik, Körpersprache)
• Sprechgeschwindigkeit, Sprechrhythmus, Sprechgesang	• hörbar (Ton ohne Bilder, Geräusche, Musik, Tierstimmen etc.)
• Sprechpausen • Lautstärke • Betonung • Tonfall } gesprochene Stimme (Rundfunk, Telefon, Megaphon etc.)	• sicht-/hörbar (Film mit Musik, Schweigemärsche etc.)
• Tonhöhe – gesungene Stimme	• tastbar (kindliche/erotische Kommunikation, Blindenschrift)
Inhalts- und beziehungsabhängig:	
• Wortwahl • Sprachstil • Rhetorik } gesprochene Stimme geschriebene Schrift gedruckte Schrift	• Kleider und Statussymbole • geruchliche und geschmackliche Impulse
gesprochen/geschrieben und hör-/lesbar	*gesendet und wahrnehmbar*

Visuell-verbale Kommunikation	*Visuelle Kommunikation*
Bilder mit Text: Illustrierte Zeitungen Anzeigen/Plakate Bildbände/Comics Tonfilme Fernsehen/Video (audioverbal-visuelle Formen)	Bilder ohne Text: Firmenzeichen (Bildmarken) Verkehrszeichen Piktogramme Stummfilme Filme mit Musik (audiovisuelle Formen)

Sämtliche Kategorien haben nur eine instrumentale Funktion. Sie dienen lediglich der (leichteren, schnelleren) Einstufung von kommunikativen Bereichen. Mischformen sind natürlich keine Seltenheit.

Mensch und Sprache

Der Mensch ist unter allen Kreaturen das einzige (sprechende) Individuum – oder anders ausgedrückt: »Der Mensch ist nur Mensch durch die Sprache.« Dies schrieb einmal der Philosoph und Staatsmann Wilhelm von Humboldt (1767–1835). Und an anderer Stelle: »So wie für jeden Laut ein Zeichen gegeben ist, gewöhnen sich das Ohr und die Sprachorgane, ihn immer genau auf dieselbe Weise zu fordern und wiederzugeben; zugleich wird er, mit Abschneidung des unbestimmten Tönens, mit dem, im ungebildeten Sprechen, ein Laut in den anderen überfließt, schärfer und richtiger begrenzt. Diese reinere Aussprache, die feine Ausbildung des Ohrs und der Sprachwerkzeuge ist schon an sich und in ihrer Wirkung auch auf das Innere der Sprache von der äußersten Wichtigkeit; die Absonderung der Lautelemente übt aber auch einen noch tiefer in das Wesen der Sprache eingehenden Einfluß aus.«

Sprache und Denken

Sprechen ist ein Austausch von Denkvorgängen: »Die Sprache wurde dem Menschen gegeben, um seine Gedanken auszudrücken«, meinte der Komödiendichter Molière schon vor über 300 Jahren. Wer denkt, der spricht, wer spricht, der schreibt, wenn er kann, und wer schreibt, der denkt auch. Als der Mensch begann, zuerst über seine Umgebung, seine Mitmenschen, seine Umwelt, dann über die Welt an sich und schließlich über sich selbst nachzudenken, kam er zur Philosophie. Diese Wissenschaft wäre ohne die Sprache »undenkbar«.

Philosophie und Sprache

Der Kulturhistoriker Jacob Burckhardt (1818–1897), Begründer einer systematischen Kunstwissenschaft, sagte einmal dazu: »An der Spitze aller Kultur steht ein geistiges Wunder: die Sprache, deren Ursprung, unabhängig vom Einzelvolk und seiner Einzelsprache, in der Seele liegt…« Poetischer formuliert es der französische Schriftsteller Joseph Joubert (1754–1824) in seinen »Gedanken und Maximen«: »Zeichnung ist Sprache für die Augen, Sprache Malerei für das Ohr.« Der kanadische Kommunikationswissenschaftler Marshall McLuhan, ein besonders unter Werbern vielbeachteter Zeitgenosse, welcher eine ästhetische Medientheorie popularisierte, die personale und technisch vermittelte Kommunikation als »Erweiterung der menschlichen Sinnesorgane« ansieht (»Die magischen Kanäle«, 1968) bilanziert – Humboldt folgend: »Bis das Schreiben erfunden wurde, lebte der Mensch in einem akustischen Raum – grenzenlos, ohne Richtung und Horizont, in der Dunkelheit des Geistes, in der Welt der Gefühle, in der ursprünglichen Intuition, in Terror. Das beherrschende Organ der sinnlichen wie sozialen Orientation in voralphabetischen Gesellschaften war das Ohr – Hören bedeutete Glauben! Das phonetische Alphabet zwang die magische Welt des Ohrs, sich der neutralen Welt des Auges zu ergeben.«

Sprache hören

Enzyklopädisch wird der Sprachbegriff folgendermaßen definiert: »System von Zeichen, das der Gewinnung von Gedanken, ihrem Austausch zwischen verschiedenen Menschen sowie der Fixierung von erworbenem Wissen dient. Sprache kann akustisches (Folge von Schallereignissen), soziales (mindestens zwei Sprecher/Hörer sind beteiligt) oder psychisches Phänomen (setzt innerpsychische Prozesse vor einer sprachlichen Äußerung und nach deren Rezeption voraus) oder auch als System logischer Operationen aufgefaßt werden. Die Beziehung zwischen Zeichen und Bezeichnetem (Ausschnitt aus der außersprachlichen Wirklichkeit) hängt von der jeweiligen Sprachgemeinschaft ab, die einem bestimmten Ausschnitt aus der Wirklichkeit ein bestimmtes Zeichen konventional zuordnet« (Meyers Großes Handlexikon).

Sprache als Zeichensystem

Zeichen und Bezeichnung

Menschliche Sprache wird durch Laute ausgedrückt und durch die sinngebende Anordnung von Wörtern zu Sätzen – welche untereinander eine größere inhaltliche Einheit (= Text) bilden – organisiert.

Nach Ludwig Wittgenstein (österr. Philosoph, 1889–1951) »kann man die Schrift als eine Sprache zur Beschreibung von Lautbildern auffassen«.

Eine besondere Form der sprachlichen Verständigung ist das Morsealphabet: eine Kodierung von Sprache, welche zwar wie das Sprechen über das Ohr wahrgenommen, aber – ähnlich wie die Blindenschrift – bereits über das Alphabet verschlüsselt wird. Dieses »Gehör-ABC« ist 1837 vom Amerikaner Samuel Morse erfunden worden und besteht aus zwei akustischen Elementen (kurze und lange Töne), die pro Buchstabe entsprechend kombiniert und vom menschlichen Ohr unmißverständlich unterschieden werden können – eigentlich eine primitive Zeichensprache! Ursprünglich für die Telegrafie entwickelt, wurde sie später auch als optische Signalgebung, etwa durch Lichtimpulse oder Flaggenzeichen, eingesetzt – vor allem da, wo die Botschaft über weite Entfernungen übermittelt werden mußte, auf Zeichen beschränkt war und absolute Zuverlässigkeit vorausgesetzt wurde: zum Beispiel für SOS (Save Our Souls) = dreimal kurz, dreimal lang, dreimal kurz (··· --- ···).

verschlüsselte Sprache

Beim 1829 entstandenen Tastalphabet des Franzosen Louis Braille bilden sechs in zwei Reihen angeordnete (erhabene) Punkte – verschiedenartig kombiniert – die Basis. Die 63 Zeichen (Punktkonstellationen) entsprechen den 64 Möglichkeiten auf dem Raster einer Domino-Sechs (das 64. »Zeichen« ist blank und markiert den Wortzwischenraum). Die Punkte des 6er-Rasters sind numeriert: 1-2-3 in der linken Kolonne, 4-5-6 in der rechten Kolonne abwärts. A = Punkt 1, B = Punkt 1 + 2, C = Punkt 1 + 4, D = Punkt 1, 4 + 5, E = Punkt 1 + 5, F = Punkt 1, 2 + 4, G = Punkt 1, 2, 4 + 5 etc. Die ersten zehn Buchstaben setzen sich nur aus den oberen vier Punkten 1, 2, 4 + 5 zusammen – für die zweiten zehn kommt dann Punkt 3 hinzu, für die weiteren Punkt 6. Ähnlich systematisch und unkompliziert speicherbar wie das Morsealphabet ist Brailles Blindenschrift aufgebaut – eine ebenfalls anspruchslose, aber bezüglich der Sensibilität der taktilen Nerven effektive Zeichensprache.

Sprechen ist oft nicht mehr als lautes Denken. Doch nicht nur das Denken verleiht der Sprache einen emotionalen Effekt, der Klang der Laute spielt bei der Bildung und beim Einsatz von bestimmten Wörtern eine entscheidende Rolle. Wie sonst hätten Steigerungsformen wie z.B. »mucksmäuschenstill«, »niegelnagelneu« oder »zappenduster« unsere Sprache – wenn auch auf etwas zweifelhafte Art – bereichern können? Wenn ein Mensch in einem »Affenzahn« Auto fährt oder »hundemüde« ins Bett fällt, eine im Straßenverkehr verendete Katze »mausetot« ist – oder eine »steinreiche« Erbin »todschick« gekleidet ist..., wird der begriffliche Unsinn offensichtlich. Trotzdem werden solche Wortgebilde mit dem »expressiven Eigenwert« der Sprache entschuldigt oder zumindest begründet.

Klang der Laute

Stilmittel

Neben den sogenannten klassischen Lautmalereien wie muhen, wiehern, klirren oder scheppern gibt es auch Lautäußerungen, die Hermann Strehle in seinem Buch »Vom Geheimnis der Sprache« Interjektionen (= Empfindungswörter) nennt: Ausrufe der Erregung wie ah, au, ih, oh, uh oder ui. Sie sind das akustische Gegenstück zum mimischen Gesichtsausdruck: Bewunderung, Angst, Ekel, Enttäuschung, Staunen – durch Worte ausgedrückt, die z.B. am Telefon das Augen- und Körperspiel ersetzen müssen.

Interjektionen

Sprechen kann auch durchaus hohen Ansprüchen gerecht werden – wenn man z.B. einen Vortrag klar und logisch gegliedert aufbaut, Thesen (und Antithesen?) einbaut, welche

Thesen und Antithesen

jeweils belegt werden können, eine Übersicht am Anfang und ein Fazit ans Ende stellt, gut formuliert mit Passagen, in denen jedes Wort sitzt wie ein gezielter Hieb – dazu mit kurzen und langen Sätzen einen Rhythmus einhält, der den Zuhörer oder Leser permanent aufmerksam sein läßt; wenn man zur Steigerung des Wesentlichen die Stimme anhebt, nachdem sie kurz vorher bewußt gedämpft gehalten wurde.

Als melodisches Sprechen wird Singen oder Sprechgesang bezeichnet. Zwischen dem mittelalterlichen Minnelied und dem Jingle (= gesungener Slogan) von heute liegt zwar ein weiter Weg, der »Werbe«-Effekt indes ist ähnlicher Natur, auch wenn der jeweilige Anlaß zur Komposition erhebliche Unterschiede aufweist.

Idioms

Wenn heutzutage so mancher Werbetext durch eine oder mehrere Anleihen bei der Umgangssprache (Idioms) zustande kommt, so liegt das sicher nicht nur am Verständnis bezüglich der Zielgruppe, sondern auch daran, daß angeblich nur diese Gegenwartssprache jene Zwei- und Mehrdeutigkeiten zuläßt, welche die notwendige Spannung aufbauen, um von einem zum anderen Partner ein »Zwischen« zu erzeugen – wie es der Religionsphilosoph Martin Buber (1878–1965) nennt –, das »in schließliches Verstehen mündet und die Kommunikation vollendet«.

Metaphern

Nach Untersuchungen von Peter Teigeler (»Verständlichkeit und Wirksamkeit von Sprache und Text«) besteht die Hälfte unserer Alltagssprache aus wenig mehr als 200 Wörtern, vorwiegend kurzen Ein- und Zweisilbern. Unter den rhetorischen Figuren nehmen die Metaphern eine besondere Stellung ein, weil sie die Sprache anschaulich machen: Der *Schnabel* ist nicht nur der Körperteil eines Vogels, sondern auch zur Bezeichnung für den Ausguß eines Gefäßes geworden. Die Wortbedeutung wurde auch erweitert beim *Meerbusen*, beim *Bergrücken,* bei der *Landzunge* und beim *Flußarm.* Meist sind es die Namen der Menschen- oder Tiergestalt, welche den Grund dafür liefern, daß von einem Bereich (Bild) in einen anderen (Sprache) transferiert wurde.

Bild/Sprach-Transfer

Adjektive, die etwas Konkretes ausdrücken, können Substantive, die etwas Abstraktes bezeichnen, bildhafter machen: man spricht von der *faulen* Ausrede, der *fadenscheinigen* Begründung, dem *launischen* Wetter; eine faule Ausrede »stinkt«, das launische Wetter ist so unberechenbar wie ein Mensch, welcher zwischen ständig wechselnden Stimmungen schwankt... Sich die »Nase abfrieren« oder »Übers Ohr hauen

Redensarten

lassen« oder ein »Auge auf etwas werfen« sind Redensarten, die vor allem in der mündlichen (Umgangs-)Sprache eingesetzt werden. Wegen der vertrauten Wortfolge, verbunden mit guten visuellen Umsetzungsmöglichkeiten, werden Redewendungen vorzugsweise in der Werbung eingesetzt: »Pack den Tiger in den Tank!« (ESSO).

Artikulationen

Sprechen ist ein derart vielschichtiger Komplex, daß man ihn nur annähernd mit einer Skala von Sprecharten und zugeordneten Texttypen darstellen kann. Prinzipiell haben zwischenmenschliche Artikulationen aktive und passive Inhalte im allgemeinen – unterhaltenden, erzieherischen, darstellenden und beeinflussenden Charakter im besonderen.

Kommunikationsart (Artikulation)		*Sprechart*
Erkundigung, Rat, Antwort	=	fragen, meinen, äußern, aussagen
Info-Übermittlung, Bekanntmachung	=	sagen, mitteilen, eröffnen
Neuigkeit, Gerichtsurteil, Parole	=	bekanntgeben, rufen, ausrufen
Wichtigkeit, Problem, Geheimnis	=	reden, aussprechen, ausplaudern
Zwiegespräch, Mehr-/Selbstgespräch	=	plaudern, schwätzen, murmeln
Kommentar, Rede, Plädoyer	=	bemerken, referieren, erklären
Vorlesung, Märchen/Geschichte	=	lesen, erzählen
Prosa, Poesie, Lyrik	=	rezitieren, aufsagen, hersagen
Monolog, Dialog	=	deklamieren, ausdrücken
Diskussion, Debatte	=	aussprechen, betonen, streiten
Verkaufsgespräch, Slogan etc.	=	überreden, überzeugen etc.

Sprache lesen

Hören wird über den auditiven Sinnesbereich erfahren. Irgendwann »setzte der Federkiel dem Gespräch ein Ende...«. Das Auge trat an die Stelle des Ohrs und wurde zum richtungweisenden Sinnesorgan: »Der rationale Mensch unserer westlichen Kultur ist ein visueller Mensch« (McLuhan). Das hängt u.a. – wie ich in der Einleitung schon feststellte – mit seinen biologischen Entwicklungsperioden zusammen.

Schrift

Die 26 Buchstaben unseres Alphabets sind, entsprechend aneinandergereiht, als Schrift das wichtigste Kommunikationsinstrument für alle Menschen, welche Lesen und Schreiben gelernt haben: Freude und Trauer, Herz und Verstand, Traum und Wirklichkeit – mit dem geschriebenen oder gedruckten Wort funktioniert unser Zusammenleben, wobei unwesentlich ist, daß verschiedene Menschen verschiedene Sprachen sprechen.

Wissenschaftlich-lexikalisch betrachtet, hat die Schrift sogar esoterischen Charakter: »Ursprünglich galten bei allen Völkern Bildzeichen und Buchstaben als heilige, mit besonderer Macht geladene Zeichen, die nur von bestimmten Priestern verstanden werden konnten. So besitzen Schriftzeichen Schutz- und Heilkraft« (Der Große Brockhaus).

Botschaften und Gebote auszusenden und Denkvorgänge zu fixieren sind menschliche Bedürfnisse, welche wahrscheinlich schon so alt sind wie die Sprache selbst. Der intellektuelle Prozeß, der zur optimalen Erfüllung dieser Bedürfnisse einsetzte, mündete in die Erfindung der Schrift – mit Sicherheit eine der größten Leistungen, die der Mensch bis heute erbracht hat.

Die Schrift gilt in ihrer 5000jährigen Geschichte als das fundamentalste Verständigungssystem, sowohl zur Dokumentation als auch zur Bewahrung von Recht und Ordnung über die Zeiten. Für den Kaufmann und Gesetzgeber ist sie in gleichem Maße unverzichtbar wie für den Forscher und Publizisten.

Ob nun die Überzeugungskraft der hörbaren oder der lesbaren Sprache unterschiedlich groß ist oder nicht, darüber kann man geteilter Meinung sein. Unbestritten ist, daß Gehörtes zwar suggestiver wirkt als Gelesenes, weil der Sprecher seine Stimme gezielt einsetzen kann; wer jedoch schon einmal den einen oder anderen Satz mehrmals lesen mußte, um ihn richtig zu verstehen, weiß vielleicht, um wieviel effektiver Geschriebenes sein kann.

Tonbilder

Unstrittig ist wohl auch, daß ein Zusammenwirken von Bildern (Foto, Film) und Worten (Schrift, Ton) die Kraft der betreffenden Aussage multiplizieren kann: Marktschreier, Moritatensänger und »wandelnde Plakate« (»Sandwichmänner« als Vorläufer der heutigen Außenwerbung an Bussen und Bahnen) wurden durch die kinematografische Projektion (Lichtspiele) abgelöst. Inzwischen gibt es die computergestützte Videotechnik, welche sogar Bild- und Tonimpulse synchron speichern sowie elektronisch »löschen« kann. Das Tonbild erschloß vor allem der Werbung völlig neue Möglichkeiten, legte ihr aber auch Beschränkungen auf. Die Technik mußte sich nicht mehr dem Text unterordnen, sondern umgekehrt: Das tönende Stehbild (Diaschau, Multivision) zum einen und das tönende Laufbild (Kino, Television) zum anderen verlangten verbale Präzisionsarbeit, sekundengenaue Abstimmung von Text und Bild im Drehbuch, optisch und akustisch geeignete Sprecher und nicht zuletzt die Kürze der Würze: TV-Spot-Sekunden sind kostspielig!

Dieser Zwang zur Qualität ist wohl auch einer der Gründe, warum neben der audioverbalen (Radio) die audiovisuelle bzw. audioverbal-visuelle Kommunikation (Texte lesen, während sie gesprochen werden) so populär geworden ist – selbstverständlich neben dem Vorteil, daß die beiden wichtigsten Wahrnehmungsorgane Auge und Ohr synchron anvisiert werden und dadurch Impression und Penetranz zwangsläufig verstärken.

Sprache sehen und hören

2 Verständigung durch visuelle Zeichen

Gestaltung

Reduktion

Zeichenvorrat

Kommunikationsketten

Im Unterschied zum persönlichen Gespräch, welches privaten Charakter hat und mündlich verläuft, muß die öffentliche Botschaft, welche anonym gehalten und auf Papier gedruckt ist, mittels Zeichen organisiert, d.h. visuell-verbal *gestaltet* werden. Diese Zeichen (Gestaltungselemente, Text, Bild, Farbe) stellen allesamt reduzierte (= verkürzte, vereinfachte) Inhalte dar, welche z. T. vielschichtige (= komplexe, komplizierte) Zusammenhänge vertreten. Weil Sender und Empfänger einer Botschaft ihre Rolle wechselseitig spielen, schöpfen sie aus einem *gemeinsamen* Zeichenvorrat (Repertoire). Dieser ist in eine Kommunikationskette eingebunden, deren Glieder im folgenden dargestellt werden. Dazu kurz die Definition des Kommunikationsbegriffs aus psychologischer Sicht: »... Allgemeine und umfassende Bezeichnung für Prozesse, die einen Sender, Empfänger, einen Kommunikationsmodus oder -kanal, eine Botschaft oder Nachricht und eine auf Empfang erfolgende Verhaltensänderung oder allgemein einen Effekt gleich welcher Art als analytische Einheiten aufweisen« (Fröhlich, W. D.: »dtv-Wörterbuch der Psychologie«). Mit zwei Funktionsdiagrammen möchte ich beginnen:

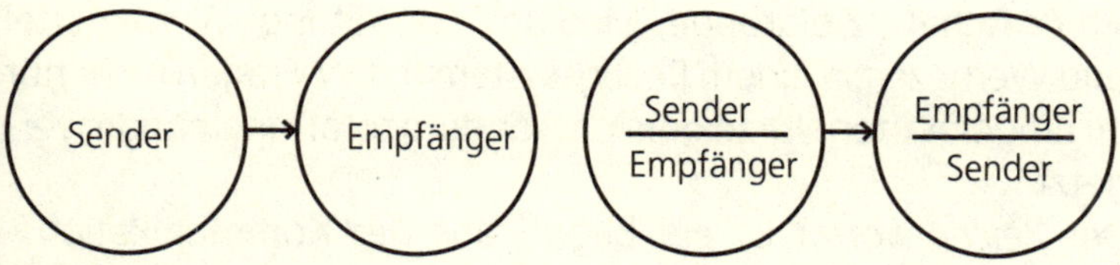

einseitige Kommunikation: Sender (Kommunikator) informiert Empfänger (Kommunikant)

zweiseitige Kommunikation: Empfänger wird zum Sender, Sender wird zum Empfänger der Reaktion (Feedback)

Diese Kette ist horizontal mit den Gliedern Inhalt (Botschaft), Kodierung (Zeichen), Kanal (Medium), Dekodierung (Deutung)

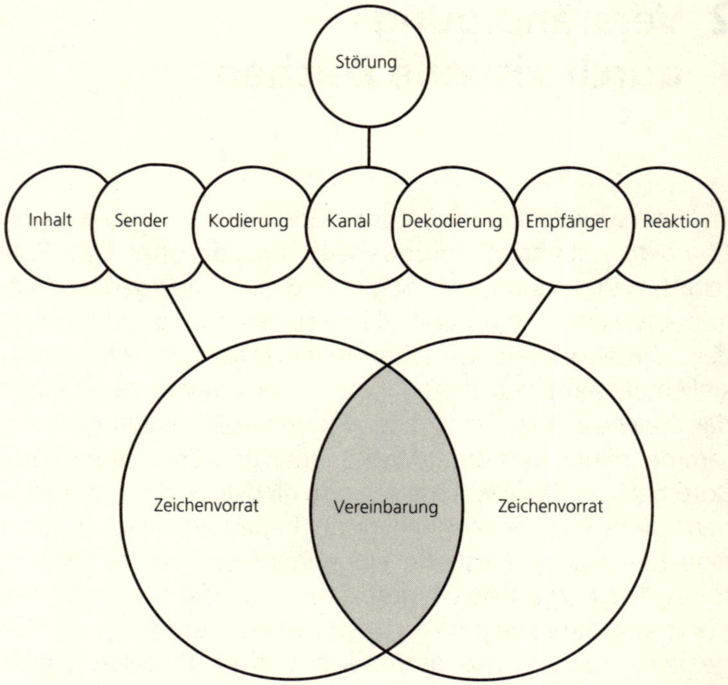

und Reaktion (Feedback) erweitert und vertikal durch destruktive und konstruktive Wirkungen ergänzt worden. Während im »Wörterbuch der Kybernetik« (G. Klaus [Hrsg.]) von solchen Funktionsdiagrammen ausgegangen wird, sehe ich Botschaft, Zielgruppe, Medium, Gestaltung, Werbemittel und Werbezeit in einem Bezugssystem mit W-Fragen nicht nur im umgekehrten Uhrzeigersinn, sondern total miteinander vernetzt.

Zeichenrepertoire (Kode)

Der *Zeichenvorrat* ist ein Begriff aus der Kommunikationstheorie. Mit ihm wird eine »strukturierte Menge von Zeichen« (Zeichenreihen) benannt, welche als Komplex ein Zeichenrepertoire (Kode) darstellen, das »konventionalisiert« (= gelernt) auf der *Vereinbarung* zwischen Sender und Empfänger basiert. Der Zeichenvorrat besteht aus visuell abhängigen

- nichtverbalen Zeichenkategorien (direkt: Gestik, Mimik, Körpersprache, indirekt: Farben, Ikone, Symbole, Signale) und aus
- verbalen Zeichenkategorien (direkt: Lautsprache, indirekt: Schriftsprache auf der Basis des Alphabets und der Zahlen).

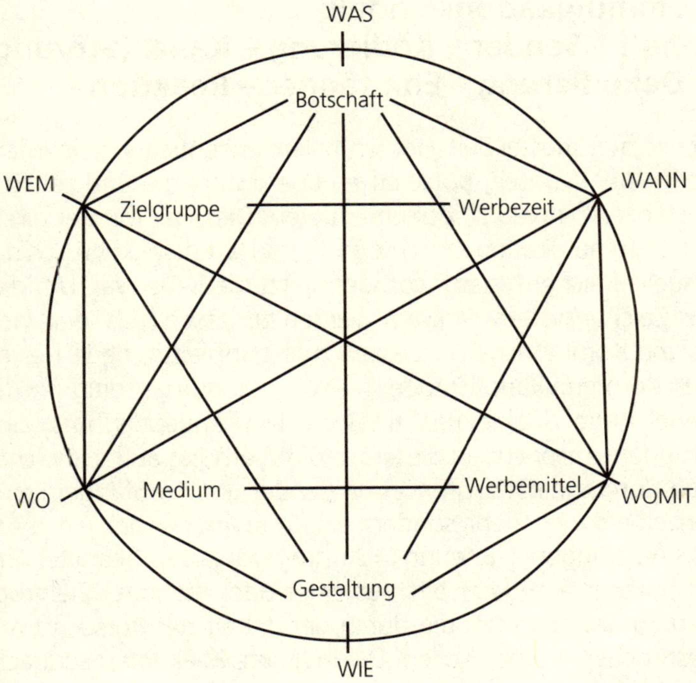

Besteht diese Vereinbarung nicht, ist Kommunikation unmöglich – z.B. zwischen Menschen verschiedener Sprach- und Kulturräume bzw. zwischen Experten und Laien (Arzt/Patient). Der Grund hierfür ist entweder die Unkenntnis des verwendeten Zeichenvorrats (Landes-/Fremdsprache) oder aber die sinnliche Einschränkung der Dekodierungsfähigkeit (Taubheit, Blindheit – entweder total oder auf Buntfarben bezogen). Der Zeichenvorrat besteht immer aus mehreren – mindestens zwei (Binärkode) – Zeichen. Bei einem sog. Superzeichen handelt es sich um die Kombination zweier unterschiedlicher Zeichen zu *einem* neuen Inhalt, z.B. »P« (Parken) + Dach (Haus) = Parkhaus. So betrachtet ist eigentlich jedes Wort aus zusammengesetzten Zeichen (Buchstaben) ein Superzeichen, weil ja jeder einzelne Buchstabe in anderer Kombination wieder ein anderes Wort, d.h. eine andere Bedeutung ergibt.

Superzeichen

Die alten Ägypter verwendeten bekanntlich Hieroglyphen (Bilderschrift), aus deren riesiger, inflationärer Menge eine zwangsläufige Entwicklung zu demotischen (=volkstümlichen) Schriftzeichen einsetzte.

Schriftzeichen

Kommunikationsmodell: Inhalt – Sender – Kodierung – Kanal (Störung) – Dekodierung – Empfänger – Reaktion

Schon in frühester Zeit (Höhlenmalereien) entstand beim Menschen der Wunsch, Botschaften über räumliche und zeitliche Distanzen hinweg zu dokumentieren. Dies war mit der direkten Kommunikation nicht möglich, und so entwickelte sich das visuelle Zeichensystem, von dem jetzt die Rede war. Um dieses Zeichensystem wirksam werden zu lassen, d.h. den *indirekten* Kommunikationsprozeß zu organisieren, bedarf es eines Kommunikationsmodells – welches nur einseitig (in der Regel ohne direkte Reaktion) die Massengesellschaft (Zielgruppen) anspricht. In dieser für die Werbung äußerst wichtigen Kommunikationsform sind Sender und Empfänger keine Einzelpersonen mehr, sondern ein *Komplex*, der sich einerseits aus Auftraggeber, Briefing (= Auftragsvorgabe), Gestalter und Produktion – andererseits aus einer oder mehrerer Zielgruppen zusammensetzt, die durch den Inhalt der Botschaft angesprochen werden sollen. Die indirekte Reaktion (Feedback) äußert sich hauptsächlich in der Werbewirksamkeit – wobei hier eine gezielte Kontrolle, etwa durch Tests, sehr vage ist, zumal nie ganz sicher ist, ob z.B. eine Steigerung des Bekanntheitsgrads bzw. höhere Verkaufszahlen kausal mit der Werbung oder dem Marketing (Produktlücke, -qualität, -preis oder -vertrieb) zusammenhängen.

Zeichensystem

Zielgruppen

Während die visuellen Zeichen (Text allein oder Text und Bild) den *Inhalt*, die Botschaft, darstellen, ist der *Sender* jenes Glied in der Kommunikationskette, welches eine kodierte Mitteilung an einen Informationskanal weitergibt. Dabei ist zu berücksichtigen, daß das Image (Persönlichkeit, Glaubwürdigkeit, Bonität) des Senders von nicht zu unterschätzender Bedeutung für die Effizienz der Botschaft ist. Vom Sender (Kommunikator) ist es auch abhängig, *welche* Informationen ausgewählt und übermittelt bzw. als unwichtig bezeichnet und deshalb zurückgehalten werden. Vom Seriositätsgrad des Senders, seinen sozialen, geistigen und psychologischen Bezügen, seiner Souveränität und seinem Werteverständnis hängt es auch ab, was den Empfängern (Konsumenten) mitgeteilt wird.

Image
Effizienz

Seriositätsgrad
Souveränität
Werteverständnis

Unter *Kodierung* wird das Verschlüsseln einer Botschaft durch Zuordnung von Zeichenreihen eines Zeichenvorrats zu den Zeichen eines anderen Repertoires verstanden (in der Morsetelegraphie für den Buchstaben »a« das Zeichen .-, im Funkverkehr die Töne »kurz – lang«). Im Kommunikationsdesign wird mit diesem Begriff jene Übersetzung (Gestaltungstransfer) bezeichnet, welche aus einem Inhalt mit viel Redundanz (= Informationsballast) eine Botschaft, also einen Kode mit kleinerer Redundanz herstellt. Diese *Reduktion* (Kürzel) auf ein Zeichen oder eine Zeichenreihe erleichtert uns die Begriffsbestimmung insbesondere von abstrakten Inhalten – z.B. kann die Bedeutungsvielheit von »Krankheit«, »Reichtum« oder »Glück« nicht durch ein Ikon (analog), sondern nur durch die Zeicheneinheit Schrift oder Symbol (digital) dargestellt werden.

Gestaltungstransfer = weniger Redundanz

Vielheit wird zu Einheit reduziert

Auch alle grafischen Zeichen (kartografische, Schalt-, Bild- und Firmenzeichen) sowie der Inhalt von Lexika, Fremd- und Sprachwörterbüchern stellen Kode dar, weil sie verschiedene Zeichen oder Superzeichen (Wörter) für ein und denselben Inhalt bereithalten. Auch Dialekte, Gaunerzinken und Kassiber (Geheimkodes) und nicht zuletzt die spezifischen Fachsprachen sind verschlüsselte Inhalte, welche nur bestimmten Personen, die den Kode kennen, zugänglich sind. Daraus läßt sich nicht nur die Unfähigkeit vieler Experten, sich Laien gegenüber verständlich zu machen, erklären, sondern ebenso die Absicht, »Unbefugte« von Informationen, die nicht für sie bestimmt sind, fernzuhalten. Voraussetzung für jede Kodierung ist jedoch, daß ihr Inhalt gedanklich – meist verbal – bereits schon »materialisiert«, d.h. bezeichnet und daher bekannt ist: Jeder weiß, was z.B. ein Friseur ist; deshalb kann er mit »hairdresser« (engl.), »coiffeur« (frz.) oder »parrucchiere« (ital.) verschlüsselt werden.

Der *Kanal* ist das Medium, mit dem bzw. durch das Botschaften vom Sender zum Empfänger transportiert (»kanalisiert«) werden. Man unterscheidet zwischen

- räumlichem Kanal: unmittelbare Übertragung räumlich entfernt, z.B. Amateurfunk oder Ferngespräch,
- zeitlichem Kanal: mittelbare Übertragung am selben Ort, z.B. durch (Verkehrs-)Zeichensystem, Plakatanschlag,
- räumlich/zeitlichem Kanal: unmittelbare Übertragung (z.B. Hör- oder Fernsehfunk), wenn »live« ausgestrahlt wird – mittelbare Übertragung, wenn es sich um eine »Aufzeichnung« handelt (z.B. Opernfestspiele langzeitversetzt oder Sportereignis kurzzeitversetzt).

Übertragung:
– unmittelbar
– mittelbar
– alternativ

Das Übertragungsmedium bietet einerseits dem Gestalter einen gewissen Spielraum (Hörspiele können mit Geräusch- und Musik-»Konserven«, Filme mit zeit-räumlichen Szenen dra-

Spielraum des Gestalters

maturgisch »zusammengeschnitten« werden, zeitversetzte Sendungen können audiovisuell »retuschiert« werden), andererseits legen sie dem Empfänger entsprechende Zwänge auf: Radio und Tonband übertragen nur Hörerlebnisse, die sich noch mit Lesen oder Routinearbeit kombinieren lassen, Film und TV dagegen müssen stets im Blickfeld des Hörers sein, wenn er der Sendung folgen will. Nicht unwesentlich ist auch die mehr oder minder große Abhängigkeit des Mediums (Sender: öffentlich-rechtlich oder privat) von politischen oder gesellschaftlichen Interessen: Vertrauensvorschuß bzw. zweifelhaftes Image können Ablauf und Wirkungsgrad der Sendung positiv oder negativ beeinflussen.

zu viele Impulse zu wenig Kanäle

Die Übertragung einer Sendung, eines Zeichens, eines Botschaftsinhalts ist immer der Möglichkeit einer *Störung* ausgesetzt. Dies hängt mit der Menge und Vielfalt der Impulse zusammen, welche tagtäglich auf uns einströmen – bei gleichzeitigem Mangel an dafür zur Verfügung stehenden Kanälen. Wir differenzieren

- informationstheoretisch: Rauschen durch atmosphärische Störungen in der Nachrichtentechnik (Radar-/Antennenanlagen),
- kommunikationstheoretisch: akustische Umweltgeräusche (z.B. Bau- und Straßenlärm, Rasenmäher etc.) oder optische Ablenkungen (z.B. Ampelanlage bei Gegenlicht etc.),
- designtheoretisch: Beeinträchtigung durch nachbarschaftsbedingtes Umfeld (z.B. Anzeige in einer Zeitschrift, Plakat an einer Litfaßsäule etc.).

Abstumpfung, Aufnahmeverweigerung

Hätte jeder – individuelle – Empfänger seinen eigenen Kanal, auf dem er bedarfsgerecht angesprochen werden kann, müßte dieser sich nicht *seine* Botschaft aus einem Komplex von Information, Unterhaltung, Werbung, Politik, Kultur etc. »herausfischen«. So bleibt ihm nichts anderes übrig, als sich selbst darum zu kümmern, was nun für ihn relevant (wichtige Nachricht) und was irrelevant (umwelt-, medien- oder streubedingt) ist. Dies führt sukzessive und permanent zur sinnlichen Abstumpfung, in schlimmen Fällen sogar zur Aufnahmeverweigerung (»Geisterfahrer«-Syndrom). Nur durch prägnanteren Blickfang und eine einprägsamere Formulierung der (Werbe-)Botschaft kann diesem Dilemma wirksam abgeholfen werden.

Während die *Dekodierung* die empfängerbezogene *Ent*schlüsselung der senderbezogenen *Ver*schlüsselung ist, handelt es sich beim *Empfänger* selbst um jenes Glied in der Kommunikationskette, welchem im gesamten Verständigungsprozeß die meiste Aufmerksamkeit gilt. Die Aufnahme von visuell-verbalen Botschaften strukturiert sich in drei reihenfolgebezogene Abschnitte:

Aufnahme (Rezeption)

- Sehen (physikalisch = Ganzheit/Helligkeit, Größe, Richtung),
- Wahrnehmen (physisch = Details/Form, Farbe, Bewegung, Anordnung, Textur, Räumlichkeit),
- Verarbeiten (psychologisch = Assoziation/Anmutung, Bewertung, Meinungsbildung, Verhalten).

Sehen (Perzeption)
Wahrnehmen (Apperzeption)
Verarbeiten (Assoziation)

Während sich der Sehsinn *unkonzentriert* nach optischen Impulsen richtet, arbeitet die Wahrnehmung *konzentriert* und selektiv: Beim Betrachten einer appetitlich angerichteten Speise (als Detail innerhalb des Komplexes »Restaurant«) z.B. werden auch die nonvisuellen Sinne Geruch und Geschmack in einen Alarmzustand versetzt: Das Wasser läuft uns im Mund zusammen – dies sogar außerhalb der Livesituation, z.B. bei einem gedruckten Foto in einem Gourmetmagazin. Ein wahrgenommener Gegenstand ist also nie separater Teil eines Ganzen, sondern immer nur das Zentrum, von der Peripherie umgeben.

Detail
Komplex

Zentrum
Peripherie

Dies eröffnet einem Kommunikationsgestalter ganz eigener Prägung interessanten Spielraum – dem Magier: Geschickt lenkt er den Blick des Zuschauers auf ein (künstlich geschaffenes) Zentrum, während er an der (für ihn zentralen) Peripherie trickreich arbeitet... Genau dies wäre jedoch für den Gestalter zweckbestimmter Mitteilungen sträflich falsch; er muß diese so formulieren, daß sie aus der Vielheit des Umfeldes in das zentrale Blickfeld gelangen.

Umfeld
Blickfeld

Der Mensch – als das zwar am höchsten entwickelte Lebewesen – macht gerne Anleihen bei der Tierwelt, wenn er Höchstleistungen sinnlicher Wahrnehmung bewundert: Da ist vom »Adlerauge« die Rede oder von der »Hundenase«; auch das phänomenale Gehör der Fledermaus paßt in diese Vergleichsbilder. Während jedoch diese sensiblen Qualitäten oft zu Lasten anderer Sinne gehen (z.B. sehen Hunde eher mäßig, weil sich bei ihnen alles auf die Geruchsnerven konzentriert), liefert der menschliche Organismus wesentlich ausgeglichenere Ergebnisse. Gerade unser Auge ist ein enorm gut funktionierendes Organ:

Auge als Wahrnehmungsorgan

- Es könnte schon als »Ultra-Weitwinkel«-Optik bezeichnet werden (in der Fototechnik spricht man bei 100–110° schon von einem Superweitwinkelobjektiv). Das Gesichtsfeld, bei feststehendem Kopf und konstant geradeaus schauenden

Blickwinkel

Augen, erstreckt sich waagerecht auf etwa 180° und senkrecht um die 140°.

Lichtstärke

- Es könnte auch als »ultra-lichtstark« angesehen werden. Zum Beispiel wird erzählt, daß ein Soldat, welcher sich stundenlang in stockdunkler, klarer Nacht auf einem Berg aufhielt, das helle Entflammen eines Zündholzes aus 80 km Entfernung (!) wahrgenommen hat – und daß demgegenüber ein geübter Skiläufer auf einer in hellstem Sonnenlicht glitzernden, schneebedeckten Loipe immer noch nicht strauchelt. Dabei ist Schnee in der grellen Mittagssonne ca. 100 Billionen mal heller als ein brennendes Streichholz in finsterer Nacht.

Auflösung

- Ferner könnte man bei der Netzhaut von einem »ultra-feinkörnigen Film« sprechen. So wird berichtet, daß eine Verpackungsschnur von 1,5 mm Stärke sogar aus einer Entfernung von 400 m gesehen werden kann – bei optimalen Bedingungen, versteht sich. Da ist dann der Vergleich zum Adler nicht weit hergeholt; letzterer hat vor allem deshalb ein scharfes Auge, weil es sich nicht von der Sonne blenden läßt.

Abgesehen von diesen Wahrnehmungsphänomenen des Auges besteht ein grundlegender Unterschied zwischen der Aufnahme von optischen und akustischen Reizen: Während wir z.B. aus einer Melodie noch die einzelnen Töne – nicht nur tonstufig, sondern sogar tonartbezogen – »heraushören«, verschmelzen die gelben, roten, blauen und schwarzen Rasterpunkte eines gedruckten Bildes zu einem *Farbbild*; wir hören also differenziert und sehen integriert.

differenziert hören / integriert sehen

J. Michael Matthaei geht darauf etwas näher ein: »Wie diese Integration in der visuellen Wahrnehmung vor sich geht, konnten die Wissenschaftler, die sich damit beschäftigen, bis heute nicht endgültig klären. Die zur Zeit populärste Theorie zur Farbwahrnehmung nimmt an, daß sich in der Retina (= Netzhaut) des Auges drei verschiedene Arten von Rezeptoren (Zapfen) befinden, die für jeweils eine Farbe – Rot, Grün und Blau – empfindlich sind. Diese Rezeptoren reagieren jeweils auf die entsprechenden Lichtwellen, indem sie einen Impuls an eine Schaltstelle senden, wo eine Zusammenfassung der einzelnen Impulse zu einer ›Farbinformation‹ stattfindet, die über den Sehnerv zum Gehirn weitergeleitet wird. Ob es in dieser Art geschieht, und wie es genau abläuft, kann allerdings nicht mit Sicherheit gesagt werden. Dies ist für den Gestalter aber auch

nicht von so entscheidender Bedeutung, für ihn ist in erster Linie wichtig, daß dieser Apparat insgesamt so arbeitet, daß die Farben ›richtig‹ gesehen werden. Eine andere Form der Integration ergibt sich aus den physiologischen Gegebenheiten des Wahrnehmungsapparates. In der Retina befinden sich ca. 3–5 Millionen Zapfen, die für das Farbensehen verantwortlich sind, und ca. 125 Millionen Stäbchen für das Helligkeitssehen, zusammen also ca. 130 Millionen Rezeptoren. Denen stehen ca. 1 Million Nervenfasern im Sehnerv zur Verfügung, es gibt also nicht für jeden Rezeptor eine ›Leitung‹ zum Gehirn. Hinzu kommt noch, daß diese Nervenfasern noch nicht einmal gleichmäßig an die Retina angeschlossen sind. So verfügt die ›Fovea centralis‹, der gelbe Fleck, das Zentrum der Netzhaut, über wesentlich mehr Leitungen zum Gehirn als die Peripherie. Das bedeutet, daß das hohe Auflösungsvermögen, von dem oben gesprochen wurde, nur in diesem zentralen Bereich der Netzhaut gegeben ist. Hierin ist auch der Grund für den so kleinen Bereich des Scharfsehens zu sehen. Das ›Bild‹ auf der Netzhaut verflacht zunehmend, je weiter es am Rand der Retina liegt. Zuerst wird es unscharf, dann vereinfacht und zuletzt verwischen die letzten Konturen, so daß nur noch formlose Bewegungen festgehalten werden.«
Die Qualität unseres Sehvermögens liegt also nicht in der Perfektion, sondern in der Assimilation (= Anpassung, Angleichung). Im Unterschied zum Kameraobjektiv – welches absolute physikalische Ergebnisse liefert – reagiert das menschliche Auge physiologisch umgebungsorientiert:

- Die »Lichtstärke« wird größer, je länger wir uns an die Dunkelheit gewöhnen; sie wird kleiner, je länger wir uns im grellen Sonnenlicht aufhalten (Pupillenreaktion).

Pupillenreaktion

- Die »Belichtung« der Retina, also der Impuls, welcher die Netzhaut reizt, ist ebenfalls nicht konstant: Helles reflektiert im Schatten weniger als Dunkles im Sonnenlicht.

Reflexion

- Der »Belichtungsmesser« reagiert unterschiedlich sensibel: Dieselbe Graustufe wirkt auf Weiß dunkler (schmutziger) als auf Schwarz; der gleiche rote Punkt erscheint auf orangefarbener Fläche stumpfer (dunkler) als auf lilafarbenem Grund.

Helligkeits-/ Simultankontrast

Wenn wir in Verbindung mit sinnlicher Wahrnehmung – und dabei vor allem die Sichtfelder meinen – über Aufnahmeverweigerung sprechen, so ist damit gemeint, daß unser Gehirn

Aufnahme
Verwertung
Reduktion

alle Reize (optische, akustische, haptische, sensible und motorische) nicht nur aufnimmt und verwertet, sondern auch (wenn der Speicher voll ist) reduziert. Hierin erklärt sich auch das überdurchschnittlich gute (ophthalmologisch: 110 oder 120%ige) Sehen oder das hypersensible Hören, welches oft jeweils zu Lasten eines anderen Sinnesorgans geht: Blinde hören besser, Gehörlose sehen besser; beispielsweise ist der Geruchssinn beim Hund, wie wir wissen, überentwickelt – und kompensiert damit die degenerierte Sehqualität.
Das menschliche Auge mit dem Kamera-Auge zu vergleichen, hat also seine Grenzen. Gleichwohl finden sich immer wieder Parallelen, die gar nicht so abwegig sind. Der auf uns einströmenden Reizvielfalt können wir entweder mit »offener Blende und Kurzzeitbelichtung« oder mit mehr bzw. minder »geschlossener Blende mit Langzeitbelichtung« in Verbindung mit dem »Einstellen der Schärfentiefe« begegnen:

Komplex

- Wir richten unser Augenmerk auf das gesamte Blickfeld, können uns aber nicht den Details widmen, oder

Detail

- wir wählen einen bestimmten Punkt in diesem Komplex aus und nehmen die Umgebung nur nach- oder sogar untergeordnet wahr.

Bewußte und unbewußte Wahrnehmung sind jedoch, wie wir wissen, nicht nur auf unsere vom Gehirn gesteuerten Sehnerven beschränkt. Die von

- Erwartung (Zielvorstellung, Auswahl bzw. Umdeutung beim Wahrnehmen),
- Motivation (Ganzheit aller augenblicklich bestehenden Motive) und
- Erinnerung (Wiedererkennen durch Abrufen von Bewußtseinsinhalten)

Aufmerksamkeit:
aktiv oder passiv

geprägte Aufmerksamkeit kann aktiver oder passiver Natur sein: Wenn wir z.B. auf der Suche nach einer Idee sind, denken wir angestrengt und konzentriert über Probleme, Abhilfe und Konsequenzen nach. Verlassen wir diese Aktivität – indem wir vielleicht einen »entkrampfenden« Waldspaziergang unternehmen –, gelangen wir in eine Phase der Passivität, ohne jedoch unser Anliegen völlig in Vergessenheit geraten zu lassen, d.h., wir spazieren »mit ausgefahrener Antenne«; wenn wir durch irgendeinen Umstand zum Assoziieren angeregt werden, kann dies zu einem produktiven Ansatz führen.
Bewußte oder unbewußte Motive bestimmen also die Moti-

vation: die Summe der Beweggründe, die das menschliche Handeln auf den Inhalt, die Richtung und die Intensität hin beeinflussen. Der von

Motivation: bewußte oder unbewußte Motive

- Bedürfnissen (Mangelempfindungen, Befriedigungsdrang, natur- bzw. soziokulturell bedingt),
- Gefühlen (Gemütsbewegungen, seelische Erregung, Gefühlszustand, Leidenschaft) und
- Interessen (Neigung, Hobby, Freizeitbeschäftigung, Selbstverwirklichung)

bestimmte Trieb wird bewußt durch unser Denken und Wollen, unbewußt durch intuitive und instinktive Handlungsweisen gesteuert. Hubert Rohracher (»Einführung in die Psychologie«) differenziert in seinem »Triebkatalog« zwischen.

Denken Wollen Handeln

- Erhaltungstrieben (Nahrung, Sexualität, Pflege, Flucht),
- Gesellschaftstrieben (politisch, wirtschaftlich, institutionell),
- Genußtrieben (Luxus, Lifestyle, Prestige),
- Kulturtrieben (Lesen, Reisen, Musizieren, Sammeln).

Triebe

Dazu nochmals J. Michael Matthaei: »Diese Tatsache hat sich die Werbung in der Weise zu eigen gemacht, daß sie auf allen Kommunikationskanälen verkündet, daß dieses oder jene neue Produkt ausschlaggebend oder zumindest sehr wichtig für das Wohlbefinden jedes einzelnen sei oder daß der Besitz eines bestimmten Produktes notwendig sei, um seine Karriere zu unterstützen etc. etc. Auf diese Art erklärt sie den Besitz des einen oder anderen Gegenstandes zu einem Bedürfnis, das allerdings in dem Augenblick, in dem sich die Angesprochenen diese Aussage zu eigen machen, erst zu einem echten Bedürfnis wird. Es ist zu diesem Zeitpunkt nicht mehr, wie manche Konsumkritiker behaupten, ein Scheinbedürfnis – wobei nicht gesagt sein soll, daß ein solches Bedürfnis lebensnotwendig ist. Ein solches Bedürfnis, das in seiner Konsequenz allerdings ausgesprochen negative Erscheinungen zeigte, wurde z.B. mit der Einführung der Notengebung im Bereich der Schulen geweckt. Für viele Schüler bestand jetzt nicht mehr das Ziel, ihr Wissen zu vermehren, sondern eine gute, zumindest aber ausreichende Note zu erhalten, ein Lernziel, das, wie sich heute zeigt, außerordentlich negativ war für das eigentliche Lernmotiv und damit auch für den Lernerfolg.«

Bedürfnisse befriedigen

Bedürfnisse wecken

Der Gestaltung einer Botschaft (Information, Unterhaltung, Wissen, Werbung) können unterschiedliche Tonalitäten (Sprachstile, rhetorische Mittel) zugrunde gelegt sein, welche ihre Wirksamkeit enorm beeinflussen. So erscheint z.B.

Tonalitäten: Sprachstil Rhetorik

- ein Zeitungsartikel je nach politischer Ausrichtung des Blattes seriös, tendenziös, liberal, konservativ, rechts- oder linkslastig;
- ein Illustriertenartikel je nach Leserschaft trivial-sensationslüstern oder intellektuell-populärwissenschaftlich;
- ein Werbeinserat je nach Zielgruppe zweckbestimmt (mit objektivem, nachvollziehbarem Verbrauchernutzen) oder manipulativ (mit subjektivem, prestige- oder leitbildorientiertem Nutzen).

Verarbeitung

Die eigentliche *Reaktion* des Senders auf die (kodierte) Botschaft des Senders bezieht sich auf die Verarbeitung des wahrgenommenen Seh- bzw. Hörerlebnisses. Dies möchte ich nachfolgend noch etwas veranschaulichen:

statisch/ zweidimensional

dynamisch/ dreidimensional

starre Abbilder/ bewegte Sinnbilder

Beim Betrachten eines Bildes handelt es sich nicht immer um das Abbild einer statischen Wirklichkeit (z.B. eines Hauses, eines Baumes oder des Himmels); viele Darstellungen sind zweidimensionale Adaptionen von bewegten (dynamischen) Dingen in der dritten Dimension (z.B. fahrende Autos, gehende Menschen, fliegende Vögel). Durch Überschneidung und Verjüngung der Form, Abnahme von Größe, Schärfe und Farbintensität erfahren wir beispielsweise, was Vordergrund und Hintergrund ist. Die sich bewegenden Dinge unserer Umwelt können wir in Richtung, Tempo und Rhythmus einordnen: Wir deuten starre Bilder als mobiles Erlebnis, weil wir durch unsere Raum-/Zeiterfahrung entsprechend Statisches in unserem Kopf zu Dynamischem verarbeiten. Das Phänomen der Verarbeitung möchte ich an drei Beispielen festmachen:

- Fortbewegungsart und Richtung eines Flugzeugs ergeben sich aus dem Abstand vom Boden und der Konstellation von Bug und Heck. Daß es sich dabei eher um den Start als um die Landung handelt, erfahren wir aus der Diagonale zur Ebene: weil ein Flugzeug in der Luft nicht stehen kann, muß es im Flug begriffen sein.
- Gangrhythmus, Tempo und Richtung eines Menschen erfahren wir aus dessen Arm-, Bein- und Fußhaltung (grünes Ampelmännchen): So sieht kein Mensch aus, der steht oder rennt…
- Der fallende Tropfen unter einem Wasserhahn signalisiert uns auch, daß dieser undicht sein muß, obgleich wir den Tropfen in dieser Form nie sehen können – wir verarbeiten dieses starre Zeichen als bewegtes Bild.

Ich möchte das Kapitel »Verständigung durch visuelle Zeichen« mit zwei Übersichten zusammenfassen:

Kommunikationsmodell

Sender	Kodierung	Kanal	Dekodierung	Empfänger
soziologisch: Das Individuum ist immer Teil einer Gruppe, aus der heraus Erfahrungen gesteuert werden	analoge/digitale Kommunikation Semiotik	sehen, hören	sehen, wahrnehmen, verarbeiten Linguistik	soziologisch: (siehe unter Sender) philosophisch: (siehe unter Sender)
philosophisch: Die Welt als Wille und Vorstellung (Schopenhauer) Die Konstruktion von Wirklichkeiten durch unseren Wahrnehmungsapparat	*Absichten:* berichtend (referentiell), gemütsbewegend (emotional), handlungsanweisend (imperativ), kontaktierend (phatisch), ordnend (metasprachlich), auf sich selbst verweisend (ästhetisch), überredend (persuasiv), meinungsverändernd (manipulativ), erkenntnismäßig (kognitiv)	Print-/elektronische Medien indirekte Kommunikation	Sinnestäuschung	psychologisch (siehe unter Sender) individuelle Wahrnehmung konstruierte Wirklichkeit Interpretation von Text und Bild
psychologisch: Interesse, Bedürfnis, Motivation, Einstellungen etc. beeinflussen unsere Wahrnehmung	Ideenfindungstechniken			
	Botschaftsgestaltung			
individuelle Wahrnehmung/konstruierte Wirklichkeit				
Themenwahl/Manipulation				

Kommunikationsarten

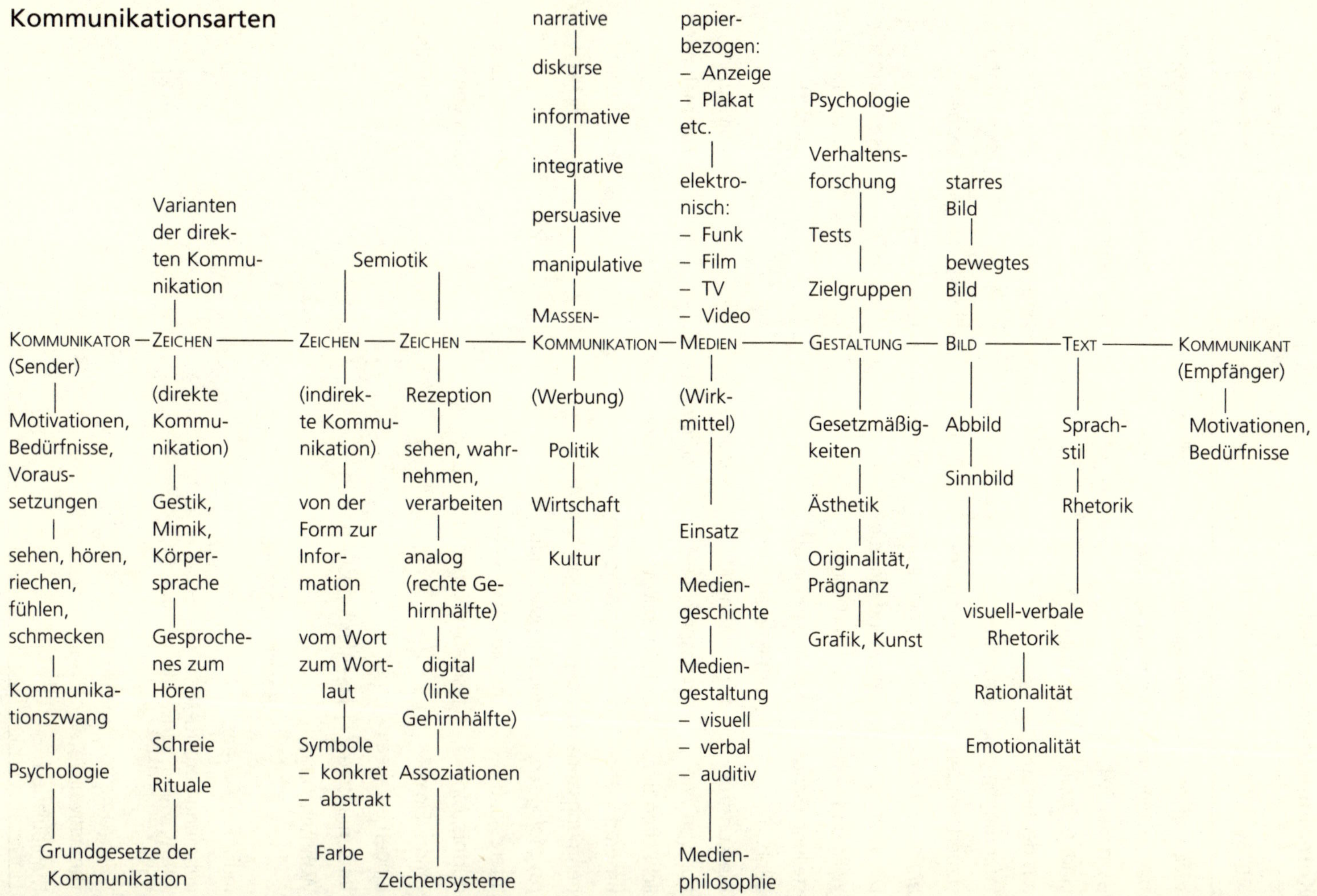

3 Ideenfindung und kreative Problemlösung

Kreative Menschen haben das Talent, schöpferisch zu denken und die Ergebnisse dieses Denkens zu nutzen, d.h., einen Prozeß zu organisieren, bei dem bereits Bestehendes auf neue, originelle Weise verarbeitet und realisiert wird, etwa bei der Bewältigung eines scheinbar unlösbaren Problems. Solche Individuen zeichnen sich durch ausgeprägtes Selbstbewußtsein, Toleranz, geistige Flexibilität, unkonventionelle Anschauung und Kontaktfreude aus. Diese Fähigkeiten würde ich an folgenden fünf Leitsätzen festmachen:

- Total unkreativ ist, wer fortwährend Klischees verwendet (z.B. »Werbung ist reine Manipulation« oder »Frauen sind schlechte Autofahrer« oder »Männer dürfen nicht weinen«).
- Kreative denken und handeln destruktiv gegenüber Althergebrachtem und konstruktiv gegenüber Unbekanntem.
- Schlagfertigkeit ist die Erfindungsgabe, zwei oder mehrere unterschiedliche Denkelemente in kürzester Zeit miteinander zu verbinden, besser gesagt: alte, schon vorhandene Elemente aus ihrem (gewohnten) Zusammenhang herauszulösen und neu zusammenzufügen. *Schlagfertigkeit*
- Witz kommt von Wissen: Er entsteht immer auf dem Boden einer Akzentverschiebung, eines provozierten Mißverständnisses der Norm. Dialektik entsteht im Zusammenprall zweier unvereinbarer Spielregeln (These + Antithese), wenn beide – der Witzeerzähler und sein Zuhörer – aus ihrem Blickwinkel betrachtet, »recht« haben. *Witz*
- Routinedenken vollzieht sich immer auf einer Schiene: Mehrschichtiges (bisoziatives) Denken ist doppelgleisig: Nichtverbundenes wird unmittelbar oder anders verbunden als erwartet. *bisoziativer Denkstil*

Kreativität ist in aller Munde. Trotzdem ist dieses Thema im Management vieler Firmen noch weitgehend tabu. Nach einer Studie von Rolf Berth (IMI, Genf) wenden weniger als 13% der daran beteiligten Unternehmen Kreativitätstechniken an – allerdings handelt es sich hierbei um ca. 70% zufriedene Daueranwender. Der Einsatz von Brainstormings z.B. scheint

Angst vor Kreativität

mit einer großen Schwellenangst einherzugehen; das Risiko, daß auf Anhieb nichts Verwertbares herausschaut, läßt 31% davon Abstand nehmen, einen ersten Anlauf zu nehmen. Das Thema Kreativität ist brisant, nicht zuletzt deshalb, weil es hier zu intimen Fragestellungen kommen kann: zur Frage nach der persönlichen Kreativität, ja sogar zur Sein- und Sinnfrage des Lebens, wie 64% der untersuchten Fälle zeigten.

Ziemlich erschreckend findet Berth die Vorbehalte bei Natur- und Ingenieurwissenschaftlern: 81% davon waren der Meinung, daß Emotion die Ratio stört – von 73 interviewten Naturwissenschaftlern meinten 55, daß sie »Chaos und Ungewißheit hassen« (vgl. dazu S. 28 ff.) Ebenfalls 55 signalisierten eine »negative Haltung zur Psychologie«.

Aus dem Berth-Beitrag geht auch hervor, daß die allgemeinbildende, besonders aber die fachausbildende Erziehung an natur- und wirtschaftswissenschaftlichen Schulen ihren Teil zur Abwehr von Kreativität, zur Abwehr von »unwissenschaftlichen« und »chaotischen« Dingen beiträgt. Er erwähnt dabei Harold Leavitt von der London Business School und verdeutlicht, daß nahezu die gesamte Ausbildung auf nur eine Phase des Managementprozesses ausgerichtet ist – auf das sog. *Problem-Solving* (= analytische Problemlösung). Die Phase davor, das *Path-Finding* (= Wegweisung) beansprucht ganz andere Fähigkeiten, sicher aber wesentlich andere Denk- und Verhaltensstile.

Problemanalyse
Abhilferichtung
Ideenrealisation
Lösungsanalyse

Auch für die letzte Phase im Managementprozeß, das *Implementing* (= Verwirklichung), werden viel zu wenig Know-how-Formen (z.B. Analysen von bereits realisierten Lösungen) vermittelt und Fertigkeiten gelehrt. Berth erwähnt dabei auch, daß es weder für die Befähigung der Path-Finding-Phase noch für das Know-how der Implementing-Phase einen Lehrstuhl in Deutschland gibt, aber 27 für Kreativitätstraining in den Vereinigten Staaten. Berth zieht daraus den Schluß, daß die Voraussetzung dafür – eine aus Offenheit und auf Rückbesinnung der Grundwerte bestehende moderne Unternehmenskultur, welche menschlicheres und kreativitätsförderndes Verhalten ermöglicht – oberstes Ziel sein muß. Die Etablierung von kreativen Opinion-Gruppen im Unternehmen (die ein Mitglied der Geschäftsleitung als »Schirmherrn« haben sollten) wäre ein konstruktiver Schritt in Richtung *organisierte Ideenfindung*. Solche Gruppen müssen mit der Unterstützung der Chefetage rechnen können; sie dürfen keine Sonderkosten verursachen – außer dem Honorar des Moderators – und nicht isoliert von

kreative Opinion-Gruppen

den anderen Mitarbeitern sein, sollten jedoch trotzdem permanent an Projekten arbeiten, welche Kreativität erfordern und unterstützen.
Folgende *Wege* zu organisierter Ideenfindung lassen sich richtung- und zielbezogen einschlagen.

Weg, Richtung, Ziel

Der Einzelgängerweg

Ein erfindungsreicher Unternehmer oder ein Tüftler im »stillen Kämmerlein« hat einen Geistesblitz, sucht sich Startkapital oder andere Ressourcen, übersteht die »Durststrecke« (erstes Jahr: Investitionsmillion, zweites Jahr: Umsatzmillion, drittes Jahr: Gewinnmillion) und baut die Idee aus – er kann einen Riesenerfolg im Markt landen (in der »guten alten Zeit« des 19. Jahrhunderts und als »Märchen für Erwachsene« im 20. Jahrhundert keine allzu seltene Erscheinung).

individuelle Kreativität

Übertragen formuliert: Vor dem Hintergrund der großen Marktführer schmilzt die Chance für den individuellen Brüter; er hat vielleicht die absolute, bahnbrechende Idee, kann sie jedoch nur sehr schwer realisieren – weil ihm der »lange Atem« genauso fehlt wie das kompetente Know-how einer Entwicklungs- bzw. Research-Abteilung. Großunternehmen belohnen die Ideen ihrer tüftelnden Mitarbeiter z.B. im Rahmen des »betrieblichen Vorschlagswesens«. In Firmen mit moderner Philosophie, intakter Unternehmenskultur und souveränem Auftritt funktioniert dieser Ansatz mitunter ganz gut.

Corporate Identity
Corporate Culture
Corporate Behavior

Individualistische Ansätze bieten Vorteile in der Nutzung des Potentials von einzelnen, möglicherweise hochtalentierten, manchmal sogar genialen Menschen. Ihre Schwäche ist eigentlich nur das Spiegelbild dieser Stärke – der einzelne muß sich Mitstreiter suchen, selbst wenn er der *Primus inter pares* sein sollte; er muß mit Tendenzen umgehen, welche auf Beharrlichkeit und positivem Denken aufbauen, gleichzeitig aber überhöhten Ansprüchen nach Sicherheit und schnellem Profit Rechnung tragen. Mit diesen komplizierten Zusammenhängen sehen sich auch Gruppen konfrontiert, Einzelpersonen jedoch haben da eine noch kleinere Chance.

Der Gruppenweg

Multilaterale Verbindungen können den Vorteil haben, daß die gebündelte Kompetenz in einem sog. »Synergie-Effekt« brauchbarere Ergebnisse zutage fördert, als dies die Summe der Einzelergebnisse könnte. Für das Implementing dieses gruppendynamischen Vorteils sind mehrere Faktoren wichtig:

soziale Kreativität: Synergie

So müssen z.B. destruktive Machtspielchen, die beliebten Killersätze (»Das geht technisch nicht« oder »Das kostet viel zuviel«), und andere innovationsblockierende Verhaltensweisen gestoppt oder weitgehend reduziert werden. Die »Grünampelphase« für »Spinnen« muß für »Weiterspinnen« verlängert werden. Die verschiedensten Kreativtechniken sind in den letzten vier Jahrzehnten *speziell für Gruppen* entwickelt worden (darüber an anderer Stelle mehr).

Der firmeninterne Gruppenweg mit Sachverständigen
Marketing-, Herstellungs-, Werbe- und Verkaufsleiter (dazu noch andere Kollegen, die Experten auf ihrem Gebiet sind) gehen *in Klausur*, um Innovationen bzw. Problemabhilfen auszubrüten. Unter glücklichen Umständen und vor allem mit Unterstützung von der Firmenleitung können gebrauchstüchtige Ansätze entstehen, die anschließend auch realisiert werden. Unter unglücklichen Voraussetzungen bzw. bei wenig Unterstützung ergeben sich nur die altbekannten Ideen – die schon mehrmals genannt wurden – oder zwar originelle Einfälle, die jedoch andere Probleme schaffen würden (z.B. ästhetische oder ethische) und ins Archiv wandern. Ein Dilemma solcher Expertengruppen ergibt sich aus ihrer Kompetenz: Weil sie sich aus Profis zusammensetzen, haben sie sehr schnell eine »Schere im Kopf«, d.h. »Neben- und Seitenpfade« in Form von Quatsch- und Gelächterphasen werden durch ihre Empirie blockiert: Der hohe Sachverstand für die Problembewältigungen von heute behindert die unprofessionelle Offenheit für Wege zu morgen.

Was originell ist, muß noch lange nicht gut sein

Der firmeninterne Weg mit Sachverständigen und Laien
Diese Stoßrichtung versucht, aus dem Dilemma der Profigruppe auszubrechen. Die Aussichten dafür sind günstig, vor allem dann, wenn davon ausgegangen werden kann, daß die »Amateure« von den Profis nicht »gefressen« werden – was allerdings nicht selten passiert... oder die Laien nicht den Mund aufmachen, weil sie befürchten, wegen einem »dummen« Einwurf von den Experten ausgelacht zu werden. Eine ganze Reihe von Kreativitätstechniken steht zur Verfügung, wenn es darum geht, Denkblockaden abzubauen (z.B. Morphologie, Heuristik oder Zufallsverbindungen suchen); auch darüber wird noch zu sprechen sein.

Indoor-Teams

Der firmenexterne Gruppenweg

Outdoor-Teams können nach verschiedenen Bedürfnissen zusammengestellt werden: Man kann z.B. für eine Path-Finding-Fragestellung Sachverständige herholen (Leute aus ganz anderen Branchen) oder Mixturen aus Spezialisten und Freaks aus total anderen Berufsfeldern bilden. Die Aufgabenstellungen können sogar ziemlich variieren: von Produkt- über Marketingideen (z.B. »Lückenfüller«) bis zu weiten Zukunftsperspektiven. Der Outdoor-Ansatz kann sich in Kreativ-Meetings, Weiterentwicklungs-Workshops und Bewertungs-Round-Tables gliedern. Parallel dazu können sich firmeninterne Gruppen (Indoor-Teams) beteiligen; sie können zu mehr Verständnis für die Ergebnisse der Firmenexternen beitragen und gegebenenfalls einen Rahmen für die Weiterbearbeitung der von außen entwickelten Vorschläge anbieten. *Vorteil* eines Outdoor-Teams: Externe Lösungsansätze kommen in einer Art »Podest-Situation« zustande, d.h., man steckt nicht in den ungezählten Alltagsproblemchen drin (= Betriebsblindheit), sondern setzt bei phantastischen, manchmal nicht (sofort) logisch nachvollziehbaren Denkrichtungen an. *Nachteil*: Die Durchsetzung von Innovationen ist dagegen ungleich schwieriger, weil die Unterstützung der Chefetage fehlt; vor allem die Manager sind besonders skeptisch, wenn Ratschläge von »außen« kommen.

Outdoor-Teams

Freaks

»Lückenfüller«

Podest-Situation

Kreative Energien entwickeln jedoch nicht nur In- und Outdoor-Teams, sondern sogar Kunden, sprich: Konsumenten. Orientiert am Erfolg des Testimonial-Effekts (der Endverbraucher, nicht der Werber urteilt über ein Produkt oder über eine Dienstleistung), läßt man den »Mann von der Straße« zu Wort kommen. Diese externen »Laien-Kreativ-Teams« werden von einer Anzahl Unternehmen bereits mit gutem Erfolg genutzt. Sowohl in der Path-Finding-Phase als auch zum Pre-Testen von bereits in der Realisation befindlichen Produkten können »Amateure« unter Umständen hilfreicher sein als Profis. Auch hier gilt: Je mehr die Menschen von ihrem Job (und von ihrem Business) verstehen, desto bedenklicher wird es, wenn sie in der Gegenwart Superleistungen vollbringen, aber zu wenig Distanz zu innovativen, progressiven, unpopulären, aber effektiveren Ideen für die Zukunft besitzen. Zumindest als Fundament für weiterführende Ideen können Resultate von »außen« konstruktiv sein. Konsumenten sind schon deshalb sinnvolle »Consults«, weil sie in den kreativen Prozeß einer Innovation ihre Alltagserfahrungen mit ihren Bedürfnissen, ihren gehei-

Ideen von »außen«

men Wünschen, allem Frust (über schlecht funktionierende Geräte oder nicht zufriedenstellenden Service) einbringen können. Externe Teams können auch aus Vertretern des (Zwischen-) Handels bestehen, welche gute Informationen sowohl über Konsumentenwünsche und -kritik als auch über ihre eigenen Wünsche (bezüglich Vertrieb, Preisgestaltung, Qualität gegenüber der Konkurrenz o.ä.) haben.

Sämtliche hier aufgeführten fünf Ansätze interner und externer Kreativteams bieten folgende große Chance: Mit professioneller Hilfeleistung werden Leute außerhalb der Unternehmen als Informationsquelle angezapft. Diese Kreativitätsförderung ist gebunden an eine partnerschaftliche Basishaltung, welche die »Outdoors« als Berater sieht. Darüber hinaus gibt es eine Stoßrichtung mit ähnlichen Zielsetzungen – die aber eine andere Ideologie erkennen lassen: Der Konsument soll »ausgehorcht« werden, er soll seine (heimlichen) Bedürfnisse offenbaren, ohne daß er es merkt... Das klingt in der Tat bestechend – weil es auf den fruchtbaren Boden der werbefeldzugmäßigen und persuasiv/manipulativen Denkrichtung vieler Unternehmer fällt. Das *Wir-müssen-die-unterschwelligen-Bedürfnisse-besser-durchleuchten-um-den-Konsumenten-besser-auszutricksen* verspricht vielleicht schnelles Geld, aber sicher keine innovativen Blickwinkel! Andererseits sind Waren und Leistungen mit einem echten (nachvollziehbaren) Wertgehalt gefragt, wenn sowohl die Masse der Nachahmungen (»Me-toos«) permanent langweiliger als auch der Endverbraucher immer anspruchsvoller wird (vgl. dazu auch einen Beitrag von H. Hunsinger in W&V 38/1985). Es scheint nicht so zu sein, daß Waren und Leistungen deshalb erfolgreich sind, weil sie vor dem Hintergrund einer geringschätzigen Haltung gegenüber den Konsumenten entwickelt worden sind.

»Me-toos« sind nicht mehr gefragt!

Die Etablierung des *objektiven* (Zusatz-)Nutzens hat beachtliche bis ausgezeichnete Produkt-/Service-Leistungen für den Endverbraucher gebracht. Ob das Kalkül, ihm mehr zu bieten als erwartet – Lösungen für Probleme zu entwickeln, welche er noch nicht wahrnimmt –, aufgeht, sprich: einen gezielten Path-Finding-Prozeß in die Zukunft zu starten (wirklich gute bis bessere Produkte anzubieten), läßt sich allerdings von keinem seriösen Wirtschaftsforscher vorhersagen. Theodore Levitt von der Harvard Business School zeigt in seinem Buch »Marketing Imagination« zumindest an einigen Beispielen, daß sich diese Strategie auszahlen kann. Er beschwört die Kraft des kreativen Marketing nicht mit (Zauberformeln enthaltenden) Rezepten oder einer alleinseligmachenden Vorgehensweise, sondern mit einer ganzen Menge von Falldarstellungen. Aber auch Levitt kommt nicht an der Erfahrung vorbei, daß zwischen der Erfindung eines guten (Nischen-)Produkts und seiner erfolgreichen Umsetzung in klingende Münze oft Jahre, wenn nicht Jahrzehnte, verstreichen können. (Und er stellt auch fest, daß hervorragende Leistungen zwar irgendwann kreiert werden, aber durch einen dummen Zufall nie den Markt erreichen.)

Wie entstehen Innovationen?

Nicht nur im Kopf, sondern vor allem erst am Ende eines Prozesses, der mit der (sozialen) *Bewertung* abgeschlossen ist:

- Schritt 1 bezieht sich auf Kundenbefragung, Systemverbesserungen, Konkurrenzbeobachtung, Schwachstellenanalyse, das ganze Arsenal an *analytischen* Innovationsentwicklungen.
- Schritt 2 bezieht sich auf Ideenproduktion, das Denken in unterschiedlichen Richtungen. Der französische Maler, Grafiker und Dichter Francis Picabia (1879–1953) hat das einmal sehr bildhaft formuliert: »Der Kopf ist rund, damit das Denken die Richtung wechseln kann.« Geläufigkeit, Flexibilität und Originalität gelten als Basiseigenschaften der Kreativität. Doch originell muß noch längst nicht gut sein – originell ist aus der Perspektive eines Administrativen meist mit spleenig, irrational oder unvernünftig gleichzusetzen.

Konvergenz
Divergenz

- Schritt 3 bezieht sich auf die Durchsetzbarkeit, die sich häufig erst nach der Realisation zeigt. Raudsepp macht in seinem Buch »So steigern Sie Ihre Kreativität« deutlich, welche Bedeutung der sozialpsychologischen Beurteilung von Ideen (oder ideenproduzierenden Personen) zukommt, wenn er dort eine Reihe von z.T. entmutigenden »Kreativitätsbremsen« aufzählt. Auch der namhafte (nicht unbedingt populäre) Xaver Firmenalltag (»Früh verstorbene Innovationen«) stellt klar, daß Kreativitätsförderung nicht mit der Beseitigung der »Schere im Kopf« abgeschlossen ist, sondern sich auch mit der einschätzenden Bemessung von Ergebnissen, mit der (geschäfts-)politischen Durchsetzung befassen muß. Der Wirtschafts- und Sozialpsychologe Klaus Linneweh spricht in seinem Buch »Kreatives Denken« von »produktiver Kreativität«.

Blockaden

Die Verwirklichung von Innovationen (Systemveränderungen, Zusatznutzen, Fertigungsverfahren, Energieeinsparung, umweltschonende Entsorgung etc.) erinnert in der Tat an das biblische Kamel, das durch das berühmte Nadelöhr gehen muß.

Hindernisse: Die sechs wichtigsten Barrieren im Frühstadium innovativer Prozesse sind:

- *Tradition* – das Veränderungsangst-Syndrom: »Wir müssen uns unserer Unternehmensgeschichte bewußt sein; das wäre überhaupt nicht im Sinne unseres Firmengründers...«
- *Hierarchie* – das Machtmißbrauch-Syndrom: »Vertrauen ist gut, Kontrolle ist besser; wo kämen wir denn da hin, wenn...«
- *Geltungssucht* – das Statuspanik-Syndrom: »Das fehlt mir gerade noch, daß jemand eine gute Idee hat, auf die ich nicht gekommen bin.«
- *Trägheit* – das Tatenunlust-Syndrom: »Sollen doch die ihren Kopf bewegen, die besser bezahlt werden; ich habe eh nur noch ein paar Jahre bis zum Ruhestand.«
- *Vorurteile* – das Klischeedenk-Syndrom: »Ich habe gelernt, daß der goldene Mittelweg immer das Beste ist« oder »Nur nicht immer vordrängeln! – blinder Eifer schadet nur!«.
- *Eifersüchteleien* – das Feindbild-Syndrom: »Wenn die in der anderen Abteilung etwas ausbrüten, fällt auf *sie* das Licht – und für uns mehr Arbeit ab.«

Zwei Syndrome gesellen sich noch hinzu: Die wohl psychologisch begründete gruppendynamische Renitenz gegen Vorgesetzte (welche der Unterwürfigkeit des einzelnen weicht) und die falsche Einstellung zur Aktivität, welche oft mit Geschäftigkeit verwechselt wird.

Abschließend läßt sich sagen, daß diejenigen Kreativen, welche für produktive Innovationen eingesetzt werden können, humorvoller sind als andere, weniger Abneigung vor Chaos haben und eine »freundliche Skepsis« zeigen. Ihre Kindheit, die eher problematisch war, förderte eine Haltung zutage, sich Dinge aus verschiedenen Blickwinkeln zu betrachten. Dies führte auch und nicht zuletzt zu ihrer ausgeprägten Kontaktfreude.

Technik der Ideenfindung am Beispiel der Business-, Promotion- und PR-Organisation

Mit dem Ziel, bereits gegangene Wege – die zu erfolgreichen Problemlösungen führten – auf aktuelle Lösungsrichtungen zu übertragen, sind also systematische Vorgehensweisen und kreative Techniken entwickelt worden. Diese Ideenfindungstechniken sind Planungsverfahren zu produktiver Kreativität. Sie rekrutieren sich aus
- individueller Kreativität (allgemeines Denken) und
- sozialer Kreativität (gruppendynamisches Denken).

Die einzelnen Phasen des Problemlösungsprozesses

Problemerkennung – Analyse – Ideenfindung – Bewertung – Realisation lassen sich simulieren mit

ABSTRAKTION	MORPHOLOGIE	ASSOZIATION ANALOGIEN SUCHEN	PRÜFUNG

Am 30. September 1992 war in der »Augsburger Allgemeinen« unter der Schlagzeile »Kreativität besser nutzen« folgendes zu lesen: »Bonn (ap). Fabriken könnten nach Einschätzung des Leiters des Fraunhofer-Instituts für Produktionstechnik und Automatisierung, Prof. Warnecke, sehr viel effektiver als heute arbeiten, wenn sie in ihrer Organisation als ›lebende Organismen‹ angesehen würden. Der Wissenschaftler sagte am Dienstag, in der heutigen Fabrikorganisation würden nur zehn bis zwanzig Prozent der Mitarbeiter mit ihrem ganzen Potential genutzt. Schließlich müsse Dynamik ein Merkmal der künftigen Organisation sein. Das Unternehmen sei als lebender, lernfähiger und anpassungsfähiger Organismus aufzufassen. Damit könnten in Deutschland besonders vorhandene Stärken wie Innovationsfähigkeit, Kreativität und Individualität besser genutzt werden. Allerdings müßten für eine solche Organisation die Führungskräfte der Unternehmen Macht abgeben. Sie hätten die nötigen Informationen zur Verfügung zu stellen und Ziele zu setzen, auf deren Grundlage Entscheidungen ›vor Ort‹ gefällt werden könnten. Bis heute seien ›nicht sehr viele‹ Führungskräfte dazu bereit.«
Diese Mitteilung bestätigt die auf Seite 54 ff. vertretenen Thesen. Während früher z.B. eine PR-Agentur über die verschiedenen Möglichkeiten der Organisation eines Firmenjubiläums sinnierte (nachdem sie sich von der Unternehmensleitung brie-

Gruppendynamik = Workshop

fen ließ), beschreitet dieselbe Agentur heute den kombinierten *Gruppenweg* (extern mit intern, vgl. S. 55 ff.). In einer Art »Synergie-Veranstaltung« erarbeitet ein Team, bestehend aus moderierendem Agenturvertreter und ausgewählten Schlüsselpersonen der Jubiläumsfirma ein sog. *Kommunikationspapier*, welches die »Marschroute« für sämtliche Aktivitäten im Jubiläumsjahr festlegt.

10–15 Teilnehmer + 1 Moderator

Die Einstimmung zu diesem Workshop (hier nicht für *ein* Unternehmen, sondern für den Dachverband aller Unternehmen in einem bundesdeutschen Regierungsbezirk) könnte z.B. mit folgenden sechs Schautafeln für eine Gruppe von Agentur-Designern, -Textern und Mitarbeitern der Abteilung Presse- und Öffentlichkeitsarbeit, ggf. sogar mit dem Hauptgeschäftsführer der Kammer, und jenem professionellen Moderator *organisiert* werden.

Heute, am 23. April 1992: Die Aufgabe
150 Jahre Industrie- und Handelskammer (IHK) für Augsburg und Schwaben

Arbeitsziel

(1) »Eckpfeiler« für ein qualitatives Kommunikationskonzept
Ziel : Verstärkung der Öffentlichkeitsarbeit (Kammer in Verbindung mit Schwabens Wirtschaft)

(2) Ansatz für ein »Erscheinungsbild im Erscheinungsbild« (visuelles Motiv)
Ziele: Kammerjubiläum bewußtmachen
Veranstaltungen kennzeichnen
Botschaft: Kontinuierliche Arbeit dynamisch fortsetzen
Zielgruppe: Entscheider, Presse

Arbeitsmethode + Spielregeln

- Alle kommen zu Wort (Gruppendynamik)
- Mitschreiben entfällt (Konzentration!)
- Diskussionsergebnisse ständig parat
- Ergebnissicherung (Dokumentation)
- Je Gedanke: 1 Zettel (selbstklebend)
- Konflikte kennzeichnen (z.B. »Blitz«)
- Positiv denken (keine »Killerphrasen«)
- Gefühle und Eindrücke aussprechen
- Brainwriting (schriftl. Brainstorming)

Triade der Kommunikation: Offenheit – Einfühlung – Wertschätzung

Zuallererst müßte über die Ziele (und Zielgruppen) gesprochen werden, ehe mit bestimmten Methoden und nach entsprechendem Reglement weiterverfahren wird. Dabei sollte das Arbeitsklima besonders *positiv* geprägt sein, d.h. einen integrativen, extrovertierten und sozialen Charakter aufweisen; Partnerschaftlichkeit ist hier oberstes Gebot! Der Arbeitskomplex umfaßt die äußeren Bedingungen des Jubilars (hier IHK) sowie eine Triade, die sich aus dem Sachkern, dem sozialen Klima und der Prozedur zusammensetzt.

Sache Klima Prozedur

ARBEITSKOMPLEX

I. Rahmenbedingungen
(Anlaß, Bedeutung, Investitionen)
für die IHK

II. Inhalt/Thema (ES)
(sachlicher Kern)
»Worum geht es?«

III. Personen +
Verhalten
Klima (ICH + WIR)
Emotionen
Wertvorstellungen

IV. Arbeitsmethodik
Abläufe (WIE)
Steuerung
Zielverfolgung
Moderator

zu I. Technische Bedingungen
(Zeit, Raum, Arbeitsmittel)

WIE wollen wie arbeiten?
(zeitlicher Rahmen)

I. 0. Einstieg (s. IV.)
1. Ausgangssituation – ganzheitlich?
2. Zielsetzung – Stärken/Schwächen?
3. Problemdefinition
II. 4. Lösungsansätze – Brainwriting
5. Diskussion der Lösungsideen (ordnen, gewichten, bewerten)
6. Fortführung in Richtung Strategie
7. Was kam dabei heraus?

III. Zeitlicher Rahmen
IV. Arbeitsziel
V. Verantwortlichkeiten/Funktionen Moderator (Balance, Partner und Helfer – nicht Oberlehrer)
VI. Methodik (Strukturierung, Ablauf)
VII: Wünsche/Ideen

I. Was wollen wir heute?

Was tun?	Ziel:

II. IHK (Funktion, Arbeitsschwerpunkte)

bayrisch-schwäbische Wirtschaft	Zukunft Jugend	dynamisches Forum, Dach, (Pro-)Motor

Die Prozedur selbst ist ein dramaturgisches System, welches sich aus Einstieg (IST, SOLL, IST NICHT), Gegebenheiten (URSACHE, SUCHE, DEFINITION, KRITERIEN), zeitlichem Rahmen und den Zuständigkeiten (Moderator, Teilnehmer) zusammensetzt. Auf den zwei letzten Übersichten (»Was wollen wir heute?« / Funktionen und Arbeitsschwerpunkte des betreffenden Unternehmens) können in einer Art *Brainwriting* spontane Ideen der Gruppenmitglieder (die sich synergistisch fortsetzen lassen) *per Zettel* angeheftet und damit festgehalten werden. Dadurch entsteht ein gruppendynamischer Prozeß, weil alle ständig den aktuellen Stand der Einzelgedanken vor Augen haben und entsprechend daran *schriftlich* anknüpfen können.

Brainwriting

Untersuchungen von psychologischen Experimenten konnten belegen, daß es einen Zusammenhang gibt zwischen der Informationsaufnahme und der Effizienz des Speichers: Wir behalten Informationen besser im Gedächtnis, welche durch Hören *und* Sehen erfahren worden sind.

Diese Synthese visuellen und verbalen Denkens (vgl. auch S. 25 ff.) finden wir auch im *Mind Mapping*, das aus dem Angelsächsischen stammt und soviel heißt wie »Gedächtnisprotokoll« – eine Art bildhaftes Brainstorming. Während jedoch dieses oder andere Themenkomplexe von der Gewohnheit des Schreibens ausgehend, z.B. auf einem Blatt Papier oben rechts beginnt, geht man beim Mind Mapping *von der Mitte* aus. Ein einzelnes Stichwort (Schlüsselwort) genügt, um einen ganzen Gedankenkomplex zu erkennen.

Mind Mapping

Stichwort

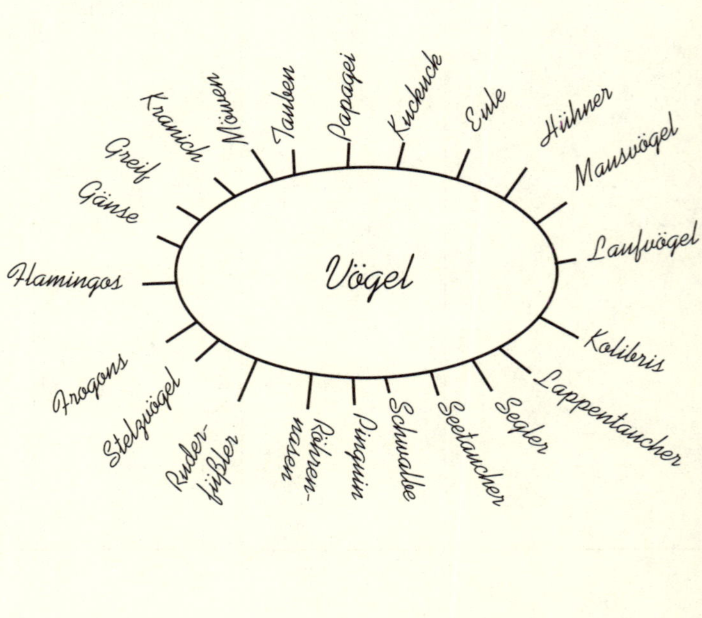

Beim Mind Mapping ist es möglich, jederzeit den *Gesamtüberblick* aller Teile eines Ganzen* zu behalten. Dabei wird neben der linken (digital arbeitenden) die rechte (analog funktionierende) Gehirnhälfte aktiv.

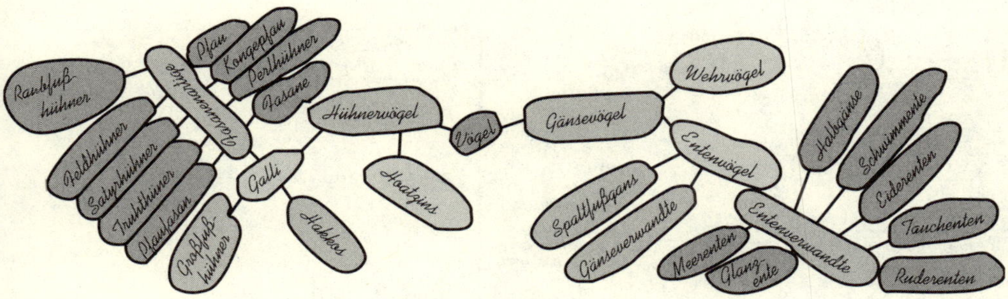

Ein Mind-Mapping-Konzept ist sowohl als Skript als auch als Manuskript verwendbar. Hier lernt man nicht nur Zusammenhänge kennen, sondern auch gut »auswendig«, weil Art, Ableitung und Koordination eines Stichworts die Brücke zu weiteren Details schaffen (wie bei obigem Beispiel, das sich nur auf zwei von mehreren Vogelgruppen bezieht).
Die Prozedur einer Kreativsitzung fördert eine Vielzahl und Vielfalt unterschiedlicher Outputs (Dominostein-Effekt); Daten, Vorgehensweisen, Behauptungen etc. werden fließend in die Diskussion gebracht. Vieles davon geht jedoch verloren, wenn es nicht festgehalten, nicht dokumentiert wird. Speicherfähigkeit und Wahrnehmungskapazität sind eine von Mensch zu Mensch unterschiedliche Größe. Deshalb müssen *alle* Beiträge (auch die zunächst unsachlichen) in einer Gesprächsrunde *sofort* allen Teilnehmern sichtbar gemacht werden. Dabei genügt schon ein Stichwort, um ihnen auch schwierige und komplexe Sachverhalte »vor Augen zu führen«. Das kann *während* der Statements und Kommentare des Moderators erfolgen: Nicht zuletzt dem Moderator wird es damit erleichtert, seine Ausführungen zu gliedern und dramaturgisch zu plazieren.
Die beiden Texttabellen auf S. 63 können (wie auch die anderen) natürlich handgeschrieben sein und auf Zeitungs- oder Packpapier den improvisierten Charakter unterstützen, welcher zur Geläufigkeit beitragen kann.

---

* Das Ganze ist zwar mehr als die Summe seiner Teile; aber auch im Teil erkennt man das Ganze, wenn es charakteristisch genug ist.

In der folgenden Abbildung sind solche selbstklebenden Zettel (»Post-it«) aufgereiht, die während eines Brainwritings zur Ideensammlung für eine Kampagne »Die Farbe in der Werbung – eine Initiative deutscher Zeitschriftenverlage« entstanden sind.

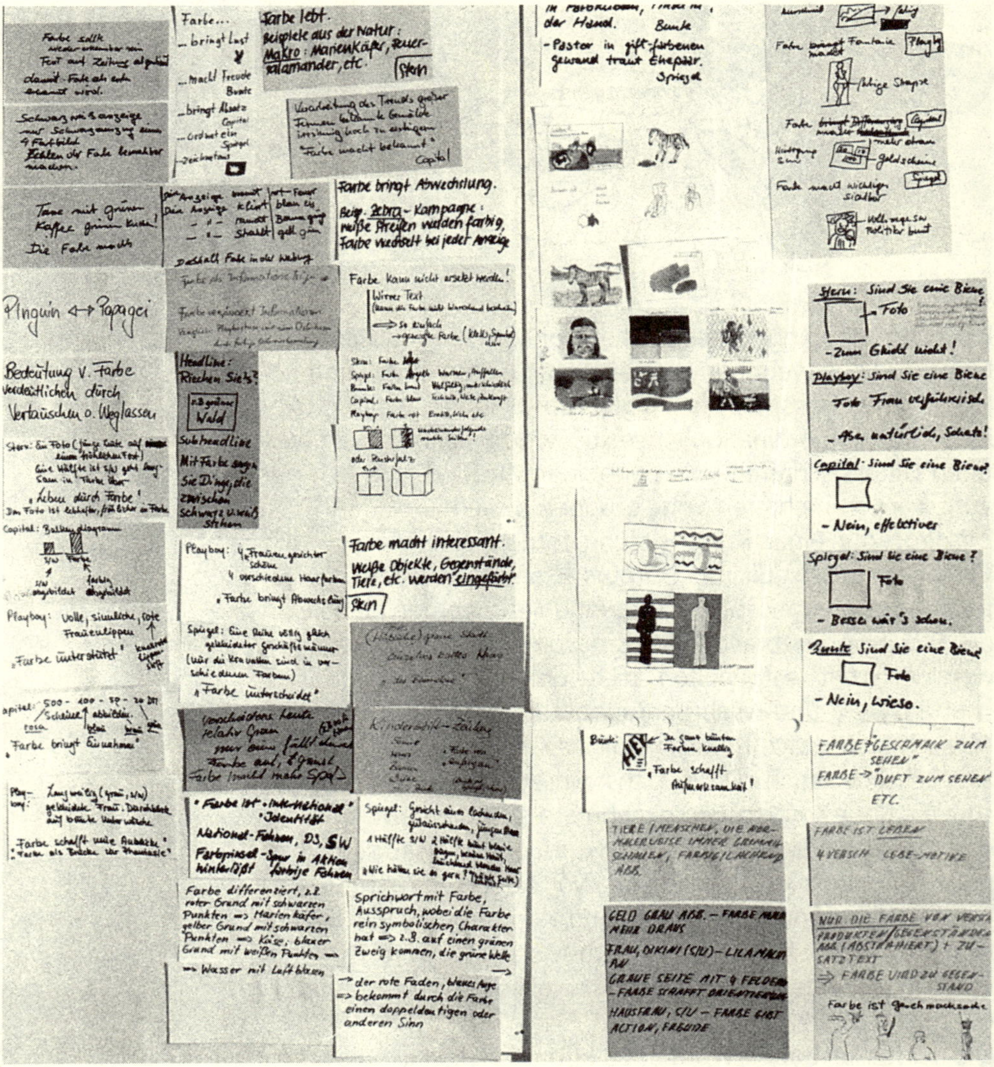

stumm
ungestört
lückenlos
anonym

Bei der Kreativtechnik des »dokumentierten Brainstorming« bleibt der Fortlauf der Debatte ununterbrochen – und trotzdem geht kein einziger Beitrag verloren, weil stumm (und deshalb ungestört lückenlos) artikuliert wird. Darüber hinaus bleiben die Zettelbeiträge anonym.

Können Ideen zufällig oder mit Methode entstehen?

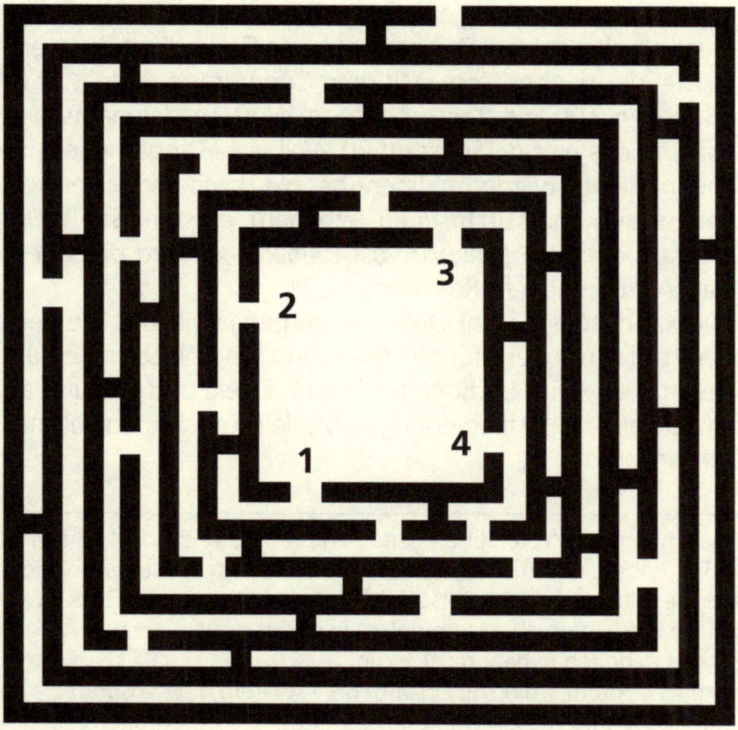

Der Beginn eines solchen Prozesses (Problem-Abhilfe) läßt sich sehr gut mit dem Start zum Ausgang aus einem Labyrinth vergleichen. Im obenstehenden Beispiel stehen vier Öffnungen nach *außen* zur Wahl, welche zunächst einmal *hinein* führen. Wir müssen also nicht nur über den richtigen Eingang zum *Ausgang,* sondern auch darüber entscheiden, ob wir den Versuch, den richtigen Eingang zu finden, planlos oder *systematisch* unternehmen wollen. Nur wer den Kniff kennt, wie sich vermeiden läßt, einen Weg zwei- oder mehrmals gehen zu müssen, kann das zeitaufwendige Trial-and-Error-Prinzip außer acht lassen. Der »Kompaß für Kreative« zeigt uns »Richtung und Weg zum Ziel«: Wer mit derselben Hand an der Wand tastend ins Dunkel und im Dunkeln geht, geht auf dem *kürzesten* Weg* – entweder vorwärts oder zurück! Dies entspricht auch dem *systematischen Problemlösungsprozeß;* das »blinde Huhn, welches auch einmal ein Korn findet«, ist nicht nur für den Kreativen ein schlechtes Vorbild…

Systematik

Versuch und Irrtum

* Innenhoftür Nr. 3 führt ins Freie

Systematik
Arbeitsorganisation
Zeitmanagement

Systematische Bewältigung von Problemen muß mit systematischer Planung beginnen. Systematische Planung wiederum beginnt mit Arbeitsorganisation. Diese ist mit Zeitmanagement gleichzusetzen: *Zeit* ist neben der Gesundheit das wertvollste, das wir besitzen. (Mit dem Computer ermittelt, ist es unter den 100 meistgesprochenen Wörtern der deutschen Sprache das einzige Substantiv!) Weil viele Dinge nebeneinander erledigt werden müssen (bei gleichzeitiger hoher Verantwortung und kurzfristigen Terminen), entsteht Streß: *Der Mensch kann nicht mehr selbst treiben – er wird getrieben*; statt Aktion entsteht Reaktion.

Streß

reagieren/agieren

Wie kann man diesem Dilemma entgegenwirken? Die Zeitschrift »Focus« veröffentlichte in ihrer Nr. 3/1993 innerhalb des Artikels »Die Hormone für Macht, Erfolg und Einfluß« als Kasten ein »Selbstbedienungs«-Modell für ein persönliches Führungsprofil:

Problem: An Ihrem Arbeitsplatz haben Sie zunehmend Ärger und Streß. Sobald Sie eine Aufgabe erledigt haben, kommen drei weitere hinzu. Es ist unwahrscheinlich, daß Sie zusätzliche Hilfe bekommen. Tatsächlich kommt jedoch ein Teil Ihres Stresses daher, daß Sie befürchten, Ihre Untergebenen würden mit wichtigen Aufgaben, die Sie Ihnen gegeben haben, nicht fertig.

Ansätze: Bewerten Sie mit 1 (extrem schlechte Lösung) bis 7 (extrem gute Lösung):

A. Sie machen häufige, kurze Pausen während des Tages, um auszuruhen.

B. Sie fangen an zu joggen oder treten einem Gesundheitsklub bei, um Ihre körperliche Kondition zu verbessern.

C. Sie nehmen abends Arbeit mit nach Hause, damit Ihr Tag weniger hektisch wird.

D. Sie lehnen es ab, zusätzliche Aufgaben zu übernehmen, bis Sie mit allem, woran Sie gerade arbeiten, fertig sind.

E. Sie nehmen sich Zeit für ein Hobby oder irgendeine andere Aktivität, die Spaß macht.

F. Sie suchen einen Therapeuten auf, um zu lernen, besser mit Ihrem Streß fertig zu werden.

G. Sie besprechen das Problem mit Ihrem direkten Vorgesetzten.

H. Sie bleiben zu Hause.

I. Sie ordnen Ihre Aufgaben nach ihrer Wichtigkeit und haken dann jene ab, die Sie erledigt haben, um sich selbst zu zeigen, daß Sie Fortschritte machen.

Lösungen: Die besten Führungskräfte besitzen ein »stillschweigendes Wissen«, wie man mit Streßsituationen fertig wird. Eine Gruppe von Führungspersonen hat die Antworten wie folgt eingestuft:
I: 6,3 / G: 6,2 / E: 5,5 / B: 5,4 / F: 4,4 / A: 4,1 / C: 3,1/ D: 2,4 / H: 1,5

Wer seine eigene *Zeit beherrschen* kann (anstatt sich von ihr beherrschen zu lassen) erhält mehr Freiraum für Kreativität. Wer sich selbst organisieren will, muß dreierlei beachten:

- Einplanung von Zeitpuffern (40% der insgesamt verfügbaren Zeit kann Unvorhergesehenes, Störungen und Verlust durch »Zeitdiebe« bewältigen helfen).
- Setzen von Prioritäten (Effektivität vor Effizienz, Wichtigkeit vor Dringlichkeit) heißt, darüber zu entscheiden, was erstrangig, zweit- oder nachrangig zu erledigen ist.
- Führen durch Delegation (»Wer selbst arbeitet, verliert die Übersicht«) ist die Schlüsseltätigkeit jedes Arbeitstechnikers. Ihr direkter Nutzen – Entlastung, um mehr Zeit für Wichtigeres zu haben – und ihr indirekter Nutzen – Hierarchie abbauen und Teamgeist aufbauen – sind beträchtlich.

Kreative Systematik ist mit Cleverneß gleichzusetzen: Das Warten auf die Fehler, die andere machen, ist die aktivste Art der Reaktion. Beim Sprichwort »Wer zuletzt lacht, lacht am besten« fällt mir immer die Story des schwedischen Staubsaugervertreters Axel Wennerström ein, der seine Produkte mit System verkaufte und es damit am Ende zum Multimillionär brachte: Bevor er die Haushalte besuchte, informierte er sich über irgendwelche Kanäle (er war stets hellwach und immer im Bilde), wo am Vormittag der Kollege von der Konkurrenz aufgetaucht war. Denselben Klingelknopf drückte er dann jeweils am Nachmittag – oft hatte er Glück, die Frau war zu Hause –, stellte sich und seinen Staubsauger vor; letzteren ungleich detaillierter, indem er ihn öffnete und den (total leeren) neuen Staubbeutel vorzeigte. Dann machte er sich an die Saugdemonstration – mit dem Ergebnis, daß er stets einen, wenn auch kleinen Rest nachweisen konnte, den sein Vormittagskollege »liegen« hat lassen. Mit dem schlagenden Beweis »Mein Produkt saugt wirklich den letzten Rest weg!« überzeugte er stets die zukünftige Kundin und machte damit sein Vermögen; eine einfache, aber sehr wirksame Idee, welche auf dem kreativen *Planungsmodell* beruht:

Intelligenz ist gut – Cleverneß ist besser – oder: »Dumm darf man sein, man muß sich nur zu helfen wissen…«

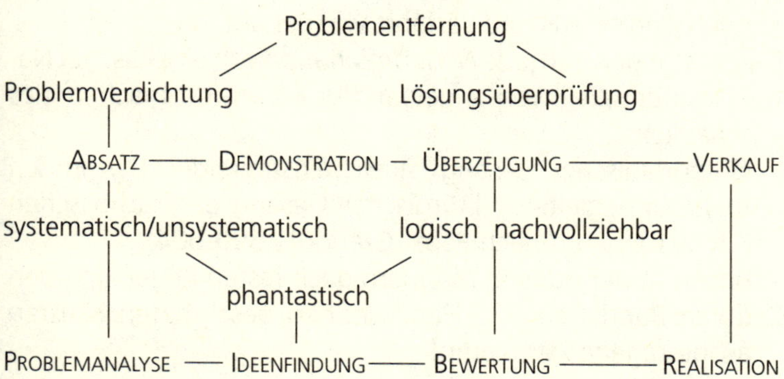

Dieses Modell kann unabhängig von der jeweils konkreten Situation auf jeden Problemlösungsprozeß übertragen werden, sowohl aus dem wirtschaftlichen, betrieblichen als auch aus dem *werblich/gestalterischen* Bereich. In letzterem heißen die vier Phasen:

PROBLEM ——— STRATEGIE ——— ENTWURF ——— REALISATION

Datenanalyse   Konzeption   Prototyp

Der Zeitaufwand dafür kann schwanken zwischen

2/8   3/8   2/8   1/8

und jeweils ein Drittel für die Analyse, Planung und Erstellung des Originals, das für die Massenproduktion adaptiert wird.
Für die Denkungsweise des schwedischen Staubsaugervertreters gibt es den Begriff *Eklektizismus*: Laut Duden-Fremdwörterbuch handelt es sich dabei um »1. (abwertend) unoriginelle, unschöpferische geistige Arbeitsweise, bei der die Ideen anderer übernommen oder zu einem System zusammengetragen werden. 2. Rückgriff auf die Stilmittel verschiedener Künstler früherer Epochen mangels eigenschöpferischer Leistung (in der bildenden Kunst und Literatur).« Spätestens seit dem Vormarsch der Japaner auf dem Weltmarkt, der zunächst mit Foto- und Elektronikartikeln begann, über Uhren bis hin zu Automobilen führte und einen Qualitätsstandard erreichte, der mit den Massen- und Billigprodukten der siebziger und frühen achtziger Jahre nichts mehr gemeinsam hat, wissen wir, daß »Eklektizismus« Zeit und Geld spart. Der japanische Denkansatz war, daß das *Endergebnis* eines »Vorläufers« vom »Bearbeiter« quasi ohne Not als *Zwischenergebnis* angesehen werden kann. (Ein weiterer »Bearbeiter« geht dann vom neuen »Endergebnis« aus und verfährt wie gehabt ...)
Damit ist eigentlich jede *Neukombination* von eklektischer Natur. Zwei Beispiele von angewandter Kreativität machen dies anschaulich:

- Gregorianischer Gesang ist ein einstimmiger, rhythmisch freier, unbegleiteter, liturgischer Gesang der katholischen Kirche (benannt nach Papst Gregor I., 590-604).
- Boxen ist der nur von Männern nach festen Regeln mit den durch Bandagen und Handschuhen geschützten Fäusten ausgetragene Zweikampf.

Jedes für sich bildet eine eigene Diskurswelt – welche nichts mit der jeweils anderen gemeinsam hat. Bringt man nun diese beiden »Kontrastprogramme« zu einem »neuen Programm« zusammen, erreicht man nicht nur eine additive oder multiplikative, sondern eine potenzierende Wirkung ... So gesehen in einem TV-Spot der weltweit zweitgrößten Werbeagentur Saatchi & Saatchi.
Wenn die internationale Fast-food-Kette McDonald's von der Deutschen Bundesbahn (die in den roten Zahlen steckt...) das Zugrestaurant »McTrain« im IC »Berchtesgardener Land« übernimmt, ist das auch eklektisch kreativ – weil die DSG (Deutsche Service-Gesellschaft) auch ohne McDonald's zu einem Begriff geworden ist. Beide zusammen bilden jedoch einen Dienstleistungsnutzen »höherer Art« (siehe auch dazu Seite 103, Punkt 10).

Problem:
überschaubar/konkret, innovatorisch/komplex

Ideenfindungsmethoden können eine entscheidende Rolle spielen: Sie werden bei der Lösung von Problemen aller Art in Planung und Organisation, Forschung und Entwicklung, Wissenschaft und Technik, Handel und Industrie, Verwaltung und Dienstleistung und nicht zuletzt in Verkauf und Werbung von Berufstätigen aller Stufen, manchmal sogar von Privatpersonen eingesetzt.

Ideenfindung ist Problemlösung

Ideenfindung ist Teil eines jeden Problemlösungsprozesses. Dessen Ausgangspunkt ist immer ein mehr oder minder komplexes Problem. Als Problem bezeichnet man eine Frage oder eine Aufgabe, welche wegen der ihr innewohnenden Kompliziertheit nicht ohne weiteres beantwortet werden kann. Nur bei drei der folgenden fünf Fragen handelt es sich um ein komplexes Problem:

- Welches ist die kürzeste Wegstrecke zum Hauptbahnhof?
- An welcher Seite des Hauses ist der Balkon am sinnvollsten?
- Wie soll der Ladenverkaufspreis des neuen Produktes lauten?
- Wie muß die Anzeigenwerbung dafür aussehen?
- Wo, wann und wie findet die Einführungs-PR-Veranstaltung dafür statt?

Die beiden ersten Fragen können verhältnismäßig problemlos mit Stadtplan und Kompaß beantwortet werden. Das bedeutet jedoch nicht, daß jedes echte, komplex geartete Problem mit Ideenfindungsmethodik bewältigt werden kann. Ideenfindungsmöglichkeiten beziehen sich auf das technisch-methodisch-systematische Vorgehen bei der Suche und Produktion neuer Ideen. Neu beschränkt sich dabei nicht auf das Noch-nie-vorher-Dagewesene, sondern bezieht vor allem die Neukombination von an sich schon bekannten, aber bisher nicht miteinander verknüpften Denkelementen mit ein.

Neukombination: Dinge anders sehen

Ideenfindung und Problemlösung haben, wie gesagt, einen kausalen Zusammenhang. Zur Lösung eines Problems zählen alle Aktivitäten – von der Problemerkennung über die Problemanalyse, die Lösungsrichtung und den Lösungsweg bis zum Lösungsziel (Synthese), also auch die Lösungs- bzw. Ideenfindung. Diese setzt dann im Lösungsprozeß ein, wenn auf Wegen, welche schon zu anderen Problemlösungen geführt haben, nachgedacht wird. Dazu ist es sinnvoll, bereits fertige Lösungen zu analysieren, um deren Problem und Lösungsweg nachzuvollziehen und Wesentliches daraus abzuleiten. Übernommene Denkrichtungen stellen nicht selten Ansätze für die endgültige Lösung dar. Auf diese Weise wird die Ideenfindung häufig zur entscheidenden Stütze auf der Suche nach der Abhilfe für ein Problem. Um festzustellen, ob Ideenfindungsmethodik angebracht ist, bedarf es der Beantwortung folgender Fragen:

- Handelt es sich um eine Frage, auf die es eine subjektive Antwort geben kann?
- Sind Lösungsvarianten möglich (oder gibt es nur eine einzige Lösungsmöglichkeit)?
- Gibt es eine Orientierung, nach der das Problem bewältigt werden kann?

Abb.: MUSTANG-Jeans, nach dem Waschen – Schlagzeile: »Die können Sie drehen und wenden.« (Werbeagentur: Leonhardt & Kern)

Nur wenn jeweils mit einem klaren Ja geantwortet werden kann, ist es zweckmäßig, Ideenfindungsmethoden anzuwenden. Die Hauptbahnhof- und die Balkonfrage bedürfen kaum einer Vielfalt origineller Ideen für ihre Beantwortung. Bei der Beantwortung der Ladenverkaufspreisfrage kann man sich an der Kalkulation der Selbstkosten, der Handelsspanne sowie an der Konkurrenz im Markt orientieren; originelle Ideen wären auch hier eher fehl am Platz. Bei der Anzeigenwerbung und der PR-Veranstaltung dagegen gibt es weder eine einzige Antwort noch muß auf klare Richtlinien geachtet werden. Hier besteht die Möglichkeit, durch methodisch-kreatives Denken zu einzigartigen, konstruktiven Lösungsideen zu gelangen.

Bei den für die Ideenfindungsorganisation geeigneten Problemen wird prinzipiell zwischen Such- und Systemproblemen unterschieden:

Suchprobleme: subjektive Lösungsvarianten

Unter *Suchproblemen* verstehen wir Aufgaben, die mit einzelnen – voneinander unabhängigen Ideen – zu bewältigen sind, etwa durch das bekannte Brainstorming-Verfahren. Oft besteht die Lösung eines solchen Problems schon aus einer einzelnen, originellen, gebrauchstüchtigen Idee, welche gruppendynamisch mit Sicherheit zutage gefördert wird – fragt sich nur in welcher Zeit.

Systemprobleme: objektive Abhilfe

Unter die *Systemprobleme* fallen Fragen, die nicht mit einem Wort oder einem Satz zu beantworten sind, weil die Problemlösung von mehreren oder einer Menge Bezügen abhängig gemacht wird. Das Verstehen der Zusammenhänge – Ursache, Problemhintergrund, Problemkern, Abhilfe, Wirkung, Nachwirkung, Konsequenzen etc. – erfordert in den meisten Fällen die Produktion von Ideenkombinationen, z.B. durch die Matrix eines morphologischen Kastens. Bei zwei der folgenden vier Aufgaben handelt es sich um Systemprobleme:
- Gestaltung des Arbeitsplatzes an der Hauptkasse eines Warenhauses.
- Erweiterung der Produktpalette eines Gartengeräteherstellers.
- Namensfindung für einen neuen koffeinhaltigen Bonbon.
- Zeichenentwicklung für einen Fertighaushersteller,

Abgesehen davon, daß in der Praxis die Übergänge zwischen Suchproblem und Systemproblem häufig fließend sind, lassen sich die Aufgaben »Erweiterung der Produktpalette« und »Bonbon-Namensfindung« ideenfinderisch durch eine Brainstorming-Runde organisieren.

Während der überwiegende Teil der in der Einleitung erwähnten Ideenfindungstechniken wie Zufallsverbindung, Assoziationsanknüpfung (Brainstorming), Problementfernung oder Perspektivenwechsel (Identifikation) bei beiden Problemarten angewendet werden kann, sind die Suche nach Analogien und die morphologische Matrix ausschließlich der Lösung von Systemproblemen vorbehalten. Vorbedingung für eine zweckbestimmte Lösungssuche, welche in eine erfolgreiche Lösungsfindung mündet, ist die hautnahe Beschäftigung mit der Aufgabe – mit der Ursache, die zu einem Problem führte, um diesem abzuhelfen. Das heißt, daß nur eine schriftliche Problemformulierung eine optimale Voraussetzung dafür sein kann. Wer also seine Problemlösung bewältigen will, muß dabei drei Prämissen berücksichtigen:

Problemformulierung

- Erklären können, was man unter dem Begriff »Ideenfindung« versteht.

- Beurteilen können, ob sich ein Problem für die »Ideenfindung« eignet.
- Erfaßt haben, was den Zusammenhang zwischen »Ideenfindung« und »Problemlösung« ausmacht.

Ideenfindungstechniken

Ideenfindungstechniken können eine wesentliche Hilfe darstellen: Der bei Kreativen normalerweise unbewußt ablaufende Denkprozeß konnte aufgrund systematischer Verfahren für alle Anwender bewußtgemacht werden, d.h. aktuelle Probleme aus der Praxis wurden auf Wegen gelöst, die bereits zu erfolgreichen Lösungen geführt haben. Diese Techniken kreativen Denkens sind Prozesse zur Gewinnung neuer Ideen. Sie stellen eine Kombination dar aus

- individueller Kreativität = allgemeine Denkrichtungen und
- sozialer Kreativität = kommunikative und/oder gruppendynamische Denkrichtungen.

Systematik

Sie können eine planlose und zufällige, d.h. unreflektierte Ideenproduktion mittels systematischem Vorgehen verhindern. Systematik stellt aber nur einen Teil der produktiven Ideenfindung dar; mit den in der Einleitung aufgeführten klassischen Ideenfindungstechniken wurden auch Möglichkeiten gefunden und Wege freigelegt, Vorurteile und Hemmschwellen abzubauen – und nicht zuletzt dem Bearbeiter Material zu geben, mit dem er seinen Problemlösungsprozeß transparent und argumentativ nachvollziehen kann. Wenn auf diese Weise

Kreativität freisetzen

Kreativität erlernbar wurde oder zumindest bis zu einem gewissen Grad freigesetzt werden konnte, sollte es auch für visuelle Gestalter Grund genug sein, angesichts des steigenden Marktwertes ihrer Ideen, diese Techniken optimal auszuschöpfen.

Assoziation, Abstraktion, Heuristik, Analogie, Morphologie

Alle bis heute bekannten Ideenfindungstechniken lassen sich in folgende Schritte aufgliedern:

emotionaler Schritt
- Assoziation (Ziel: die Bedeutung spontaner Einfälle bei der Ideenfindung kennen und die Möglichkeiten bewußten Anknüpfens auszuschöpfen verstehen).

rationaler Schritt
- Abstraktion (Ziel: sich mit selbstgestellten Fragen, allgemeingültigen Fragelisten und Zufallsverbindungen von Blockaden wieder lösen können).

emotionaler Schritt
- Perspektivenwechsel (Ziel: den Wert der Identifikation bei der Ideenfindung erkennen; die beiden Arten der Identifikation bei verschiedenen Problemen anwenden können;

wissen, was Analogien sind; die Ideenfindung bei Systemproblemen durch Analogien erleichtern).
- Morphologie (Ziel: einzelne Lösungsansätze kombinieren und mit systematischer Strukturierung den Überblick über alle Lösungsmöglichkeiten eines Problems gewinnen).

rationaler Schritt

Ideenfindungstechniken, welche mit Assoziation und Perspektivenwechsel arbeiten, nennen wir kreative Techniken, während Abstraktion und Morphologie eher der Logik folgen. Die Anknüpfung bzw. Assoziation ist die wahrscheinlich populärste Kreativitätstechnik; die meisten kennen sie unter der Bezeichnung BRAINSTORMING: Eine ausgewählte Gruppe, welche nach bestimmten (Spiel-)Regeln arbeitet, wird psychodynamisch ermutigt, jede und *alle* möglichen (oder unmöglichen?) Lösungen zu einem definierten Problem zu artikulieren. Bei dieser Technik sind für die Output-Phase (= Hervorbringung) jede bewertende Kommentierung und Mimik verboten – alle Äußerungen werden für eine spätere Analyse aufgezeichnet, welche mehrere Lösungsansätze (Inputs) als Ergebnis haben kann. In diesem »Gehirnsturm« soll also nur »geballert« werden, denn, wer zu lange »zielt«, produziert zuwenig Knaller – genau dies ist es jedoch, was die anderen »Schützen« stimulieren kann. Anders ausgedrückt: Geschossen wird zunächst einmal mit Schrotflinten – für »Fangschüsse« werden dann Gewehrkugeln verwendet... So werden in diesem *spontanen* Abschnitt »Denkblockaden« abgebaut und argumentative Zwänge vermieden. Ratio und Dialektik sind tabu.

Wichtigste Regel beim Brainstorming: verbale und non-verbale Beurteilung ist strengstens untersagt!

Vier Prinzipien müssen eingehalten werden:
- Vielheit geht vor Tiefe – Schnelligkeit vor Ausdauer! (In ca. einer Viertelstunde kann jeder von einem halben Dutzend Teilnehmern im Schnitt 20–25 Ideen produzieren.)
- Schnapsideen sind nicht nur erlaubt, sondern erwünscht! (Ein gutes Brainstorming füllt nur mit etwa 1/3 Ideenvolumen den Papierkorb – der jedoch oft nochmals mit der »Pinzette« durchstöbert wird.)
- Das Arbeitsklima ist »autoritär« – wer kritisiert, fliegt raus! (Toleranz, Blödeln zwischendurch und Provokation sind gefragt.)
- Zugespielte Bälle, Mustervorlagen und »Traumkombinationen« (wie im Fußball) sind eigentlich das wichtigste beim Brainstorming: Das Ziel ist: Das *Gruppenergebnis* einer solchen Sitzung muß größer sein als die Summe der Einzelgedanken der Teilnehmer, also nicht A + B + C + D + E etc., sondern A x B x C x D x E etc.

»Flüster-Sitzung« Klaus Linneweh nennt die *Buzz Session* als bekannteste Form des Brainstorming: »In dieser, auch ›Diskussion 66‹ bezeichneten Veranstaltung wird ein größeres Gremium in Gruppen zu sechs Personen unterteilt, die getrennt Lösungen erarbeiten. Nach etwa sechs Minuten sammeln sich alle Gruppen im Plenum, und Sprecher der Gruppen tragen Lösungen vor. Wenn die Ergebnisse im Plenum diskutiert worden sind, wird ein neuer Problemgesichtspunkt aufgegriffen, der wiederum von den Sechsergruppen kurze Zeit bearbeitet wird. Dabei notieren sich die Gruppenmitglieder die verschiedenen Lösungsansätze und versuchen, aus den unterschiedlichen Meinungen eine neue Version zu entwickeln, in der möglichst die Vorzüge von den anderen Gruppenmeinungen mit enthalten sind. So erhält man mehrere *integrierte* Lösungsvorschläge. Brainstorming ist die universellste und gleichzeitig auch die ursprünglichste Technik der Ideenfindung. Diese Technik kann überall im Betriebsgeschehen angewandt werden, wo Probleme gelöst werden müssen. In der Vorstandssitzung genauso wie bei Mitarbeitern des Kundenbereichs, in der Organisationsabteilung oder im Marketingstab. Sie wird vor allem dann immer zum Zuge kommen, wenn mehrere Personen gemeinsam vor einem Problem stehen. Diese kooperative Zusammenarbeit im Rahmen einer Gruppe (oder auch einer Konferenz, eines Ausschusses etc.) gewinnt immer mehr an Bedeutung, nicht nur weil die Zeit des großen ›Einzelkämpfers‹ in Anbetracht der zunehmenden Komplexität der Probleme heute vorbei ist, sondern auch weil die Einkehr des demokratischen Elements in die Betriebe eine verstärkte Kooperation auf allen Ebenen nach sich zieht. Erfahrungsaustausch und assoziative Fortentwicklung von Ideen … sind heute unabdingbare Bestandteile einer innovativen, dynamischen Entwicklung.«

Brainwriting Brainstorming kann auch *schriftlich* durchgeführt werden, wie ja bereits auf Seite 64 dargestellt worden ist.

Beim IHK-Workshop (Seite 62 ff.) sollte die Schautafel auf Seite 63 unten rechts einen dynamischen Ideenfindungsprozeß in Gang setzen mit dem Ziel, einen Slogan für das 150jährige Jubiläum zu bekommen.

Methode 635 Dies konnte dann mit der Methode 635 erreicht werden. Bei diesem quasi schriftlich *vorprogrammierten* Brainstorming, welches von Bernd Rohrbach (»Techniken des Lösens von Innovationsproblemen«, 1972) entwickelt wurde, sitzen *6* Personen an einem runden Tisch zusammen, welche *3* Lösungsvorschläge machen und auf einem Blatt fünfmal weiterreichen *(6 3 5).*

Folgende Spielregeln sind dabei einzuhalten:

- Weder zu simple noch zu komplizierte Aufgaben sind für diese Technik geeignet. Eine gründliche *Problemanalyse* ist Voraussetzung. *1. Schritt*
- Auf einem Blatt, welches drei Felder in der Waagerechten und sechs in der Senkrechten enthält, trägt jede Person in die oberste waagerechte Spalte drei Ideen ein (verbale, visuelle oder visuell-verbale). *2. Schritt*
- Nach etwa fünf Minuten gibt jeder sein Blatt dem rechten Nachbarn weiter, vom linken Nachbarn bekommt er drei neue Vorschläge. *3. Schritt*
- Nach dem Durchlesen der erhaltenen Vorschläge werden in der zweiten waagerechten Spalte *anknüpfende* Ideen (vertikal) assoziiert. *4. Schritt*
- Nach wiederum fünf Minuten wird das Blatt nochmals weitergegeben, bis die sechste waagerechte Spalte gefüllt ist.

So können bei sechs Teilnehmern in etwa einer halben Stunde 108 Lösungsansätze hergestellt werden. Im Vergleich zur Brainwriting-Zettelwand zwingt diese Technik das Gruppenmitglied zu größerer Disziplin, obgleich die gruppendynamische Komponente im »Brainwriting-Pool« stärker enthalten ist. Trotzdem: Der Wert der Methode 635 liegt darin, daß sie keinen Moderator benötigt (vgl. S. 62). Auch hier sind alle »Killerstatements« tabu. Auch hier ist von vornherein mit einem »Papierkorbdrittel« zu rechnen. Die weiterzuverfolgenden zwei Drittel können dann wieder als »gesetzte« Ideen in die erste waagerechte Spalte eingetragen werden und stehen für weitere Reihum-Anknüpfungen zur Verfügung. Die Methode 635 ist vor allem da sehr praktikabel, wo es sich um die Bearbeitung von Gestaltungsproblemen handelt: Signetentwürfe, Produktnamen, Slogans. Die bei der IHK-Sitzung (S. 62 ff.) entstandenen Ergebnisse sind in der Tabelle auf Seite 78 oben dargestellt.

Dieses Blatt war die Weiterentwicklung von vier vorangegangenen Blättern. Die erste Stufe bestand noch aus 60% Allgemeinplätzen wie »Tradition und Fortschritt« oder »Herausforderung der Zukunft«. Ausgewählt, bewertet und argumentativ vorgeschlagen wurden schließlich die folgenden Lösungen:

- Der bekennende Slogan: ZUKUNFT AUS TRADITION (3.1)
- Der pragmatische Slogan: KOMPETENT MIT RAT & TAT (6.2)
- Der sympathische Slogan: SCHWABENFLEISS UND BAYERNHERZ (6.3)
- Der progressive Slogan: WIR UNTERNEHMEN ZUKUNFT (6.1)

Slogan für das 150jährige Jubiläum der Industrie- und Handelskammer Augsburg und Schwaben (Methode 635)

1.1 Tradition hat Zukunft	1.2 Herausforderung an die Tradition	1.3 Region mit Herz
2.1 Die Zukunft der Tradition	2.2 Initiativ Herausfordernd Kompetent	2.3 Wirtschaftsregion mit Herz
3.1 Zukunft aus Tradition	3.2 Initiative Herausforderung Kompetenz	3.3 Die Herzlichkeit der Kompetenz
4.1 Unternehmen* Zukunft	4.2 Kompetent für Generationen	4.3 Die Herzlichkeit des Sachverstands
5.1 Zukunft der Unternehmen	5.2 Kompetent für Rat und Tat	5.3 Sachverstand mit Herz
6.1 Wir unternehmen Zukunft	6.2 Kompetent mit Rat & Tat	6.3 Schwabenfleiß und Bayernherz

* Dieser Vorschlag fiel bei der anschließenden Bewertung sofort in den Papierkorb: Er ist der offizielle Slogan der Bundesbahn.

Veränderung als Lösung

Allein die Veränderung des Wortes »Unternehmen« (als Substantiv) in »unternehmen« (als Verb) war ausschlaggebend dafür, daß – trotz der Kritik, die Deutsche Bundesbahn habe einen ähnlichen Abbinder (»Unternehmen Zukunft«) – der progressive Slogan angekauft wurde. Er steht von Mai 1993 bis April 1994 auf allen Drucksachen, Fahnen und Transparenten der Augsburger IHK.

Zusammenfassend läßt sich also folgendes sagen: Beim *Assoziieren* kommt es darauf an, daß alle Einfälle sofort schriftlich gesammelt werden. Ist eine Brainstorming-Runde beendet, wären viele Ideenansätze nicht mehr konstruierbar, ehe geordnet und ausgewertet wird. Durch die Beschäftigung mit der Bestandsaufnahme kommt es zu weiteren Assoziationen, welche anschließend wiederum neu ausgewertet werden können. Wichtigstes Kriterium: Während auf unmittelbares Beurteilen gänzlich verzichtet werden muß, entstehen brauchbare Ansätze, je weniger konventionell gesucht und je mehr »problemfern« notiert wird. Durch die mit dieser Denkrichtung verbundene Spontaneität eignet sich die Assoziation am besten für den Einstieg in den Lösungsprozeß eines Problems oder Teilproblems. Da die Spontaneität jedoch stetig abnimmt – also nie von langer Dauer ist –, sollte mit ihr umgehend abgebrochen werden, sobald sich immer wieder die gleichen Ideen ergeben. Dann können Vorurteile oder unterschwellig fixierte Vorstellungen zu (Denk-)Blockaden führen. Um diese wieder abbauen zu können, bedarf es eines weiteren Ideenfindungsschrittes – der *ABSTRAKTION*.

Ein Beispiel für eine neue, unkonventionelle Problemlösungsmöglichkeit – entstanden durch abstraktes Denken:

Das zu behandelnde Problem eines Unternehmensberaters lautete: »Wie kann ich verhindern, daß ich bei meinen potentiellen Kunden zwischendurch in Vergessenheit gerate?«

abstraktes Denken

Frage: *Worum* geht es eigentlich dabei? Wo liegt die Ursache des Problems? Das Ausgangsproblem ist kein Suchproblem (wie z.B. nach dem Namen eines neuen Produkts), sondern ein Systemproblem (= komplex, weil subtil, sensibel, psychologisch) mit mehreren Dimensionen.

Realebene

1. Dimension: In der Führungsetage (Stabsstelle) eines Unternehmens gibt es zu viele und zu unterschiedliche Diskurse (= Bewußtseins- und Wahrnehmungswelten). Frage: Warum entsteht diese Situation?

Abstraktionsstufen (= Ursachen)

2. Dimension: Weil Sprechanlage, Telefon, Postmappe (Eingang), Unterschriftsmappe, Bild(er) von Angehörigen sowie das eine oder andere Werbegeschenk sich mit Diktat, Besucherempfang (intern oder extern) nicht nur addieren, sondern multiplizieren, wenn nicht sogar potenzieren. Frage: Warum sind überhaupt diese Probleme entstanden?

3. Dimension: Weil der natürliche Bewertungsfilter, welcher entscheidet, was *schön* ist (z.B. Schreibtischlampe in gutem Design, frische Blumen) und was *zweckvoll* ist (Tasse Kaffee, Zigaretten, Pillen o.ä.) im Laufe der Karriere zugeschüttet oder zumindest gestört wurde. Aus diesen aufgelisteten Ursachen können jetzt verschiedene Suchrichtungen entwickelt werden:

- Was ist zu tun, um zu verhindern, daß es im (Geschäfts-)Leben von Managern zu viele und zu vielschichtige Bezugswelten gibt (z.B. Hierarchie kontra Teamgeist und umgekehrt)?
- Was ist zu tun, um der Inflation von optischen, akustischen und haptischen (= tastbaren) Reizen im Chefbüro entgegenzuwirken?

Suchrichtungen

- Welche Rolle spielen dabei die Chef-/Privatsekretärinnen?
- Wo gibt es »Spielräume« (auch wenn »sich über Geschmack nicht streiten läßt« und/bzw. »der Zweck die Mittel heiligt«)?
- Wie kann man z.B. mit einem Geschenk, welches Ästhetik mit Funktion verbindet, »geräuschlosen Lärm« verursachen?
- Warum gibt es überhaupt Privatsekretärinnen?
- Wieso gibt es (noch) keine »weinenden« Computer?
- Lassen sich Gegenstände finden, welche das Kurzzeitgedächtnis (ca. 3 Tage) des Beschenkten überleben?
- Gibt es überhaupt Gegenstände, die durch ihr Aussehen oder ihre Griffs- bzw. Geruchssympathie eine Dynamik entwickeln können, welche jener des (souveränen) Auftritts eines Besuchers von der Konkurrenz standhalten können?
- Warum sieht ein (Kader-)Schreibtisch anders aus als der andere?
- Wie kann man sich originell in Erinnerung bringen?
- Gibt es, wenn schon Geschenke, wenigstens solche, die nicht in der Versenkung veschwinden?
- Wie kann ich dem allgemeinen Wertewandel, der zu anderen Umgangsformen, Mangel an reflektivem Verhalten und Neigung zu stereotypem Handeln (bis hin zum Schreibtisch einer beruflichen Schlüsselposition) führte, »kulturell« begegnen?

Problemhierarchie

Abstraktionsniveau

Durch die konstruktiv-progressive Abstraktion des vorliegenden Problems können die Problemlösungsversuche in der richtigen Dimension der Problemhierarchie ansetzen. Im Unterschied zur Praxis, wo häufig an Symptomen kuriert wird mit dem Ergebnis, daß das Problem nur kurzzeitig verschwindet (weil nie daran gedacht wird, durch die Frage »Worum geht es eigentlich?« das nächsthöhere Abstraktionsniveau zu erreichen), lassen sich hierbei Ansätze finden, die das Problem nicht immer wieder neu auftauchen lassen – sondern *nachhaltig* und gründlich lösen.

Lösungsansatz

Der Ansatz bei der Suche nach Abhilfe für das obengenannte Problem lautete:

DIE DINGE ANDERS ZU SEHEN IST OFT DIE EINFACHSTE LÖSUNG.

Als Unternehmensberater »muß ich mich permanent in Erinnerung bringen« (mit *trivialen Dingen*, welche so *veredelt* sind, daß sie auch wirklich gebraucht werden) – mit folgender Überlegung:

- Der *Schreibtisch* ist ein Spiegel des Direktionsbüros; er reflektiert zumindest optisch Unternehmenskultur. Dabei fällt ihm zwangsläufig eine eher emotional/gefühlsbezogene als rational/vernunftbestimmte, jedenfalls *ästhetische* Rolle zu.
- Gegenstände mit einer Affinität zur Sinnlichkeit prägen sich leichter ins (Langzeit-)Gedächtnis ein als Dinge, mit denen man Funktion pur, Ratio oder Log(ist)ik verbindet.
- Die Chef-/Privat-*Sekretärin* spielt im Ablauf von geschäftlichen Kontaktaufnahmen, nicht zuletzt durch ihr intuitives Engagement, eine Rolle, welche bekannterweise nie unterschätzt werden darf.

Orientiert an der *konventionellen Idee*
- Briefbeschwerer für den Chef / Parfüm für die Sekretärin oder Stein als Briefbeschwerer / Schmuck für die Sekretärin

kam eine *unkonventionelle Idee* zustande:

Lösung

- Schmuck, der als Briefbeschwerer verfremdet werden kann (= SCHMUCKSTEIN), für den Chef,
- Parfüm, das in einem Schmuckstück (Brosche o.ä.) getragen werden kann (= DUFTKNOPF), für die Sekretärin.

Um nun mit »Schmuckstein« und »Duftknopf« eine konstruktive *Memo-Situation* aufzubauen, welche permanent die Objekte und den Schenkenden miteinander in Verbindung bringt, bietet sich folgende Möglichkeit an: In einem bestimmten Zeitturnus bekommt

Intensivierung

- der Schmucksteinbesitzer (jeder Stein wie gewachsen, poliert, mit individueller Veredelung, also *einmalig* – wird mit großer Sicherheit nicht weiterverschenkt…) ein Buch (»Steinbuch« Nr. 1, 2, 3 etc.) mit entsprechendem Begleitbrief,
- die Druckknopfträgerin (jeweiliger Knopf handgearbeitet, mit parfümgetränktem Tampon im Inneren, also *individuell* hergestellt – wird mit ziemlicher Sicherheit benützt…) ein kleines (Probier-)Röllchen mit einem neuen Parfüm zum Nachfüllen, beides mit auffälligem Geschenkpapier verpackt, welches immer wiederkehrt.

Als »Steinbücher« (= Jahresgabe, Jahreszeiten/Saisongabe oder Monatsgabe – mit »Bauchbinde« verschlossen, auf der z.B. stehen könnte: »Dieses Steinbuch Nr.1 ist eine Ergänzung zu Ihrem Schreibtischstein. Wenn dieser Sie anlacht, lächeln Sie einfach zurück!« – Im Inneren des Steinbuchs steckt ein Lesezeichen mit einem Steinzitat, z.B. ›Stein auf Stein, mit Vorbedacht, gibt zuletzt auch ein Gebäude‹, Goethe, 1824) bieten sich u.a. folgende Werke an:

- »Ein Edith-Stein-Lesebuch« für 12,80 DM,
- »Westerwälder Steinzeug des Jugendstils«, Band III, für 16,- DM,
- »Steine, geklebt und bemalt« für 9,90 DM,
- »Die Steinzeit war ganz anders« (Erich von Däniken) für 39,80 DM.

Infragestellung, Heuristik (griech. *heureka* = ich habe gefunden) und *Zufallsverbindungen* arbeiten mit Antithese, Hypothese und Synthese, wobei die Auslegung der Heuristik von A. F. Osborn (»Applied Imagination«) eindeutig logische Züge trägt, wenn es sich um Ideenfindung handelt: Durch einen äußerst praktischen und vielseitig anwendbaren Fragenkatalog wird ein Weg aufgezeigt, auf dem Lösungsansätze gefunden werden können; vorformulierte (abstrakte) Fragen lassen das Problem wie auf einer Kugel erscheinen, die immer wieder in alle Richtungen im 360°-Winkel gedreht werden kann. Beispiel:

abstrakte Fragen können weiterführen

- *Was* kann hier alles anders werden / kostet das?
- *Wie* kann durch Form/Farbe/Bewegung/Klang/Geruch etc. etwas verändert werden?
- *Wo* kann verkleinert / vergrößert / unterteilt / weggelassen / komprimiert etc. werden?
- *Wann* kann begonnen werden / muß beendet sein?
- *Wer* ist daran beteiligt / davon betroffen / wäre dazu imstande?
- *Welche* Bedingungen gibt es / Konsequenzen werden folgen?
- *Warum* muß etwas unternommen werden?

Diese W-Fragen brechen das Problem am Kern auf, verhindern das Beharren auf tradierten Denkweisen – es gibt nichts, was nicht möglich ist – und stoßen durch dieses Ausbrechen aus der Realität auf besonders originelle Ideen. Die Antworten zu den obigen Fragen können wiederum in vier Bereiche unterteilt werden:

so kann Bestehendes verändert werden

- Vermischen: *Kombination* einzelner Teile miteinander,
- Vertauschen: *Umformung* von Rang- und/oder Reihenfolge,
- Umkehren: *Wechsel* von positiv/negativ, oben/unten, hinten/vorne etc.,
- Ersetzen: *anderes* Verfahren/Material/Energiequelle/Ort/Zeit/Person/Stimme etc.

Die Kreativitätstechnik HEURISTIK zählt zu einer Reihe von sog. Suchfeldauflockerungsmethoden, bei denen ich Linneweh folge, wenn er sagt: »Mit Sicherheit sind darunter recht brauchbare Methoden (progressives Brainstorming, Szenario-Writing, Delphi-Methode, welche zur futurologischen Marktforschung zählt), insbesondere solche, die in ihrer Zielrichtung auf ganz spezielle Gegebenheiten abstellen. Andererseits haben wir es aber auch oft mit einfachen Modifikationen und Kombinationen der genannten Techniken zu tun. Man unterscheidet bei den Methoden zur Suchfeldauflockerung einerseits Methoden der ›schöpferischen Konfrontation‹, andererseits systematische Checklisten. Die Methoden der ›schöpferischen Konfrontation‹ sind Zufallsmethoden – die bewußt mit Hilfe zufälliger Beschreibungen von Reizwörtern aus einem Buch oder Lexikon oder mit Hilfe der Beschreibung eines Bildes divergentes Denken provozieren wollen. Nach einer ausführlichen Wort- oder Bildbeschreibung werden semantische oder syntaktische Elemente dieser Berichte auf die eigentlichen Problemstellungen übertragen. Diese Methoden enthalten Elemente der Synektik, sie sind aber ungerichtet, und ihr Erfolg ist eher zufällig – allein durch die Problem*entfernung* begründet. Das Prinzip der Synektik besteht ja gerade darin, daß trotz systematischer Problementfernung ein analoger Bezug bestehen bleibt. Trotzdem werden durch diese *Zufallstechniken* der schöpferischen Konfrontation das Vorbewußte aktiviert und andere Suchfelder erschlossen.«

Zufallsverbindungen: z.B. beim Betrachten von Bildern und Zeitschriften

(Zweck-) Verfremdung

Die auf Seite 69 in vier Bereiche zu gliedernden W-Fragen stellen eine Kombination dar aus dem sogenannten Attribut-Listing (R. P. Crawford) und dem »Area-Thinking« (J. E. Arnold) einerseits sowie der bereits genannten Osborn-Heuristik andererseits. Da letztere vor allem *allgemeine* Kategorien liefert und der Aufgabenbearbeiter quasi schon auf eine Spur gesetzt wird, stellen sie keinen echten Ersatz für intuitive Kreativität dar, sondern lediglich Anstöße zur organisierten Ideenfindung. *Kreativität ist nicht erlernbar*; man kann sie durch diese Techniken nur freisetzen.

eher organisierte als intuitive Kreativität

Abgesehen davon, daß alles, was organisiert ist – auch die Ideenfindung – unter Berücksichtigung der Realität, der Logik, der Systematik erfolgt, ist die Methode *Zufallsverbindung* wieder lockerer, weil lustbetonter: Das zu bearbeitende Problem wird mit einem zufällig ausgewählten Begriff in Verbindung gebracht. Aus der dadurch entstehenden Spannung der oft ausgefallenen, manchmal am Rande der Realität liegenden Verknüpfung lassen sich – in Kombination mit der Methode Brainstorming – häufig originelle Ideen ableiten. Als besonders geeignet für dieses Vorgehen hat sich die Lektüre von Zeitschriften aller Art erwiesen.

Die Techniken *IDENTIFIKATION* bzw. ANALOGIEN SUCHEN beziehen sich im Gegensatz zur systematischen Suchfeldauflockerung wieder auf divergentes Denken: Ein Problem läßt sich immer aus verschiedenen Blickwinkeln betrachten – man denke nur an die differenzierten Partnerverhältnisse

- abhängig: Kinder/Eltern, Schüler/Lehrer, Lehrling/Meister
- hierarchisch: Chef/Mitarbeiter, Aufsichtsrat/Vorstand
- totalitär: Herrscher/Untertan
- vertraulich: Arzt/Patient, Geistlicher/Kirchgänger, Fachmann/Laie, Mann/Frau, Freund/Freund(in)
- gesetzlich: Staat/Bürger
- gesetzwidrig: Täter/Opfer etc.

Perspektivenwechsel: etwas aus einem anderen Blickwinkel betrachten

Die unterschiedlichen Diskurse können die Ideenfindung wesentlich beeinflussen. Zu völlig neuen Ideen gelangt, wer versucht, die eigene Position zu verlassen, um damit das Problem von einer anderen bzw. konträren Seite aus zu sehen. Kleines Beispiel am Rande: Jedes Auto – ganz gleich welcher Marke – sieht von hinten total anders aus als von vorn oder von der Seite; das ist, neben der (weißen oder roten) Positionsbeleuchtung bei Nacht, am Tage ein nicht zu unterschätzendes Merkmal, wenn es um Verkehrssicherheit geht. (Autobahn-Unfall/-Panne/-Geisterfahrer).

Die vorgenannten Techniken Brainstorming und Infragestellung (»Macht dies überhaupt Sinn? Was wäre, müßte, sollte, könnte, dürfte?«) eignen sich dabei gut zur Kombination mit der Denkrichtung Perspektivenwechsel. Wer Humor als Stimulanz in seine Problemlösung mit einbringen möchte, kann sich sogar mit Tieren, Pflanzen oder leblosen Sachen identifizieren: Wenn z.B. ein »Flecken-Teufel«, ein (Olympia-)Maskottchen oder »Mutter Erde« (der auf einer Zeitschriftentitelseite per Spraydose das Gehirn weggeblasen wird) oder der vergiftete »Vater Rhein« zu sprechen beginnt – dann wissen Sie vielleicht, verehrte Leser, was ich meine...

Barrieren, wie Vorurteile und Intoleranz, abbauen!

Bequemlichkeitsdenken und innovationsschädliches Verhalten erschweren häufig den Problemlösungsprozeß. Mit der Veränderung des Blickwinkels lassen sich diese Barrieren genauso abbauen wie mit der Veränderung des Blickfeldes: Wer in der Lage ist, z.B. für das Produkt »Rasierapparat« die Analogie »Rasenmäher« zu finden, hat das System »Ab-rasen« (rasieren = schneiden) begriffen.

Auch jener Cartoonist, welcher einen Tennisspieler mit ausholendem Schläger vor einem *Toaster* posieren läßt, aus dem gerade ein fertiges Toastbrot in die Höhe schnellt, hat mit der Analogie zur *Ballwurfmaschine* gespielt ... (Eine ähnliche Pointe steckt im Cartoon auf Seite 248 oben rechts).

Wir unterscheiden grundsätzlich zwei Arten:

- *inhaltliche* Analogien (er/sie/es hat das gleiche oder ein ähnliches Funktionssystem, sieht jedoch meist anders aus),
- *formale* Analogien (er/sie/es hat das gleiche oder ein ähnliches Aussehen, funktioniert jedoch völlig anders).

Demnach wäre beispielsweise eine Taschenlampe eine formale Analogie zu unserem Rasierapparat. Wer sich von der Abhängigkeit einer Funktion vom jeweiligen Funktionsteil (z.B. einem Gerät) lösen kann, hat darüber hinaus seine Seh- und Denkweise nochmals erweitert. Daß mit der Methode *Zweckverfremdung* produktiv gearbeitet werden kann, zeigt uns sehr schön das berühmt gewordene Bindfadenexperiment (vgl. Norman R. F. Maier »Das Denken beim Menschen«):

In einem Raum befand sich ein Tisch, auf dem ein kleiner Kondensator lag. Von der Decke hingen zwei Schnüre herab, die so weit auseinandergehängt waren, daß ein einzelner Mensch mit ausgebreiteten Armen nicht beide Schnüre erfassen konnte. Die Aufgabe für jede Versuchsperson bestand nun darin, die Schnüre irgendwie zusammenzubinden. Zur Lösung mußte man an eine Schnur ein Gewicht binden, in diesem Falle den Kondensator, ihm einen Stoß versetzen, gewissermaßen als Pendel, dann zur anderen Schnur laufen, die erste pendelnde Schnur erfassen und beide Schnüre verknoten.

Nicht alles funktioniert so, wie es aussieht!

Interessant war nun festzustellen, wie unterschiedlich zwei ähnlich zusammengesetzte Versuchsgruppen, deren Mitglieder diese Aufgabe zu lösen hatten, reagierten. Der einen Gruppe wurde nämlich vor dem Versuch als Vorbereitung klassische Musik vorgespielt, die andere Gruppe dagegen erhielt einen ausführlichen – technisch ausgefeilten und ins Detail gehenden – Vortrag über die Wirkungsweise von Kondensatoren geboten. Mitglieder der Gruppe, die »nur« klassische Musik gehört hatten, also unter »weniger beschränkten« Bedingungen gearbeitet hatten, fanden viel eher die Problemlösung als Mitglieder der Gruppe, die vorher einen Vortrag über Kondensatoren gehört hatten. Die Mitglieder der »Kondensatorgruppe« waren gewissermaßen »fixiert« aufgrund des Erfahrungs- und Wissensschatzes über den Kondensator. Das Umdenken von den technisch komplizierten Vorgängen im Kondensator auf seine einfache Gewichtsfunktion fiel der

»wissenden« Kondensatorgruppe wesentlich schwerer als der Kontrollgruppe.
Klaus Linneweh, der dieses Zweckverfremdungsbeispiel, welches nur über analoges Denken zur Lösung des Problems führte, in seinem Buch »Kreatives Denken« erwähnte, kommentiert es wie folgt: »Der Versuch hat gezeigt, daß zuviel Wissen über ein Objekt den Denkprozeß blockieren kann. Je tiefer das Objekt in das Wissen eingebettet ist, desto stärker wird die Flexibilität gehemmt. Auch hat sich herausgestellt, daß der Zeitabstand zwischen dem gewohnten und dem neuen Gebrauch eine gewisse Rolle spielt. Je größer der Zeitabstand zwischen dem gewohnten und dem neuen Gebrauch ist, um so geringer ist auch die funktionale Gebundenheit. Aus diesen Gründen, so sagt man, habe Einstein sich geweigert, das Deutliche, das Offenbare, das Selbstverständliche zu verstehen, weil er sich nicht der Möglichkeit berauben wollte, neue Einblicke in die Dinge zu gewinnen.«

Verfremdung:

Die systematische Suche nach einer Analogie – also die innere oder äußere Verfremdung eines konkreten oder abstrakten Begriffes – zählt zu den effektivsten Kreativitätstechniken: Der Amerikaner W. J. J. Gordon (»Synectics«) entwickelte sie, nachdem er jahrelang die Denk- und Arbeitsweise von Erfindern beobachtet und Schlüsse daraus gezogen hat.

Synektik

Synektik (= griechisch: Zusammenbringen verschiedener, in diesem Fall »stimmiger« Teile) beruht auf dem psychologischen Denkansatz *»Das Vertraute fremd und das Fremde vertraut machen«*.
Linneweh begründet wie folgt: »Es liegt in der Natur des Menschen, daß er sich allem Fremden und Neuen zunächst einmal verschließt. Um aber zu neuen Lösungen zu gelangen, muß man sich mit dem Fremden vertraut machen. Dies gelingt am besten dadurch, daß man sich Bezugspunkte zu bekanntem Wissen schafft. Das Fremde muß dann in bekannten Dimensionen ausgedrückt und mit denselben beschrieben werden. Umgekehrt ist es aber auch sinnvoll, das Vertraute fremd zu machen, d.h. bekannte Dinge auch einmal unter anderen Aspekten zu betrachten, um dadurch neue Einsichten zu gewinnen. Diese Verfremdung bekannter Tatbestände soll verhindern, daß wir einer Voreingenommenheit zum Opfer fallen und Möglichkeiten, die in vertrauten Dingen latent ruhen, übersehen. Ist es doch eine Tatsache, daß die Kreativität nicht das Produkt eines Vakuums ist, sondern eher als das Ergebnis neuer, unerwarteter Kombinationen von Methoden, Material, Institutionen und Konzeptionen bezeichnet werden kann.«

Eine Analogie liegt immer dann vor, wenn Elemente aus verschiedenen Diskurswelten (z.B. Technik oder Natur – in letzterem Fall sprechen wir von »Bionik«) einander entsprechende Strukturteile (extern) oder Funktionsteile (intern) aufweisen. Beispiel: Ein Gesellschaftswissenschaftler befaßt sich mit den soziokulturellen Folgen der Teamarbeit. Dazu untersucht er Phänomene aus der Bionik – niederwertig: das Zustandekommen eines Ameisenhaufens / höherwertig: die Arbeitsteilung eines Bienenvolkes. Bei der Ideenfindung durch Analogien kann man folgendermaßen verfahren:

Bionik

- Auswahl einer prägnanten Struktur bzw. einer typischen Funktionsweise eines Problemkomplexes,
- Suche nach Analogien (Synektik, Bionik) dazu,
- Bestimmung von (Teil-)Ergebnissen, auf die man sich *total* konzentrieren sollte,
- Umsetzung dieser/dieses Ergebnisse(s) in den ursprünglichen Problemkomplex.

Beispiel: Ein Fachzeitschriftenverleger hat Probleme mit einer seiner Redaktionen. Es fehlt an Teamgeist – jeder ist sich selbst der Nächste. Das war vor zwei Jahren, als er den Chef auswechselte, wesentlich besser, ja sogar so gut, daß er sich das anders gar nicht mehr vorstellen konnte. Um das Problem zu lösen, scheint es ihm wichtig, nach den Ursachen zu forschen. Während er auf einer seiner Reisen im Hotel morgens vor dem Spiegel steht, kommt ihm spontan die Funktionsweise seines kabellosen Rasierapparates in den Sinn: Der Motor wird von einem Akku versorgt, welcher wiederum mit elektrischer Energie (aus der Steckdose) in Form von chemischer Energie (Zellen) aufgeladen werden kann. Als er sich gerade mal wieder rasieren will (und der Apparat nur schleppende Töne von sich gibt), denkt er wieder an sein Ausgangsproblem. Jetzt zieht er folgende Schlüsse:

Motor .... Journalistikkurs
Akku .... Redakteure
Aufladung .... Begeisterung
Reinigung .... Rhythmuswechsel

Die Umsetzung in die Ausgangssituation könnte dann wie folgt aussehen: Einladung für die sieben Redaktionsmitglieder zu einem Seminar über zeitgemäßen Fachjournalismus, in welchem *gruppendynamisch* Eigenheiten und Sozialverhalten aller ausgetauscht, bewußtgemacht und ggf. korrigiert werden.

primäres / sekundäres Problem

Bei dieser Ideenfindungsmethode muß streng darauf geachtet werden, daß man – genau wie der Zeitschriftenverleger kurz vor der Rasur – überhaupt nicht mehr an das primäre Problem denkt, während man sich mit der Analyse des sekundären beschäftigt.

Der *MORPHOLOGISCHE KASTEN* basiert auf dem mathematischen Prinzip der Verkleinerung: Wenn ausgerechnet werden soll, wieviel z.B. 57% von 750 kg ist, muß erst auf 1% (= 7,5 kg) zurückgeführt werden, ehe durch die Potenz 7,5 x 57 das Ergebnis (= 427,5 kg) zustande kommt. Auf diese Weise lassen sich auch Systemprobleme analytisch auf Problemteile zurückführen. Im Gegensatz dazu können sich wiederum einzelne Teilprobleme – die an sich kaum bemerkt werden – in ihrer Gesamtheit derart summieren oder gar potenzieren, daß sie zu einem Problemkomplex wachsen. Nach einer gründlichen Analyse der Ursache und Wirkung eines Problems bieten sich folgende Arbeitsabschnitte zur Formulierung einer Ideenfindungsmatrix an:

- Zerkleinerung des Problemkomplexes in Kombination mit den W-Fragen der Heuristik als tabellarisch *horizontaler* Parameter,
- Sammlung und (An-)Ordnung realistischer und realitätsferner Lösungsalternativen als tabellarisch *vertikaler* Parameter,
- Kombination einzelner Koordinaten miteinander.

Folgendes Problem dient uns als Anschauungsbeispiel: »Wie bewerbe ich mich als Hochschulabsolvent in Zeiten des Überangebots, damit ich beim Ansprechpartner Interesse wecken kann?«

Ideenfindungsmatrix (Beispiel)

WIE? (direkt)	WANN? (Zeitpunkt)	WER? (Person)	WO? (indirekt)
Brief Telefon Telex Telegramm Kleidung – korrekt – salopp	Ostern Weihnachten Vor/nach dem Urlaub Während des Studiums/ Ferienjobs etc.	Firma Abteilung Direktion Sekretariat Pförtner Personalchef etc.	Fachzeitschrift Tages-/Wochenzeitung Gelbe Seiten/ Telefonbuch Bildschirmtext Eigeninserat etc.

Demnach kann durch Bewertung und Auswahl eine Problemlösung durch entsprechende Kombinationen gefunden werden. Die Suchrichtung im »Zickzackkurs« könnte beispielsweise folgende Idee ergeben:

- Durch ein Telex zwei Tage vor Weihnachten kann sich ein Studierender einen originellen Zutritt beim Chef einer großen Werbeagentur verschaffen. Als Reaktion auf eine Einladung zum Vorstellungsgespräch erscheint er in salopp-eleganter, dem Zeitgeist der Jugendlichkeit entsprechender Kleidung. Die routinemäßige, stereotype Bewerbung mit angehängtem Lebenslauf entfällt. Bleibt noch zu ergänzen: Die Telegrammadresse hat er nicht den Gelben Seiten (anonym) entnommen, sondern dem Stellenangebot aus einer Fachzeitschrift – auf das er sich nicht direkt bewirbt. Ein kostspieliges Eigeninserat kam für ihn ebenfalls nicht in Frage.

Zusatznutzen des »morphologischen Kastens«: Die Konzentration von Lösungsmöglichkeiten, die durch das vollständige Kombinieren entsteht, bietet dem Lösungssuchenden auch die Sicherheit, »nichts vergessen zu haben«. Dieses Sicherheitsnetz mit »doppeltem Boden« ist auch dann hilfreich, wenn sich das Problem nicht absolut klar in unabhängige Problemteile gliedern läßt. Die morphologische Matrix hat sich vor allem bei der Entwicklung eines *Corporate-Identity-* bzw. Corporate-Design-Programms für Großunternehmen bewährt: Die (heuristischen)

Fragelisten auf heuristischer Basis zur morphologischen Weiterbearbeitung

- mündlichen oder schriftlichen Einzel- oder Gruppenbefragungen mit den evtl. damit verbundenen Anforderungsschreiben (kann mit weiteren Varianten ergänzt werden)

müssen für verschiedene Personengruppen, z.B.

- Abteilungsdirektoren/-leiter,
- Angestellte (Ingenieure, Ausbilder etc.),
- Arbeiter (Teilzeitbeschäftigte, Studenten etc.),
- Auszubildende (die Auflistung ist mit »Problemteilen« ggf. zu ergänzen)

vorbereitet werden. Abgesehen von den sich dadurch ergebenden Vorgehensweisen (z.B. mündliche Gruppenbefragung von Auszubildenden) werden durch diese Problemlösungstechnik spezifische Antworten auf spezifische Fragen zutage gefördert, welche niemals pauschal gefunden worden wären. Für die Organisation der Ideenfindung bietet sich folgendes Bearbeitungsschema an:

Organisation der Ideenfindung

Techniken	Denkrichtungen	Lösungswege	Lösungsziele
W-Fragen stellen zu: Ursache Auswirkung Abhilfe Kriterien	Ist-Zustand: Was haben wir? Mangel: Was haben wir nicht? Soll-Zustand: Was wollen wir? Nutzen: Was erreichen wir?	Problemanalyse ↓	Problem- formulierung ↓
intuitiv: Brainstorming Identifikation Analogien *systematisch:* Morphologie Heuristik Zufallsverbindung	Anknüpfung Verfremdung Auflösung Kombination	Ideenfindung ↓	Problem- entfernung ↓
Ansätze: sammeln ordnen gewichten selektieren kombinieren	Problem- *abhilfe:* entscheidend +++ wesentlich ++ wünschenswert +	Problemlösung	Lösungs- beurteilung

Systematik der visuellen Kommunikation

Ideenfindung in der Werbegestaltung orientiert sich nicht nur an den wissenschaftlichen Erkenntnissen, welche zu Kreativitätstechniken führten. Insbesondere wer (z.B. ein Anzeigensujet) *formal* analysieren will, muß zumindest die Grundlagen der visuellen Kommunikation nicht nur berücksichtigen – er muß mit ihnen umgehen, sie stets beachten, d.h. sie richtig und zweckbezogen anwenden können.

Analyse

Diese Grundlagen, welche bei der Ideenfindung für ein Anzeigenlayout relevant sind, teile ich in die folgenden sechs Abschnitte ein:

- Sehen
- Erfahren
- Raum und Zeit
- Weniger und Mehr
- Sinnzusammenhang
- Zeichenkommunikation

Kommunikation ist Verständigung. Sie beruht, wie gesagt, auf der Vermittlung und dem Austausch von Zeichen. Diese haben eine konkrete Bedeutung. Kommunikation unter Menschen kommt also nur dann zustande, wenn – wie bereits erwähnt – die Beteiligten über einen gemeinsamen Vorrat an Zeichen verfügen, welchen sie alle die jeweils gleiche Bedeutung zuordnen. Die Verständlichkeit – bezogen auf den Leser bzw. Hörer – ist kognitiv (= erkenntnismäßig) orientiert, d.h., sie bedingt die Entschlüsselung von Zeichen, welche *verschlüsselt* sind. Relevante Faktoren für die Verständlichkeit der verbalen Kommunikation sind der Sender, sein Empfänger und die ihnen zur Verfügung stehende (Bild/Wort-)Sprache. Unter visueller Kommunikation versteht man das »Lernen des Auges« – wir sehen nicht immer nur das, was wir im Kopf verstehen.

Verständlichkeit ist kognitiv orientiert

visuelle und verbale Kommunikation werden durch Sender, Empfänger und Sprache organisiert

Das *Sehen* ist der Anfang aller Kommunikation. Unter »analytischem« Sehen versteht man die »Zerlegung des Sichtbaren« in seine Bestandteile. Das analytische (= differenzierte) Sehen kommt durch das Umsetzen des Gesehenen, durch *Wahrnehmen* zustande.

Sehen = physikalisch/ physiologisch

Wahrnehmen = physiologisch/ psychologisch

Das *Blickfeld* wird durch den Sehenden gegliedert, weil Sehen nur mit dem Auge noch lange nicht »erkennen« ist. Erst beim analytischen Sehen wird das wahrgenommen Gesehene produktiv *verarbeitet* und ggf. *gespeichert*. Das Blickfeld unterteilt sich in neun visuelle Merkmale:

Verarbeiten und Speichern = psychologisch

– Form	– Größe	– Richtung
– Farbe	– Anordnung	– Räumlichkeit
– Helligkeit	– Textur	– Bewegung

sowie in neun physikalische Farben:
- die Grundfarben Blau, Gelb und Rot,
- die Zwischenfarben Orange, Violett und Grün,
- die durch Addition entstehenden Töne Schwarz, Grau und Weiß
  (letztere ist in den Printmedien keine Druckfarbe, weil Papier in der Regel weiß ist).

Hegel stellte einmal fest, daß das Bekannte nur deshalb, weil es *be*kannt ist, noch nicht *er*kannt ist. Das emotionale, reine, grundlegende Sehen steht im Gegensatz zum rationalen Begreifen bzw. Erkennen; es muß somit als Vorstufe der Wahrnehmung und Verarbeitung angesehen werden. Wahrnehmung ist eine Reaktion auf
- Akzente, Kontraste, Rhythmen und Farbe.

Das analytische Sehen stellt also immer einen Abruf von bereits »Gelerntem«, d.h. gegenseitig Vereinbartem, dar. In der Praxis sieht es so aus, daß man das Gesehene und Bekannte auf Stimmigkeit untersucht und nicht einfach weitergibt. So läßt sich z.B. nachweisen, daß Pauschalurteile ungeprüft (= unreflektiert) weitergegeben werden – kaum wahrgenommen, nicht verarbeitet. Das »erlebte« Sehen wird durch das Licht vermittelt und muß erst wahrgenommen werden, um schließlich zum *analytischen* Sehen zu werden. Häufig ist es z.B. so, daß ein Künstler seine ausgestellten Werke analytisch sieht, der Galeriebesucher dagegen der Bilder nur durch erlebtes Sehen gewahr wird. Für die Verarbeitung des erlebten Sehens hin zum analytischen Sehen sind verschiedene Merkmale relevant:

Pauschalurteile sind unreflektiert

Kontrast

- Der *Kontrast* entsteht immer über das Auge. Erst durch Kontrastierung kann Aufmerksamkeit erregt werden. Wenn z.B. ein kleiner Punkt willkürlich in ein Format gesetzt wird, scheint dieser im Raum zu schweben. Erst wenn »oben/unten« oder »rechts/links« bestimmt wird, bekommt jener Wahrnehmungsbedeutung.

Format

- Das *Format* entscheidet darüber, wie eine Form zu funktionieren hat. Eine Wolke beispielsweise hat nur am oberen Bildrand die Bedeutung »Himmel«, unten ist es eine Staubwolke (oder ein Busch). Nicht nur die Form wird im Blickfeld charakteristisch empfunden, sondern auch die Anordnung der Zeichen. Zu den Merkmalen der Identität von Bildzeichen und bezeichnetem Gegenstand gehören deren Größenverhältnisse. Werden allerdings ausreichend charakteristische Merkmale des Gegenstands wie Form, Farbe, Textur (= Zusammensetzung) etc. dargestellt, nehmen wir bei der Benutzung des Zeichens auch unrealistische Größenveränderungen in Kauf.

Ikone

- Als *»Ikone«* wird ein Zeichen verstanden, bei welchem vorausgesetzt wird, daß es vom Empfänger begriffen wird. Zum Beispiel muß eine Banane in der Realität und im Abbild mindestens *ein* übereinstimmendes präzises Merkmal haben: die Form oder die Farbe.

Analogie

- Die *Analogie* kann beim Betrachter (gezielte) Assoziationen hervorrufen. Er erinnert sich beim Anschauen eines Bumerangs z.B. an eine Banane (auch wenn dieser nicht gelb ist!).
- Bei gleicher Form, aber differenzierter farblicher Ausstattung verbindet der Betrachter mit ihr auch unterschiedliche Reifeprozesse: grün = unreif, gelb = genießbar, braun = überreif, alt, extrem süß.

- Unter *Textur* versteht man die Anordnung innerhalb der Form, ihre Zusammensetzung, die Stofflichkeit eines Bildgegenstands.

Textur

- Die *Bilddramaturgie* hat einen Einfluß auf die selektive Betrachtung. Hier wird auch häufig der Unterschied zwischen Sehen und Wahrnehmen deutlich: Auf einem Bild(ausschnitt) sind zwei halbe und ein ganzer Elefant zu sehen – das Hinterteil, dahinter der ganze, dahinter das Vorderteil –, wahrgenommen werden aber *drei* Elefanten.

Dramaturgie

Im Unterschied zur Kommunikation mit allgemeinen Zeichen (Bilder, Symbole, Signale, Farben etc.) gibt es das große Feld der grafischen Zeichen (Signets, Embleme, Marken, Piktogramme etc.). Letztere basieren auf Vereinfachung, Verkürzung, Reduktion. Dazu eine Analogie:

Marken
Signets

Ein *Signet* ließe sich sehr gut mit einer Sanduhr in Form des Buchstabens X vergleichen. Im trichterförmigen oberen Teil liegen Millionen Körnchen stellvertretend für verschiedene Inhalte, Infos, Daten z.B. eines Unternehmens – seine Geschichte, seine Leistung, seine Kultur. Im dachförmigen unteren Teil liegen dieselben (durchgerieselten) Körnchen. Die engste Stelle in der Mitte – der Schacht, quasi das Nadelöhr – verkörpert das Signet. Inhaltliche Vielheit wird an dieser Stelle zur formalen Einheit und anschließend wieder zur (ausdrucksfähigen) Vielheit. Anders ausgedrückt: Der Gestalter muß eine bzw. mehrere Bedeutungen in seinem Zeichen verschlüsseln. Nur wenn er dieses Problem bewältigt, ist auch der Betrachter in der Lage, das Signet zu entschlüsseln und damit zu verstehen. Nicht zu vergessen: Viele Bedeutungen sind von abstrakter Natur! Erst durch ihre formale Darstellung können sie konkret und damit sichtbar gemacht werden.

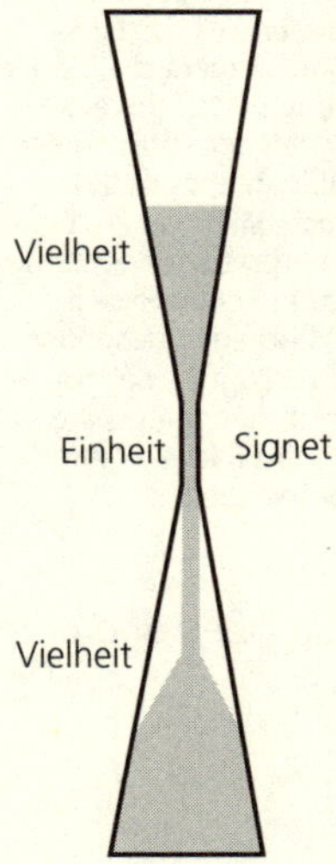

Bezogen auf die Ideenfindung heißt das: Die gesammelten Inhalte sollten über die Technik des »morphologischen Kastens« gefunden werden und nach allen relevanten Gesichtspunkten (Betrachterpositionen, Ähnlichkeiten, Analogien etc.) zur Visualisation überprüft werden.

Morphologie

Die Umwelt vermittelt dem Menschen »Erfahren durch Lernen«. Der Mensch lernt, indem er Angeborenes mit in sein Handeln einbringt. Er deutet Abhängigkeit zwischen zwei Polen (Dynamik/Statik) und setzt sie zueinander in Verbindung, um seine Umwelt und seinen Lebensraum in eine Ordnung zu bringen. So ist z.B. unsere Gleichgewichtserfahrung Voraussetzung für das Erkennen der Zusammenhänge von Dynamik/Statik/Balance/Imbalance. Die Erfahrung beeinflußt die

Dynamik, Statik

Imbalance

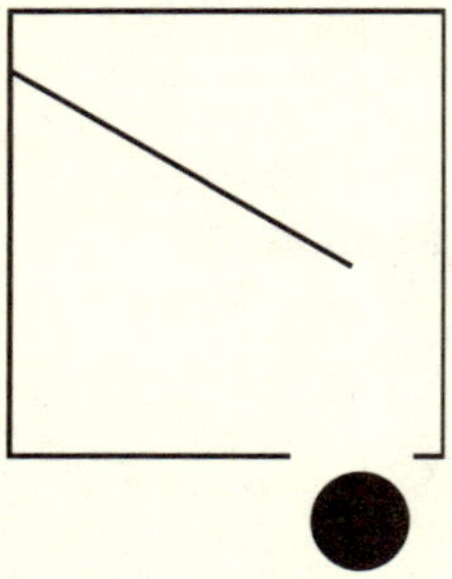

Die durchbrochene Rahmenlinie signalisiert uns eine Fallbewegung. Die »fallende Kugel« scheint sogar einen hellen Bewegungsschweif zu hinterlassen. Man kann, wenn sich der Blick auf diesen Teil des Bildes konzentriert, die Markierung eines Streifens zwischen der Öffnung des Bildrahmens und der Kreisfläche sehen. Der interpretierten Fallbewegung kommt hier ein Wahrnehmungsphänomen zugute, das die Wahrnehmungspsychologie als »Scheinkante« bezeichnet.

sinnliche Wahrnehmung in bezug auf Anordnung und Richtung. Als Erfahrung ist auch das Schwerkraftverständnis zu sehen, welches dem Menschen bei der Entscheidung hilft, ob Statik/Dynamik vorliegt! Alle bisherigen Erfahrungen und alles Gelernte werden instinktiv in die Wahrnehmung mit eingebracht. Diese sinnliche Wahrnehmung wird von physischen, psychischen, kulturellen und physikalischen Determinanten bestimmt. Die menschliche Wahrnehmung wendet sich dem Gleichgewicht zu und preferiert demzufolge Zeichen in Balance, in Ausgewogenheit. Die Wahrnehmung erfolgt auch ergänzend, komplettierend, d.h., Dinge, welche gar nicht definitiv vorhanden sind, werden gesehen und erneut mit Erfahrungen verarbeitet, um das Fehlende zur Einheit zu ergänzen. Ein solches Phänomen ist z.B. die »Scheinkante«, bei der die durchbrochene Rahmenlinie uns eine Fallbewegung signalisiert, obwohl objektiv weder eine Kante noch eine Bewegung vorliegt. Der Hintergrund beeinflußt hierbei die Wahrnehmung, man sieht die Kugel förmlich aus dem Rahmen (mit »durchbrochener« Kante) fallen, was durch den Strich (die Rampe) nach unten (von links oben nach rechts unten = der Leserichtung nach, demzufolge fallend bzw. abwärtsverlaufend) noch entsprechend verstärkt wird!

oben und unten

Nicht nur Dynamik/Statik ist erlernt, sondern auch die räumliche Anordnung oben und unten, welche die sinnliche Wahrnehmung beeinflußt und eine Wahrnehmungsvoraussetzung schafft! Wir lernen durch unsere Umwelt das Oben-unten-Verhältnis, das bei jeder unserer Bild- oder Zeichendeutung mit eingebracht wird! Man hat in der Umwelt die Schwerkrafterfahrung gemacht und transferiert somit all diese Erfahrungen in die Wahrnehmung, weil sich der Mensch, nach Ordnung, System, Gleichgewicht verlangend, ein Ordnungsmuster schafft – dies erfolgt durch bereits Erfahrenes. Durch dieses Ordnungsmuster bekommt der Mensch in seiner Wahrnehmung Orientierung, da er Gelerntes auf die aktuelle Situation überträgt – es erfolgt die *»Konventionalisierung«*. Er deutet die Zeichen, die Reize, den Kode des Senders und setzt Abhängigkeiten in das Wahrnehmungsschema, wie z.B. oben/unten, Schatten/Licht, waagerecht/senkrecht, vorne/hinten.

Richtung

Auch die Lese- bzw. Schreibrichtung (von links oben nach rechts unten) beeinflußt die Wahrnehmung, da man Zeichen als fallend bzw. steigend, also somit auch antistatisch deutet. Von links nach rechts ist die bevorzugte Blickrichtung des Menschen in unserem Kulturkreis, wodurch wiederum die Wahrnehmung beeinflußt wird und andere Assoziationen entstehen, als wenn man alles von rechts nach links betrachten würde. Die Sinnzusammenhänge, die man erwartet, und die durch das Wahrgenommene bestätigt werden, wären völlig anders. In der Wahrnehmung bedient sich der Mensch der Erfahrung, um Geschlossenheit/Einheit zu erlangen: Das Ganze ist mehr als die Summe der Teile – und das »Figur-Grund-Prinzip«. Einzelne Elemente des Bildes werden zusammen als *ein* Bild erfahren, weil dadurch Strukturierung, Ordnung, Schlichtheit, Geschlossenheit, Einheit entsteht.

Geschlossenheit

Erfahrung wird durch Lernen aufgebaut. Die vorgenannten Aufbauelemente sind Ordnungsmuster, welche in sich Stabilität ausdrücken. Aus labilen, unsteten, ungeordneten Eindrücken kann nicht gelernt werden, weil keine Ordnung vorliegt und man es folglich nicht lernt; es gilt nicht als »erfahren« und bleibt demnach nicht »hängen«. Instinktiv weiß der Mensch, daß nur Zeichen, Bilder, Hell-Dunkel-Teile, welche eine gewisse Symmetrie/Ordnung aufweisen, auch erneut genützt werden können, und demnach haften sie auch im Gedächtnis – man lernt daraus und wendet das Gelernte auch wieder als Erfahrenes an!

Symmetrie

Ebenso wie die Wahrnehmung in Abhängigkeit zum Erfahrenen, erfolgt auch die Ideenfindung zunächst *systematisch*. Dies ist die Voraussetzung bei der Erarbeitung einer Problemlösung: Abstraktion, Morphologie, Heuristik. Bei der intuitiven (unsystematischen) Ideenfindung wird mit den Techniken Brainstorming, Identifikation und der Suche nach Analogien operiert. Nicht selten ergibt sich hier ein Lösungsansatz, weil durch »Störung« des Konventionalisierten ein weit höherer Aufmerksamkeitswert entsteht.

Ideenfindung

Das räumliche Sehen ist ein sehr komplexer Vorgang. Einige Beispiele mögen einen Einblick in verschiedene Arten des Sehens geben:

So erzeugen zwei dunkle Figuren in gleichem Abstand zueinander eine helle Figur (Vase/Kelch). Einen Körper im Raum – also die Räumlichkeit – sieht jeder Mensch anders. Man muß hier zwischen Sender und Empfänger einer Botschaft unterscheiden. So nützt es dem Sender nichts, wenn er z.B. etwas räumlich darstellt, der Empfänger jedoch ein schlechtes räumliches Vorstellungsvermögen hat und so die Bildbotschaft nicht entschlüsseln kann. In der Fotografie sieht man stets ein zweidimensionales Bild. Der Mensch interpretiert durch seine Wahrnehmungsfähigkeit jedoch ein dreidimensionales Motiv

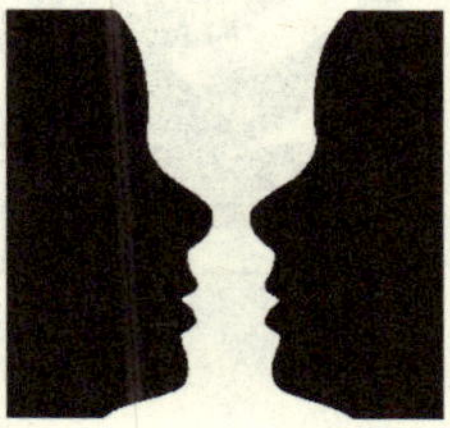

(eine Landschaft o.ä.). Im Prinzip ist auch ein Foto nichts anderes als eine optische Täuschung, welche entschlüsselt wird.

reale Ebene

Geht man von dieser realen in die surreale Ebene, muß man bilddramaturgische Veränderungen vornehmen. Ein Bild wird dabei in seine Einzelteile zerlegt und vom Menschen einzeln betrachtet und interpretiert.

surreale Ebene

Beim Surrealismus wird also die Rang- und Reihenfolge der Bild(betrachtungs)-Elemente total durcheinander»geschüttelt«. Fest steht, daß das Denken in einem temporären Verlauf geschieht: Es ist nicht immer eine Rang-, sondern auch eine Reihenfolge von Bedeutung. Mit den nachgeordneten und unwichtigen Dingen versucht man die vorrangigen und wichtigen, also die Thesen, zu belegen.

Bewegung, Raum

Auch die Bewegung im Bild ist ein wesentlicher Gesichtspunkt. Raum und Bewegung sind deshalb von Bedeutung, weil das starre Bild eigentlich – im physikalischen Sinn – die Eigenschaften der Bewegung nicht hat. Das Bild kann sogar zeiträumlich betrachtet werden; es entsteht die Bilddramaturgie. All dies funktioniert jedoch nur, weil der Mensch seine Umwelt ständig beobachtet und Erfahrungen daraus ableitet. Daraus entsteht die Vorstellungsgabe. Indiz für die räumliche Wahrnehmung unserer Umwelt sind die visuellen Merkmale in unserer Umwelt. Dies sind Überschneidung und Verjüngung, Verlust an Größe, Verlust an Schärfe und Hell-Dunkel-Kontrast (Hintergrund). All dies sind Belege dafür, daß man räumlich sehen kann. Gerade bei sog. »Kippbildern« wird dies besonders deutlich: Die abgewandte Seite wird zum Vordergrund und umgekehrt.

Schrift- und Bildzeichen werden mit den Gesetzen der Schwerkraft und Gleichgewichtserfahrung gedeutet. Der Buchstabe T z.B. wird auch als Bildzeichen (Autobahntankstelle) gedeutet. In seiner normalen Form besitzt er ein gutes Gleichgewicht (Symmetrie), weil der waagerechte Balken in der Mitte aufliegt. Das P dagegen (Piktogramm für Parkplatz) ist nicht symmetrisch: Es kippt optisch nach rechts, was z.B. die Freie Demokratische Partei veranlaßt hat, ihr Kürzel mit Punkten auszustatten (F.D.P.). Das »Flimmern« im Bild ist prinzipiell auch nichts anderes als eine Bewegung, welche z.B. durch Komplementärfarben gleichen Helligkeitswertes entstehen kann (Rot auf Grün oder umgekehrt). Weitere Beispiele für Bewegung in der visuellen Kommunikation sind Bildreihungen und unscharfe Verläufe. Die sogenannten Zeigzeichen (Pfeile nach allen Richtungen) haben die Funktion, die Blickrichtung regelrecht in Bewegung zu setzen.

Im Zentrum der Arbeit eines Kommunikationsdesigners steht die Aufgabe, Sinnzusammenhänge, Bedeutungen, Informationen – aber auch Emotionen – zu transportieren. Um diese rationalen/irrationalen Informationen zu organisieren, setzt er alle möglichen Arten von Zeichen ein. Von der mehr oder minder guten Qualität seiner Gestaltung hängt es ab, ob die Information von der jeweiligen Zielgruppe im Sinne des Auftraggebers verstanden wird. Dabei ist es eine Grundvoraussetzung, daß Sender und Empfänger

- ein Kommunikationsverhältnis herstellen und
- die gleiche »Sprache sprechen«.

Sprache

Sprache ist in diesem Zusammenhang nicht der Umgang mit Lauten und Worten, sondern vielmehr der Einsatz aller visuellen, lautlichen und anderen Zeichen, mit denen Informationen gegeben werden können (auch z.B. nonvisuelle bzw. nonverbale).

Grundsätzlich läßt sich also sagen, daß der Sender einer Botschaft diese mit Hilfe eines Kodes verschlüsselt. Dieser Kode wird dann, wenn die obengenannten Voraussetzungen erfüllt sind, vom Empfänger wieder entschlüsselt (dekodiert) und – wenn die Zeichen vom Sender richtig gewählt wurden – so verstanden, wie es der Sender beabsichtigt.

Die Qualität eines Zeichens (Bild/Foto, Wort/Text etc.) hängt in diesem Zusammenhang davon ab, wie stark es einen umfassenden Informationsgehalt reduzieren kann – auf ein einziges (starres, statisches) Gebilde. Dabei zeigt sich der Gestalter als Könner, wenn er es schafft, den Betrachter seiner Zeichen in die »Grauzonen« der Kommunikation zu entführen, d.h. in Sphären, in denen der Betrachter reflektieren, nachdenken muß, trotzdem aber ohne große Schwierigkeit und gegebenenfalls über ein »Aha-Erlebnis« ganz klar erkennen kann, was gemeint ist. Eine auf ein Zeichen reduzierte Botschaft und die gleichzeitige Reduktion einer Vielzahl von Informationen auf dieses Zeichen (Inseratmotiv, Plakat o.ä.) wird durch die unterstellte Fähigkeit des Betrachters, das Zeichen zu deuten – wie schon gesagt – wieder zur Vielheit. Diese Tatsache ist gerade in der heutigen Zeit, in der der Mensch einer Unmenge an Informationen ausgesetzt ist, besonders wichtig.

Bei der gewünschten Entschlüsselung des gewählten Kodes verläßt sich der Designer auf den kulturellen Lernprozeß innerhalb der Gesellschaft. So kann er weit über die Arbeit mit Ikonen hinaus mit viel subtileren Zeichen arbeiten. Wichtig ist dabei, daß der Bilderfinder/-hersteller seine Zielgruppe nicht

außer acht läßt und sich deshalb immer wieder die Frage stellt »Wie weit kann ich noch reduzieren, ohne dabei wichtige Informationen zu verlieren?« Das Phänomen des kulturellen Lernprozesses hat Umberto Eco am Beispiel der linearen Darstellung von Informationen sehr eindrucksvoll dargestellt: Durch den Lernprozeß kann ein Pferd durch eine Linienkontur abgebildet werden. Dabei ist die Kontur das einzige, was das reale Pferd (welches vom Betrachter entschlüsselt wird) nicht aufweist. Aus der Vielheit der Botschaft Pferd wurde durch ein Zeichen eine Einheit, durch die Dekodierung seitens des Betrachters wieder eine Vielheit (vgl. Seite 93).

Wie bereits gesagt, bedeutet jedes Zeichen etwas, doch für jeden Menschen – je nach Beruf, Bildung, Alter – etwas anderes. Da jeder Mensch unterschiedlich denkt und assoziiert, bedeutet z.B. ein Auto für einen Ingenieur eine technische Meisterleistung, für ein Kind einen Zukunftstraum, für einen Naturschützer einen Umweltverschmutzer, für eine Hausfrau einen »fahrbaren Untersatz« zum Einkaufen. Da jede Form durch ihre Nachbarschaft beeinflußt wird, ergeben sich hier auch wieder verschiedene Deutungen; denn diese Deutungen sind wieder für jeden Partner diskursbezogen.

Deutungen vermitteln Perspektiven!

Folgende Beispiele machen deutlich, daß es in der visuellen Kommunikation auf den Kontext ankommt:

- Auto in neutraler (Piktogramm-)Darstellung wird zum sogenannten »Superzeichen«, wenn es mit der Ikone »Dach« (Parkhaus), »Schlangenlinie« (Verkehrszeichen Schleudergefahr) oder »Schraubenschlüssel« (Werkstatt) kombiniert wird (s.a. die Plastik »Stierschädel« von Picasso: Fahrradsattel + Lenker).
- Simultankontrast entsteht, wenn z.B. Rot auf grünem Hintergrund grünlicher, dasselbe Rot auf blauem Hintergrund bläulicher oder auf gelbem Hintergrund »wärmer« wirkt.
- Zeichenkontext ergibt sich, wenn z.B. ein von oben gesehenes Hausdach (zwei an den Längsseiten zusammenhängende Rechtecke) erst zum erkennbaren Hausdach wird, wenn darunter ein gezeichnetes Haus in der Seitenansicht steht.

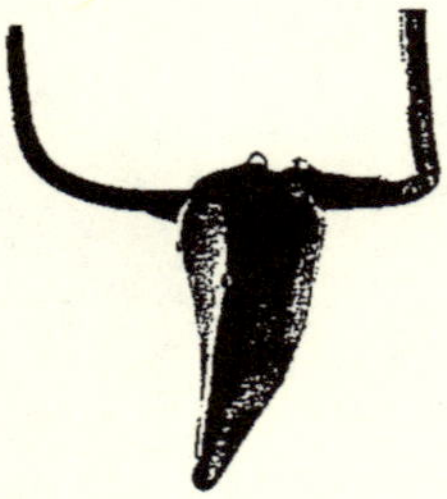

Picasso: »Stierschädel«

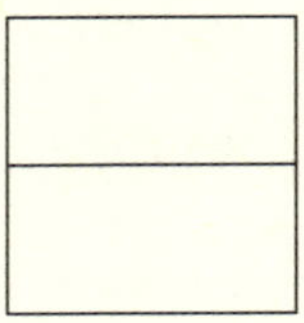

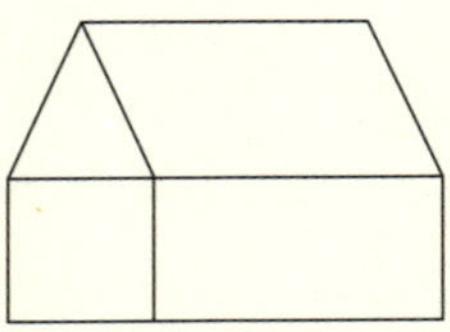

Alle Zeichen sind – wie oben erwähnt – abhängig vom Zusammenhang, so auch der einzelne Punkt, welcher etwa in einem Piktogramm einen anderen Sinn ergibt als in alleinstehender Version: Er wird durch die Umgebung »positioniert« und dann subjektiv wie übrigens alle geometrischen Formen (Kreis, Dreieck, Rechteck, Raute, Sechseck etc.). Der Mensch

bildet, wie gesagt, in seinem Gehirn einen mehr oder weniger großen (bildungsabhängigen) Zeichenvorrat, auf den entsprechend blitzschnell zurückgegriffen und Deutung angestrebt werden kann.
Zum Sinnzusammenhang zählt auch (nach dem Peirceschen Dreieck*)
- die Syntaktik (formal-ästhetischer Wert),
- die Semantik (inhaltlich-objektiver Wert) und
- die Pragmatik (ethisch-anwendungsbezogener Wert)

eines Zeichens.

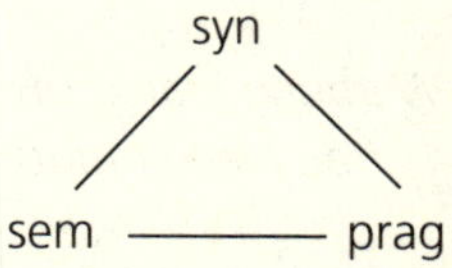

Zusammenfassend ist zu sagen, daß unter dem Begriff »Zeichen« – wie mehrfach angedeutet – *alle* visuellen Impulse zu verstehen sind, welche vom Kommunikationsdesigner als Mittel für seine Botschaftgestaltung eingesetzt werden. Alles, was gesehen wird, besteht aus Zeichen und Zeichenzusammenhängen. Diese semiotisch definierten Zeichen werden vom Designer »erfunden«, indem er sich aus dem Katalog visueller Merkmale bedient und entsprechende Elemente entsprechend (neu) kombiniert. Der eigentliche Effekt bei der Suche nach (neuen) Ideen besteht darin, die Gesetzmäßigkeiten der visuellen Kommunikation, die auf den letzten Seiten kurz angerissen wurden, zu stören, um aufzufallen.

Methodik anhand einer Zeitschriftenanzeige

Alles in unserer heutigen technisierten Welt ist einem permanenten Wandel unterzogen; was heute gelöst zu sein scheint, wird morgen schon wieder in Frage gestellt: Das Bessere ist des Guten Feind. Abgesehen von den veränderten Werten, werden viele Dinge unseres täglichen Lebens in einigen Jahren von praktischeren, funktionelleren, schöneren, bekömmlicheren, manchmal strapazierfähigeren, oft preiswerteren Produkten abgelöst. Dies führt zur Konsequenz, daß auch permanent Probleme bewältigt werden müssen – was nur mittels kreativer Energie möglich ist. Ideen, welche zur Abhilfe eines Problems führen können, müssen geplant werden. Planung bedeutet hier eine Organisation von schrittweise durchzuführenden Aktionen mit dem Ziel, angestrebte Ergebnisse zu erreichen. Der Planer wird von der Zukunft und ihren Unwägbarkeiten herausgefordert, bedürfnisgerecht, gesellschaftsbe-

* Charles Sanders Peirce (1839–1914), amerikanischer Philosoph

Gestaltung ist zweckbestimmt

zogen, fertigungs- und forschungsorientiert – also zweckbestimmt zu entwickeln, in diesem Fall seine Gestaltung der Situation nicht nur von heute, sondern für morgen und übermorgen anzupassen. Das Argument für die Planung ist demnach, vorbereitet zu sein, wenn z.B.

Reizüberflutung

- die Überfrachtung des Verbrauchers mit visuellen Reizen weiter zunimmt und gleichzeitig

Werbung krankt oft an Ideenarmut!

- die Werbung an Ideenarmut und Qualitätsmangel krankt.

Aufgaben wie die folgende können dann nicht nur attraktiver, sondern auch effektiver – ja sogar effizienter – bewältigt werden:

- Problem: Dafür sorgen, daß die Leute die aktuell gewordene »Ernte« (Zigaretten) auch lieben.
- Lösung: Nicht nur das neue »Ernte«-Päckchen vorstellen, sondern die »Ernte«-Raucher. Indem vier liebenswerte Dinge über den Konsumenten gesagt werden, wird das Produkt auch liebenswerter.
- Wirkung: »Die Kampagne führte zu weiterer Stabilisierung und gebietsweise zu leichten Marktanteilgewinnen«, meinte der Reemtsma-Konzern.

subjektiver Nutzen

Auch wenn besagte Kampagne mittlerweile über ein Jahrzehnt zurückliegt und es sich im Gegensatz zum objektiven (nachvollziehbaren) um einen subjektiven (nicht nachvollziehbaren) Produktnutzen handelt, bezieht sich ein Problem im Lösungsprozeß immer auf den

- Ist-Zustand (Ausgangssituation), der in den
- Soll-Zustand (Ziel: Abhilfe) durch den
- Gestaltungstransfer überführt wird.

Wenn die heutige Anzeigenwerbung – im Gros betrachtet – darunter leidet, nur Trends – unreflektiert – zu strapazieren sowie innovations- und risikofeindlich aufzutreten, ist das ein Zeichen dafür, daß bei der Arbeit allzuoft impulsiv und unsystematisch vorgegangen wird.

Es ist eine Tatsache, daß das zufällige Finden den größten Anteil bisheriger Problemlösungen ausgemacht hat. Das »Trial-and-Error«-Prinzip (Versuch und Irrtum) seitheriger Erfindungen bestand ja in der Aufforderung, alle Möglichkeiten der Bewältigung von komplexen Aufgaben durchzuprobieren – und zwar so lange, wie es geht. Dieser Ansatz der »endlosen Variation« stellt die gezielte, systematische Variation nicht in Frage, auch wenn mit unverhältnismäßig hohem Zeitaufwand die Lösung erreicht wird. Um richtig verstanden zu werden: Variieren zählt zum Instrumentarium der Osbornschen Heuristik* und läßt sich auch als Planspiel mit dem »morphologischen Kasten« praktizieren.

- Systematik führt auf dem (relativ) kürzesten Weg zum Ziel,
- Systemlosigkeit bedeutet nicht nur – von wenigen (genialen) Zufällen abgesehen – den längeren Weg, sondern auch das Risiko der »vergessenen, übersehenen« Lösungsmöglichkeit (vgl. Seite 67).

An dieser Stelle möchte ich jedoch diejenigen Leser in ihrer Erwartungshaltung etwas bremsen, welche glauben, die Methodik aller in diesem Buch enthaltenen Fallbeispiele würde automatisch zu gebrauchstüchtigen oder gar zu optimalen bis famosen Ergebnissen führen. Sie stellt nur – und das ist der Sinn meiner Abhandlung – im Zickzackkurs der Ideensuche einen Leitfaden dar, der

- die Suchfelder auflockern,
- die Sichtweisen öffnen,
- die Experimentierfreude steigern,
- die Problemerkennung transparenter machen,
- das Ideenfindungsrepertoire erweitern helfen und
- der Lösungsfindung gute Dienste erweisen soll.

Indem ich nochmals auf die mit der Lösungsfindung eng einhergehende Problematik der (schriftlich fixierten) Problemdefinition und -analyse verweise, möchte ich klarstellen, daß wir bei dieser Arbeit nicht nur die

- Intuition (kreative Denkrichtungen und Techniken), sondern auch die
- Logik (systematisches Abchecken der Probleme auf den Bedarf innovativer Lösungen)

berücksichtigen müssen.

Der bereits zitierte Wirtschafts- und Sozialpsychologe Klaus Linneweh meint: »Die logische Analyse darf durch intuitive Methoden nur ergänzt werden. Wollte man versuchen, sie zu ersetzen, würde man nicht nur den Wirtschaftlichkeitsaspekt aufgeben, sondern auch alle anderen vorgegebenen Ziele aus den Augen verlieren, an denen sich der Problemlösungsprozeß ausrichten muß.« Linneweh definiert den Kreativitätsbegriff in zwölf Punkten:

Was ist Kreativität?

① Kreativität ist nicht auf wenige beschränkt. Jeder Mensch hat ein mehr oder weniger großes kreatives Potential. Kreativität ist bisher nur nicht geübt und gefördert worden.

---

* Der Amerikaner Alex Osborn entwickelte Anfang der fünfziger Jahre eine Reihe von Ideenfindungstechniken, darunter auch das populäre Brainstorming.

② Der Bereich der Kreativität geht weit über die Grenzen des Künstlerisch-Ästhetischen hinaus. Kreativität meint eine Strategie zur Umweltbewältigung. Eine umfassende Kreativität fordert eine Ausweitung vom Künstlerisch-Ästhetischen auf alle wirtschaftlichen, sozialen und politischen Fragestellungen.

③ Jede Erneuerung (Innovation) verlangt eine kreative Strategie. Jede kreative Strategie bedient sich des kreativen Denkens als evolutionäre Größe und führt mit Erfolg Innovationen als Impulse sozialen Wandels ein.

④ Kreativität wird faßbar, wenn man den kreativen Prozeß mit einem Problemlösungsprozeß vergleicht. Denn jeder Problemlösungsprozeß und jede Kreativität verlangt die Entwicklung und Anwendung einer neuen Strategie. Problemerkennung, Problemlösung und Realisierung der Problemlösung sind daher Bestandteile einer zielgerichteten Kreativität.

⑤ Kreativität ist eine dialektische Problemlösungsstrategie, die alle psychischen Schichten des Menschen umfaßt. Man beobachtet bewußte, vorbewußte und unterbewußte Denkprozesse.

⑥ Kreatives Denken ist verinnerlichtes, bewußtes, vorbewußtes oder unterbewußtes Probehandeln, das mit intuitiven und rationalen, mit digitalen und analogen, produktiven und reproduktiven, vor allem aber mit konvergenten und divergenten Denkoperationen arbeitet.

⑦ Konvergentes Denken ist fixiertes, enges, aber auch logisches Denken, das überlegt in systematischen Schritten verläuft (Freuds Realitätsprinzip).*

Realitätsprinzip

⑧ Divergentes Denken ist ein freies, ungeordnetes und phantastisches Denken, das nicht logisch nachvollziehbar ist (Freuds Lustprinzip).**

Lustprinzip

⑨ Produktive Kreativität ist kontrollierte Divergenz. Kreatives Denken ist eine Art des divergenten Denkens, das aber der Realität angepaßt ist. Kreativität ist eine Synthese aus dem Lustprinzip (divergent) und dem Realitätsprinzip (konvergent).

* Fähigkeit, Triebansprüche auf Verwirklichbarkeit in der Realität zu prüfen und ihre Befriedigung ins Werk zu setzen, aufzuschieben oder ganz zu unterdrücken.

** Das dem Realitätsprinzip antagonistisch gegenüberstehende und vom ES beanspruchte Prinzip des psychischen Antriebs und Geschehens.

⑩ Kreative Problemlösungen sind keine grundsätzlich »neuen« Produkte, sondern nur die Neukombination von an sich schon bekannten, aber noch nicht miteinander verknüpften Denkelementen. Gemeint ist das Zusammenführen, das Umstrukturieren von Wissenselementen zu neuen Beziehungen und Verbindungen.
⑪ Kreativitätstechniken sind Techniken zur Produktion »neuer« Ideen. Es sind Planungssysteme im Dienst einer systematischen Ideenfindung. Sie können Kreativität zwar nicht ersetzen, jedoch vorbereiten und stimulieren.
⑫ Die Bestimmungsgrößen des kreativen Erfolges sind das Individuum, das kreativ denken soll, das soziale Klima, in dem dieses Denken verrichtet wird, und die Methodik bzw. Problembehandlung, wie diese Arbeit gelöst werden soll. Die Persönlichkeit, das Klima und die Methodik sind die Ansatzpunkte zur instrumentalen Kreativitätsförderung.

Es war alles schon einmal da…

Dem Ansatz von Linnewehs Punkt 10 folgend, ist dieses Buch entstanden: Weil es (fast) nichts gibt, was nicht irgendwann schon einmal »da« war – der Begriff »déjà vu« existiert nicht nur in der Modesprache –, führt jeder Versuch, absolut Neues zu finden und erfinden früher oder später zur Einschränkung der eigenen Fähigkeiten. Dies gilt für alle Bereiche der Problembearbeitung – nicht zuletzt natürlich für die Gestalter von Werbebotschaften, für die in erster Linie dieses Buch gemacht ist.
Wenn, wie vorher beklagt, durch opportunistische und gleichgültige Werber sowie innovationsfeindliche Entscheider die verkaufsfördernde Meinungsbildung an Ideen- und Qualitätsmangel leidet, ist der *kreative Macher* gefragt. Seine Aufgabe ist um so anspruchsvoller, als man inzwischen diese Kriterien erkannt und ernst genommen hat. Eine Lösung ist nur erfolgversprechend durch methodisch richtiges Vorgehen: durch Analyse zur Synthese!
Bezogen auf die Botschaftsgestaltung in der Werbung möchte ich anhand des Beispiels auf Seite 105 aufzeigen, wie ich mir die semantische Untersuchung dazu vorstelle:
Das ausgewählte Sujet scheint – auf den ersten Blick – den allgemeingültigen Statements den »Boden unter den Füßen« hinwegzuziehen. Der oft geforderten Korrespondenz zwischen Bild und Text bedarf gerade diese Zeile »Campari. Was sonst.« nicht. Sie vermag auch und gerade dem weniger interessierten Konsumenten sehr viel mitzuteilen: Vokabular,

Analyse

Syntax und Semantik vermitteln eine Fülle von Assoziationen und wecken mehr oder weniger starke Bedürfnisse. Durch die auf den Punkt (bzw. Punkte) reduzierte Aussage, welche an Selbstbewußtsein, Souveränität und Zweckarroganz nichts zu wünschen übrigläßt, ist das Produkt mit bekanntgeworden. Und dennoch verstärkt das Bild die Botschaft immens. Es ist verantwortlich für die Inszenierung der Stimmung: Durch die Bildthematik, -komposition und -dramaturgie, die figuralen Strukturen und sinnlich-verführerischen Farben entsteht eine gezielt ambivalente Mischung aus leidenschaftlicher Annäherung und kühler Distanz, Zügellosigkeit und Selbstbeherrschung, Flirt und Dünkel...
Wiederum verstärkt der Text das Bild in optimaler Weise, weil Inhalt und Form wirksam ein Ganzes bilden: Man glaubt, die Frau stellt eine Frage. Während über den Wortlaut gerätselt werden kann, lautet die Antwort des Mannes: »Campari. Was sonst.« Auch wenn dieser Satz die gestellte Frage nicht beantworten sollte, ist sich der Betrachter sicher, daß der Text auf jeden Fall nicht unpassend ist. Diese (unreflektierten) Anmutungen und Beurteilungen sollten näher untersucht werden.

Werbung, Medium, Zielgruppe, Botschaft

Das Campari-Inserat ist raumfüllend gestaltet; es wirkt zunächst wie die angeschnittene redaktionelle Seite einer Gourmet-Zeitschrift. Aber da sind die ernsten Gesichter, die jemanden in der linken Ecke zu beobachten scheinen. Knisternde Spannung liegt über der Szene... Bilddramaturgie entsteht durch den Textbalken, der – wie von einem Off-Sprecher hereingerufen – den Diskurs zu klären scheint. Der Text selbst ist eine Mischung aus rationalem und emotionalem Vokabular – vor allem durch den zweiten Punkt, der eigentlich ein Fragezeichen sein müßte; aber gerade durch diese feine Akzentuierung kann auf jede weitere Erklärung verzichtet werden.

semantische Ebene

Der Produktname steht in unauffällig-eklatantem Kontrast zu allen anderen Gestaltungselementen: Dominiert sonst die Singularstruktur – 1 Mann, 1 Frau, 1 weißer Farbstreifen, 1 schwarzer Farbstreifen, 1 blauschwarze Hintergrundfarbe, 1 lilafarbener Randstreifen, 1 Flasche – so findet man neben 3 Gläsern den Markennamen gleich sechsmal im Bild, ohne daß irgendein Hauch von Redundanz aufkommt. »Raumfüllend« bedeutet, daß nur wenig »offengelassen« ist. Der Betrachter fühlt sich nicht dazu veranlaßt, »noch etwas« mit dem zweiten oder dritten Blick zu suchen. Dieser Umstand kann bei

Werbeagentur J.W. Thompson

einem Inserat von entscheidender Bedeutung sein, weil der Durchschnittsillustriertenleser nur knapp drei Sekunden bei einem Bildangebot »hängen« bleibt. Abgesehen vom hohen Prägnanzwert des Bildaus- bzw. -eindrucks, liegt die (Text-) Würze in der (typografischen) Kürze: Die verbale Sprache bei einem solchen Inserat darf nicht zu umfangreich sein, weil sie sonst den flüchtigen Leser (und das sind die meisten) überfordern würde; nur das schon Bekannte soll sich (nochmals) einprägen. Singularstruktur und – im Gegensatz hierzu – die Häufung des Produktnamens stehen im ungleichen Verhältnis zueinander. Es soll sich einprägen, daß Campari in der Tat mehr »als alles andere« ist. Der Gegensatz kann auch unterschwellig intendieren, daß dieses Produkt für Individualisten und nicht für die Masse gedacht ist.

Bei der Analyse eines Inserats stellt sich zunächst die Frage nach dem Sinn der Werbung generell. Drei Zitate mögen die Szene etwas erhellen.

Was ist überhaupt Werbung?

Der Wissenschaftler und Politiker: »Werbung ist wie Meinungsäußerung Teil der Meinungsfreiheit, der Redefreiheit und damit einer freiheitlichen Gesellschaft. Sie ist ebenso wie das politische Argument, wie die normale Meinungsäußerung, Ausdruck von Freiheit – Ausdruck der Freiheit des Artikel 5 Grundgesetz, der unsere Meinungs- und Redefreiheit, Presse-, Rundfunk- und Fernsehfreiheit, Freiheit von Wissenschaft und Kunst garantiert. Werbung ist Argumentation. Werbung ist immer auch suggestive Argumentation. Sie soll in einer freien Gesellschaft frei sein von Zwang. Und eine der immer wieder auftretenden Fragen, Diskussionen, auch kritischen Anfragen der Werbung ist, ob sie wirklich frei ist von Zwang. Oder ob sie nicht, wenn auch auf sehr subtile Weise, Möglichkeiten der Beeinflussung nutzt, gegen die sich derjenige, der Adressat der Werbung ist, nicht ohne weiteres rational schützen kann.« (Kurt Biedenkopf, 1987)

Der Gestalter und Werber: »Werbung ist Kunst.« (Michael Schirner, 1988)

Der Journalist und Publizist: »Beim Boss-Emblem, das in riesigen Lettern das Rückenteil eines Sweatshirts schmückt, beim Krokodil mit aufgerissenem Maul, stolz links oben auf der Brust plaziert, oder beim eingepaßten Logo auf der Hosenlatzleiste (eingepaßt, damit es vom konsumkritischen Kunden nicht entfernt werden kann), wird der Gebrauchswert zum nachgeordneten Appendix: Nicht das wärmende Hemd, nicht die genaugehende Uhr oder die gutsitzende Hose werden gekauft, sondern Lacoste, Rolex oder Closed. Man trägt nicht einfach Jeans, sondern Levis oder Fiorucci.« (Karl-Heinz Stamm, 1988) Grundsätzlich läßt sich der Zweck der Werbung mit

Nutzen der Werbung: konsumenten- und produzentenfreundlich

- Information über das Angebot von Produkten und Dienstleistungen,
- Entscheidungshilfe bei konkurrierenden Leistungen sowie
- Bedarfsbefriedigung für den Konsumenten und
- Förderung der (Markt-)Wirtschaft, Arbeitsplatzbeschaffung mit eingeschlossen,

erklären. Wesentlich dabei ist, daß Produzent und Dienstleister mit Hilfe des Gestalters (Grafik-, Foto-, Kommunikationsdesigner) Funktion, Form und Nutzen ihrer Produkte bzw. ihre Verkaufsförderung sowie Funktion, Form und Nutzen des Services anbieten können, um den Bedarf des potentiellen Interessenten zu wecken und ihn damit zum Kontakt anzuregen.

Medien der Werbung: Papier und Elektronik

Zur Streuung seiner Werbebotschaft stehen dem Gestalter grundsätzlich zwei verschiedene Kanäle zur Verfügung:

- papierabhängige Medien (Tageszeitungen regional und überregional, Boulevardzeitungen regional und überregional, informierenden und integrativen Inhalts, Wochenzeitungen kulturellen Inhalts, Publikumszeitschriften wöchentlich oder monatlich = Illustrierte, Nachrichtenmagazine, Programmzeitschriften, Mode- und Frauenzeitschriften, Herrenmagazine, Jugend- und Schülerzeitschriften, themenbezogene Zeitschriften wie z.B. für Wohnkultur, Erziehung, Gesundheit, Sport, Technik, Hobbys, Freizeit, Fachzeitschriften 1-, 2- oder 3monatlich mit kognitivem Inhalt, Prospekte, Broschüren, Plakate)
- papierunabhängige Medien (Film, Fernsehen, Multivision, Telefon, Holografie).

Zielgruppe

Bei der Präsentation eines Produkts oder eines Serviceangebots ist die Bestimmung der Adressaten, welche mit der entsprechenden Leistung angepeilt werden sollen, ein entscheidender Aspekt. In nachstehender Tabelle sind alle für die Wirksamkeit der Formulierung und Kontaktnahme seitens des Gestalters wesentlichen Begriffe zusammengefaßt:

Empfängerbezüge			Sprachliche Faktoren				Sender-Seriositätsgrad	
soziokulturell:	geistig:	psychologisch:	formal:		inhaltlich:		primär:	sekundär:
			typografische Bezüge	grammatische Bezüge	Wortschatz	Textsemantik		
• Kultur • Klasse • Situation	• Intellekt • linguistisches Können • Bildungsgrad • Vorinformation	• kommunikatives Engagement • Motivation • Interessen • Wahrnehmungssensibilität	• Schriftart • Schriftcharakter • Schriftgröße • Gliederung	• Satzart • Satztiefe • Satzlänge	• Wortlänge • Redundanz • Termini	• Deduktion • Übergänge	• Auftraggeber • Werbeagentur • Medium	• Testimonials • Leitbilder

Empfängerdimension			Sprachliche Bezüge		
syntaktisch ↕ Dekodierung	semantisch ↕ Einstellungsänderung	pragmatisch ↕ Verhaltensänderung	Diskrepanz	rationale Einflüsse	emotionale Einflüsse
	• Abbau von Vorurteilen • Sympathie • Entschluß	• Reaktion • Kauf • Weiterempfehlung	• gutes Produkt/schlechte Werbung • schlechtes Produkt/gute Werbung	• Aufklärung • Entscheidungshilfe	• Manipulation • Beunruhigung

Je nach
- Alter (Kinder, Jugendliche, Erwachsene, Senioren),
- Geschlecht (männlich, weiblich),
- politischer Gesinnung (rechts, links, liberal, radikal, extremistisch) oder
- persönlicher Grundhaltung (konservativ, reformistisch, alternativ)

muß die werbliche Aktion spezifisch auf die entsprechende Gruppe ausgerichtet und gestaltet sein. Nur so läßt sich die Effizienz eines Werbemittels gewährleisten.

Vier Grundbedingungen lassen die stoffliche Substanz in der verkaufsfördernden Kommunikation zustande kommen:

Botschaft
- die Bedeutung des INHALTS in bezug auf das Interesse seitens des *Empfängers*;

- die Wahl des ORTES in bezug auf die *Sache*, um die es hierbei geht;
- die Bestimmung des ZEITPUNKTS in bezug auf die *Sache*, welche hier behandelt wird;
- die Art und Weise der KOMMUNIKATION in bezug auf die (Bild-) Sprache, mit der hier formuliert wird.

Erst bei Beachtung dieser Punkte kann der *Sender* sichergehen, daß er sein Ziel erreicht:

- Problem erkennen,
- Ideen finden,
- Lösung zuwege bringen und
- Wirkung erlangen.

An die allgemeine Analyse schließt sich eine semantische Bestandsaufnahme der zu untersuchenden Botschaft an. Hierbei werden die einzelnen Gestaltungselemente näher erörtert, die folgendermaßen strukturiert sein können:

- visuell (Blickfang/Bildmotiv, ggf. Produktabbildung, Bild- bzw. Bild-/Wortmarke),
- verbal-visuell (Schlagzeile, ggf. Unterschlagzeile, Fließtext, ggf. Slogan, Wort-/Buchstabenmarke).

Ausdrucksmittel

Die Werbebotschaft ist also in der Regel mit visuellen und verbal-visuellen Ausdrucksmitteln oder mit letzteren allein, jedoch nie mit visuellen Ausdrucksmitteln allein formuliert:

- Ein Bildinserat *ohne* Text würde nicht funktionieren.
- Ein Bildinserat *mit* Text kann funktionieren.
- Ein Textinserat funktioniert auch *ohne* Bild. Die Zeile »Campari. Was sonst.« beispielsweise läßt im Kopf des Betrachters – wie bereits angedeutet – Bilder entstehen, welche die Denkrichtung prinzipiell nicht beeinträchtigen.

Kodierung/ Dekodierung

Bei jedem Betrachtungsvorgang findet eine

- visuelle und eine
- verbal-visuelle Dekodierung (= Übertragung) seitens des Empfängers gleichzeitig statt. Die visuellen Kodes (= Gestaltungselemente) werden unbewußt, die verbal-visuellen bewußt verarbeitet.

Durch bildsprachliche Elemente werden demnach beim Empfänger Assoziationen hervorgerufen, welche entweder mit den textsprachlichen konform gehen oder – unbeabsichtigt (gestörte Kommunikation) bzw. beabsichtigt (überraschende Kommunikation) – genau das Gegenteil bewirken können. Je nach Anordnung und Verteilung auf dem Format haben die verschiedenen Gestaltungselemente eine differenzierte Bedeutung und Gewichtung. Das Fehlen bestimmter Gestal-

tungselemente (z.B. Bild bzw. Fließtext) vermittelt ebenfalls wichtige Aufschlüsse – z.B. über den Hersteller des abgebildeten bzw. nicht abgebildeten Produkts: Anzeigen, welche nur aus Markenzeichen und Slogan bestehen würden, könnten verdeutlichen, wie stark sich diese Unternehmen auf ihren Bekanntheitsgrad im Markt und die Qualität ihrer Produkte oder Dienstleistungen berufen – wobei sie sich auf die Assoziationsfähigkeit der Zeitschriftenleser zu stützen versuchen.
Als entscheidender Punkt jeder grafischen Gestaltung gilt die Umsetzungsqualität der Botschaft. Der Botschaftsinhalt muß die Wahl der Schriftart, die Dramaturgie des Bildmotivs und damit ihren semantischen Wert bestimmen. Dabei fällt der Typografie als »bildgewordene Sprache« eine besonders wichtige Aufgabe zu: Bei einem gutgestalteten Inserat z.B. geht es vor allem um eine semantisch bezogene Strukturierung und Akzentuierung – Lesefreundlichkeit ist oberstes Gebot! In der Inseratgestaltung gibt es die in der Tabelle rechts gezeigten Möglichkeiten, Sprache – dem jeweiligen Inhalt entsprechend – wunschgemäß grafisch zu formulieren:

Gestaltungselemente, Komposition, Typographie

Ich komme wieder auf das Campari-Inserat zurück. Hier dominieren die eher dunklen Farbtöne. Das Blauschwarz des Hintergrunds und der zusätzliche schwarze Streifen nahe des Bildzentrums suggerieren, daß – wann immer man Campari genießt – jedwede grelle Stimmung ausgeschlossen ist, die Strapazen des hektischen Arbeitstags, die »Hitze des Gefechts«, kurzum, alles, was wenig emotional, wenig empfindsam, wenig romantisch ist schlichtweg nicht existiert – wenn man Campari trinkt.

syntaktische Ebene

Das »Samtig-Dunkle«, welches zumindest zum Teil im Hintergrund visuell kaum zu »durchbohren« ist, wirkt fast mystisch. Der Hell-Dunkel-Gegensatz von Mann und Frau bewirkt, daß dem Bildmotiv, schon was den reinen Blickfang betrifft, spontane Aufmerksamkeit geschenkt wird. Visuelle und/oder verbal-visuelle Kontrastwirkungen sind das sicherste Mittel, um den Leser am sofortigen Weiterblättern zu hindern.
»Er« verkörpert Eleganz schlechthin: Das bevorzugt Dunkle läßt ihn darüber hinaus ein Stück »undurchsichtiger, undurchschaubarer, rätselhafter werden. Dies erzeugt bei Frauen das (vom Gestalter beabsichtigte) ambivalente Gefühl »fürchten und dennoch lieben«. Details sind kaum auszumachen. Dies ist wohl bezweckt, damit die Vermutung ihre Spielräume

Bildinterne Typographie	• Text obenstehend (Schlagzeile und Untertext / Auszeichnungstext / nur Schlagzeile) • Text untenstehend (Schlagzeile und Untertext / Schlagzeile und Auszeichnungstext / nur Schlagzeile) • Text mittestehend • Text seitlich stehend (linksstehend / rechtsstehend / beidseitig stehend / Mischformen) • bildorientierte Typographie • »Comic«-Typographie (Einzelaussagen / Mehrfachaussagen)
Bildexterne Typographie	• Text obenstehend (nur Schlagzeile / nur Auszeichnungstext / Schlagzeile und Auszeichnungstext / Auszeichnungstext und Mengentext) • Text untenstehend (Schlagzeile und Untertext / nur Mengentext / nur Auszeichnungstext) • Text seitlich stehend (linksstehend / rechtsstehend / beidseitig stehend) • Balkenform (obenstehend / mittestehend / untenstehend / oben- und untenstehend • ausgeklinkte Typographie (im Bild eingeschlossen / einseitig angeschnitten, zweiseitig angeschnitten) • Rahmentypographie (Schlagzeile auf Mitte / Schlagzeile links bzw. rechts angeschlagen / Mischformen) • Bildlegendenform (Text-Bild-Einteilung im Rastersystem / freie Anordnung von Bild und Text)
Typographie ohne Bild	• Schlagzeile mit Untertext • Überdimensionierte Schlagzeile • Mengentext
Überdimensionierte Schriftgröße	• Typographie ohne Bild • Mengentext ohne Bild (optisch gleichwertig / optisch bilddominant / optisch textdominant) • überdimensionierte Schlagzeile, Untertext und Bild (optisch gleichwertig / optisch bilddominant) • Kurztext und Bild
Schrägsatz	• Schlagzeile alleinstehend • Mengentext • Balkenform • Schlagzeile und Mengentext
Gestürzte Zeilen	
Gesamterscheinung	• textdominante Form • bilddominante Form • Streifenform • Bildform • Zeitungsform • gesperrte Schriftbilder • geprägte Schriftbilder • großer Zeilenzwischenraum

behält: »Man soll angezogen sein und trotzdem ein wenig frösteln.«
»Sie« ist auf den ersten Blick »ganz Dame«. Das (nicht engelhaft) Weiße assoziiert Kühle, Distanz, fast Arroganz einerseits, Exotik – die die schwarzen Haare mutmaßen lassen – andererseits. Diese Frau ist nicht »Hausfrau und treusorgende Mutter«. Damit ist der Konsument (oder jener, der es noch werden soll) nicht mehr im Zweifel, in welcher Gesellschaft er sich befindet, wenn er Campari trinkt.
Der Hell-Dunkel-Gegensatz in beiden Gesichtern verstärkt noch zusätzlich den Schwarzweißkontrast der Bekleidung. Aber auch hier wird nicht alles enthüllt: Da bei beiden Personen die linke Gesichtshälfte im Schatten liegt, wird Einklang, Einmütigkeit, Identität suggeriert. Den Spekulationen seitens des Betrachters sind – verbunden mit Campari natürlich – »Tür und Tor geöffnet«.
Der weiße Streifen mit der Zeile »Campari. Was sonst.« und der weiße Campari-Schriftzug unten auf Mitte halten die angestrebte Verbindung vor allem durch »den Weg über das weiße Kleid«. Unschwer läßt sich schließlich eine Verbindungslinie ziehen, welche vom Schriftbalken oben über Kleid und Flaschenetikett bis zum Schriftzug unten führt.
Außer Farbwahl, Farbwirkung und Hell-Dunkel-Kontrasten müssen beim Campari-Inserat auch die figuralen Komponenten beachtet werden: Mann und Frau sind annähernd gleich groß, befinden sich in Augenhöhe auf einer Achse und haben auch eine total parallele Blickrichtung. Dies vermittelt den Eindruck von Gleichgesinntheit und Verbündetsein. Die Position beider läßt auf der linken Seite des Inserats noch Platz für eine weitere Person – den Dritten (Campari-Trinker) im Bunde. Vielleicht schauen sie nach ihm aus!? Das dritte Glas Campari-Orange als Longdrink steht dafür bereit. Etwas Weiteres fällt noch auf: Die im Zentrum stehende Flasche ist (durch die Perspektive verzerrt) überdimensional groß und trägt ein Etikett, dessen perspektivisch verzerrter Schriftzug wenige Zentimeter unterhalb nochmals – einwandfrei – erscheint.
In meinem Buch »Text-Design« habe ich u. a. geschrieben: »Buchstaben sind Zeichen. Sie werden zu Wörtern angeordnet ... Wörter werden zu Zeilen angeordnet. Die durch einzelne Zeilen formierten Zeilenverbände werden zu Satz. Aus Satz wird Typographie – und umgekehrt. Wie entsteht Typographie? Durch die Ausgewogenheit von Spannung und Ruhe, durch Kontrastierung und Akzentuierung: Ein einzelner Buch-

Typographie

stabe im großen freien Umfeld hat den gleichen Effekt wie ein einsamer Mensch in einer großen Halle – oder steht im Kontrast zu einer Menschenmenge in einem winzig kleinen Zimmer. Auch der breitschultrig Untersetzte in einer schmalen Gasse oder der Akzent eines dünnen Aufgeschossenen auf einem breiten Boulevard läßt sich mit einem Buchstaben – gedruckt auf Papier – vergleichen. Der Aufmerksamkeitswert eines Schornsteinfegers im Schnee oder in stockdunkler Nacht hat mit dem druckgeschwärzten Buchstaben auf weißem bzw. schwarzem Papier vieles gemeinsam.
Wer die Gestaltungsmöglichkeiten der Typographie systematisch erfährt, erkennt, daß die Satzschrift dem Designer variantenreiche Wege öffnet, wenn er dem Leser die Botschaft so präsentieren muß, wie dieser sie am besten verstehen kann bzw. wie sie der Texter verstanden wissen will…
- Ein schlechter Text wird durch gute Typographie kaum besser, weil sie seine Schwächen nur scheinbar kaschieren kann;
- ein guter Text wird durch schlechte Typographie kaum schlechter, weil sie seine Qualitäten nur scheinbar beeinträchtigt;
- ein mittelmäßiger Text wird durch gute Typographie aufgewertet, aber
- gute Typographie kann einen guten Text noch besser machen, weil der Leser die Satzschriftgestaltung als ›Bild‹ begreift, welches über den reinen Wortlaut hinaus ›arrangierte Darbietung‹ verkörpert.«

Headlines, Fließtexte, Slogans und Logos (Wortmarken, Schriftzüge) können, wie gesagt, bei kontinuierlicher Verwendung eine Inseratserie einheitlich aussehen lassen und visuelle Reize für den Wiedererkennungswert darstellen. Prägend für das visuelle Erscheinungsbild eines Unternehmens (Corporate Design) ist der Einsatz einer sog. »Hausschrift«, welche dieses auf allen Drucksachen repräsentiert. Bei der Wahl dieser Hausschrift hat es sich immer wieder gezeigt, daß ausgefallene oder Versaltypen (anstelle von Groß- und Kleinbuchstaben gemischt) zwar blickfangstärker sind, jedoch die Lesetauglichkeit meist über Gebühr beeinträchtigen. Auch die Zeilen- und Textlänge spielt gerade bei Headlines eine ausschlaggebende Rolle. Prägnante und eindeutige Botschaften werden meist von kurzen Zeilen gebildet, obgleich nach einer Untersuchung des amerikanischen Werbepapstes David Ogilvy Schlagzeilen mit zehn Wörtern effektiver sind als solche, die kürzer sind.

Wahrnehmung, Anmutung, Verarbeitung, Speicherung, Effizienz

pragmatische Ebene

Ich greife unser Campari-Inserat nochmals kurz auf: Es wirkt sehr überzeugend durch zwei wesentliche Faktoren:
- Weil es sich an das eher Unbewußte, Vorbewußte, Intuitive im Anzeigenbetrachter wendet, benötigt es auch wenig Informationsgehalt.
- Weil es durch die Schlagzeile »Campari. Was sonst.« auf unerhörte, alles andere ausschließende Weise provoziert, macht es klar, daß Campari-Genießer der (heraus)gehobenen Schicht angehören; Campari ist etwas für Persönlichkeiten!

Sehen: passiver Vorgang

Um die Problematik eines zu den Grundlagen der Kommunikation zählenden Phänomens ansatzweise zu veranschaulichen, versuche ich kurz, die *Wahrnehmung* in einer bestimmten Situation zu beschreiben:

Wahrnehmung: aktiver Vorgang

Ein Mensch sitzt im Wartezimmer eines Arztes. Schon jetzt steht fest, daß seine erste Wahrnehmung den gesamten Komplex »Arzt–Praxis–Sprechstunde–Arzthelferin–Patient« umfaßt. Hinzu kommt, daß er auch das damit verbundene sinnliche Klima sieht, hört, riecht, schmeckt und fühlt:
- vorwiegend weiße Töne, kaltes Licht, abgenutzte Zeitschriften,
- vermehrt Hustengeräusche, Tür- und Telefonklingeln, Instrumenteklappern,
- schlecht gelüftetes Wartezimmer / desinfiziertes Sprechzimmer,
- künstliche Süße, Bittermandel, Essigsäure, klebrig, pulverisiert, adstringierend,
- Watte, Zellstoff, oberflächliche Schmerzen, Hektik.

Die Ganzheit dieser Wahrnehmungen ergeben sein Bewußtseinsbild »Arztkonsultation«. Dies alles geschieht stufenweise – bis zum Detaileindruck, der anschließend sogar aus dem Komplex herausgelöst erlebt werden kann (z.B. Hustengeräusche wie Pause im Konzertsaal, Wartezimmer wie im Wartesaal eines Bahnhofs, Gerüche wie in der Apotheke).

J. M. Matthaei äußert sich in seinem Buch »Grundfragen des Grafikdesign« dazu: »In dieser Form gliedern wir auch die weiteren Gerüche, Geräusche und optischen Eindrücke. Dieses Ordnen ist ein zeitlicher Vorgang, da das Gehirn nur eine begrenzte Anzahl an optischen, akustischen und haptischen Reizen ›im Moment‹, d.h. in einem Augenblick, bewußt erfassen und verarbeiten kann. Es ist also genötigt, das – immer zu große – Reizangebot, das kontinuierlich von den Sinnesorganen aufgenommen wird, nacheinander zu verwerten bzw. aus diesem Reizangebot jeweils einen Teil auszuwählen. Die Auswahl erfolgt aufgrund der jeweils gegebenen augenblicklichen Situation des Wahrnehmenden und aufgrund der unterschiedlichen Intensitäten der Reize bzw. Reizkonstellationen.«

Reizvielfalt

Gesetzt den Fall, ein Patient – welcher nur selten zum Arzt geht, weil er dieses oben umrissene Klima unangenehm findet – hat von der Praxis, die er kurz vorher betrat, einen ungemein positiven Eindruck (verbindliche, hübsche Sprechstundenhilfe, gestyltes Entrée, unkonventionell-geschmackvolles Wartezimmer), den er erst verarbeiten muß. Unterstützt wird sein augenblickliches Wohlgefühl durch die angenehm leise, beruhigende Musik aus zwei Lautsprechern im Wartezimmer drei – ein Ohrenschmaus für Patienten, die an quengelnde Kinder und quasselnde Senioren denken! Im Ohrensessel atmet er erst einmal tief durch ... Doch trotz dieser Selbsthingabe – dem latent vorhandenen Bedürfnis, das totale Gegenteil von einer Allgemeinarztpraxis zu erleben– entdeckt er im äußersten rechten Winkel seines Blickfeldes auf der Titelseite einer auf dem Tisch liegenden Illustrierten »seinen Typ« – zuerst nur so nebenbei, dann wißbegierig. (Ähnlich würde es ihm ergehen, wenn plötzlich die Tür aufgeht und sein Gehörsinn die Worte »der Nächste bitte!« wahrnimmt.) Indem er sich das Heft greift und nach der Titelgeschichte sucht, stößt er zufällig vorher auf das Campari-Inserat ... Wenn diese Geschichte auch ein wenig konstruiert klingt, so macht sie doch folgendes deutlich:

selektive Phase

- Das totale (ungeordnete) Erlebnis ergibt den Gesamteindruck;
- die Auswahl einzelner (Sinnes-)Eindrücke ergibt die Ordnung der Reize;
- das Entdecken von komplexunabhängigen, selbständigen Ganzheiten in der Reizvielfalt ist die Folge;
- das Streben nach Ordnung der Vielfalt endet mit
- dem (ursprünglich) konfusen, jetzt übersichtlich gegliederten Ganzen.

synthetische Phase

analytische Phase

Allgemein muß festgestellt werden:

- Unter sonst gleichen Bedingungen werden näher gelegene Reize mit höherer Wahrscheinlichkeit aufgenommen. Auch näher *beieinanderliegende* Reize werden optisch eher zusammengefaßt als weiter auseinanderliegende.
- Die Toleranzen für komplexe Ähnlichkeitsurteile, z.B. bei

Nähe
Geschlossenheit
Ähnlichkeit

Verpackungen oder Displays, liegen beachtlich hoch – auch in Fällen, bei denen die jeweiligen Gestalter die Darstellungen als sehr unterschiedlich angesehen haben.

Ästhetik

– Unter sonst gleichen Bedingungen haben Stimulanzien, welche eine sinnvolle und ästhetische Gestalt bilden, mehr Chancen, geordnet und gesamtinformativ aufgenommen zu werden.

Verarbeitung ist Voraussetzung für Speicherung

Bezogen auf die Verarbeitung der Information gilt anzumerken: Nachdem eine Botschaft *wahrgenommen* wurde, muß sie vom Empfänger *verarbeitet* werden. Unsere Schaltzentrale Gehirn ist fähig, dies – je nach *subjektiver* Wichtigkeit – wie folgt zu bewerkstelligen:

Stufe 1: Ultra-Kurzzeitgedächtnis

Reizüberflutung

Kann eine wahrgenommene Situation nicht in einen Zusammenhang zu etwas Bekanntem gebracht werden, so verschwindet der Eindruck wieder nach etwa ¼ Minute. Diese Funktion des extremen Kurzzeitgedächtnisses ist ein Schutzmechanismus unseres Gehirns vor Reizüberflutung.

Stufe 2: Kurzzeitgedächtnis

Assoziationen

Werden wahrgenommene Reize in einen Zusammenhang zu obengenannten Reizen gebracht (und dabei Assoziationen ausgelöst), so können diese über das Ultra-Kurzzeitgedächtnis hinaus festgehalten werden; sie gelangen dann ins »kurze« Gedächtnis. Sie können dort bis zu 15000mal länger als im extrem kurzen Gedächtnis abgelegt werden.

Stufe 3: Langzeitgedächtnis

Schockwirkung

Überleben die Reize die Dauer des kurzen Gedächtnisses, gelangen sie ins »lange« Gedächtnis, welches unter Umständen eine lebenslange Speicherungsfähigkeit besitzt.

Bezogen auf die Wirkung beim Zeitschriftenleser gilt festzuhalten: Innerhalb von Sekunden sollten Anzeigen *Interesse* bei den Zielpersonen wecken, daraufhin *Bedürfnisse* bewußtmachen und *Neugier* schaffen – also motivieren, um *Aufmerksamkeit* zu erregen. Löst eine Anzeige nicht die gewünschte (Kaufentschluß-)Reaktion aus, hat sie eigentlich ihre Wirkung nicht erreicht. Allerdings wird passive Ignoranz bei einer Anzeige negativer beurteilt als aktiver Protest.

Anmutung

Der Gestaltung einer Werbebotschaft können verschiedene Tonalitäten zugrunde gelegt sein, welche ihre Wirksamkeit enorm beeinflussen. So kann z.B. ein Inserat überwiegend

– emotional (prestigebetont, leitbildorientiert, subjektiv),
– rational (sachlich, nüchtern, zweckbestimmt, informativ),

- manipulativ (triebbezogen),
- provokativ (humorig-rhetorisch, ironisch, fast zynisch) oder
- ästhetisch (harmonisch-formschön, kulturell ansprechend)

gestaltet sein.

Wird nun die gleiche Anmutung kontinuierlich auf eine Folge von Anzeigen (Serie) übertragen, fördert dies – neben anderen Faktoren, z.B. der konsequenten grafischen Gestaltung – den Wiedererkennungswert und damit die Speicherungsfähigkeit beim Betrachter.

Speicherung

Um einen Botschaftsreiz überhaupt wahrnehmend verarbeiten zu können, bedarf es selbstverständlich einer entsprechenden Aufmerksamkeit des Empfängers. Zur Veranschaulichung berichte ich von einem kleinen Test: Ich teilte meine Studenten in zwei Teams auf, von denen das eine die Weisung erhielt, eine öffentliche Telefonzelle zu suchen, das andere sollte sich im jeweiligen Abstand von drei Häusern auf der Straße postieren. Beide Teams hatten für den Test zehn Minuten zur Verfügung und mußten ihre Erlebnisse minutengenau protokollieren.

Aufmerksamkeit

Protokolle als Beleg

Die Ergebnisse waren aufschlußreich: Menschen haben ein unterschiedliches Aufmerksamkeitspotential; es kann entweder

- aktiv sein: Wer von einem Bedürfnis gesteuert wird, selektiert die vorhandenen Reize nach seinem augenblicklichen Interesse, z.B. das Ausfindigmachen einer Telefonzelle. Weil mit dieser »Polung« der Gegenstand *gesucht* wird, kann er auch wahrgenommen werden, wenn er relativ unauffällig ist (z.B. hinter einem Baum versteckt) – oder
- passiv sein: Wer kein bewußtes Bedürfnis hat, muß zur Selektion von Reizen animiert, motiviert oder provoziert werden, d.h., der Reiz muß sich deutlich von seiner unmittelbaren Umgebung *abheben* oder (penetrant) *wiederholen* (z.B. eine Mauer mit dem 18mal gleichen Open-Air-Konzert-Plakat hintereinander).

subjektives Interesse

objektives Interesse

Die Auffälligkeit muß beim passiv/objektiven Interessenten *von außen* kommen – sei es durch Form, Farbe oder (rhythmische) Bewegung. In nachstehender Übersicht sind alle für die Aufmerksamkeit relevanten Faktoren genannt:

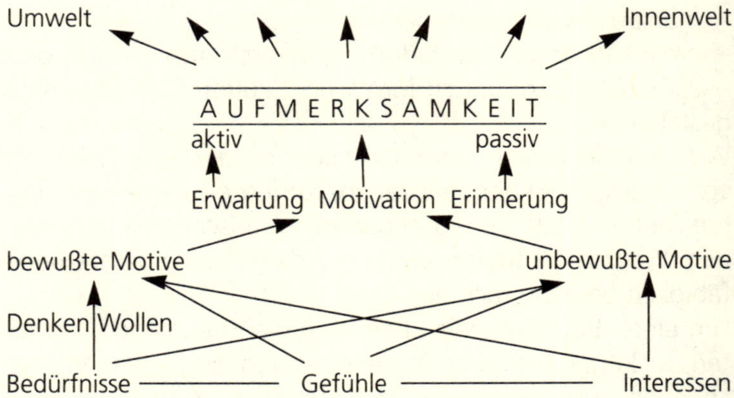

Das Interesse an einer Botschaft (oder einer Sache) wird von den *inneren* Bedürfnissen und Trieben gesteuert.

Befriedigung

- Bedürfnisse sind Mangelempfindungen, denen der Trieb nach Befriedigung entspringt – der sie auch ausgelöst hat. Der Trieb ist eine psychisch (unter)bewußte Motorik, welche den Menschen antreibt, seine (unter)bewußten Wünsche zu befriedigen.
- Triebe spielen mit Bedürfnissen zusammen: Es gibt Erhaltungs- (Durst, Hunger, Fortpflanzung), Genuß- (Trinken, Appetit, Sex, Narkotika) und Sozialtriebe (Führung, Gefolgschaft, Zusammenschluß).

In der Systemtabelle (Seite 119) ist die »Welt der Triebe« zusammengefaßt.

Werbung kann nur latent *vorhandene* Bedürfnisse wecken, besser gesagt: Bedürfniskomplexe – z.B. mit einem Auto, welches dann mobil/unabhängige, sozial/prestigeträchtige *und* kulturell/ästhetische Triebe befriedigen kann.

Der Knackpunkt bei jeder Werbestrategie ist die kreative Planung und ihre Realisierung. Für Campari z.B. bestand das Problem, sich einen souveränen Auftritt zu schaffen, d.h., die Campari-Werbung muß intelligent, stil- und niveauvoll sowie unverwechselbar sein: Sie muß der Positionierung des Produkts entsprechen (»mehr als Nur-Sommer-Drink mit Urlaubsimage«) und diesen Anspruch ganz schnell »rüberbringen«. Dabei sollte sich eine gewisse Eigendynamik entwickeln, um der Marke die Chance zu geben, in der jeweils gewünschten Form *entdeckt* und *erlebt* zu werden. Campari muß vor allem *psychologisch* erlebt werden, die Campari-Werbung muß psy-

Grundbedürfnisse und Motivationen

(Diese Übersicht kann vom Leser erweitert/präzisiert werden)

					KULTURTRIEBE				
GENUSSTRIEBE									GENUSSTRIEBE
Eßkultur	Mystik	Macht					Bildung	Schönheit	Bestätigung
sozialer	Status	Rausch	Potenz	Schönheit	Mode Kleidung	sozialer Status	Besitz	bewußte Ernährung	Kontakte
	Ritual		Besitz	Liebe	Wohnen		Einkommen	Betätigung	Erlebnisse
	Lustbefriedigung								
Essen	Trinken	Sex		Erotik	physisch elementar	sozial	ökonomisch	leibliche	geistig-seelische
Grundbedürfnisse:	Ernährung			Fortpflanzung			Sicherheit Macht		Gesundheit
	ERHALTUNGSTRIEBE					SOZIALE TRIEBE			ERHALTUNGSTRIEBE

chologisch greifen. Jeder Auftritt muß selbstbewußt sein und Persönlichkeit ausstrahlen, muß knisternde Spannung erzeugen – ohne daß sie der Betrachter beschreiben kann: Ein wenig geheimnisvoll-ästhetisch-sinnlich-sexuell. Durch sparsamen Umgang mit (grafischen) Stilelementen, die jedoch unverwechselbar sind, sollte ein charakteristischer Campari-Diskurs entstehen.

Effizienz

Im Zentrum der kreativen Planung der Campari-Kampagne stand das Prinzip der *Beschränkung auf das Notwendigste* – eine in der Werbung häufig beabsichtigte, jedoch nur hin und wieder erreichte Zielvorstellung; Campari ist eines der wenigen Beispiele dafür, daß es durchaus gehen kann. Klar ist von Anfang an, daß die Szene mit nur zwei Personen bestückt wird: Models, welche scharf gezeichnet sind und dem obengenannten Positionierungsansatz entsprechen. Die Fotos sollten nicht bunt, konventionell und indiskret sein. Vielmehr sollen sie im Kopf des jeweiligen Betrachters individuelle Stories entstehen lassen, die jeder seinem Habitus und Temperament entsprechend erlebt und deutet. Die modern-provokante Bildsprache sollte der Zielgruppe imponieren und durch »Anstößigkeit Denkanstöße geben«. Mit einem derartigen Auftritt war also zu erreichen, daß der (Bar-)Konsument die Marke Campari respektiert, damit auch *er* respektiert wird: Der Campari-Konsument ist klug – und deshalb wird er auch so behandelt …

Die kommunikative Positionierung wurde somit auf folgenden Claim gebracht: »Eine Campari-Welt zu schaffen, welche Intelligenz, Stil und Niveau widerspiegelt.« Die Wirkung sollte galant-diskret sein, zwischen dem Paar durfte keine aufgesetzte Vertrautheit bestehen: Das kommunikative Klima mußte distanziert kühl-rational bleiben, was bei der impulsiv-emotionalen Anmutung von Alkoholika eigentlich ungewöhnlich ist. Ein Fotograf wurde gesucht, dessen Stil vermuten ließ, daß die Bilder so realisiert werden konnten, wie es die Werbestrategie vorschrieb: Der in Paris arbeitende Brite Steve Hiett hatte einen wesentlichen Anteil daran, daß diese Kampagne so erfolgreich war.

Erfolge

Ein Jahr nach Erscheinen der ersten Anzeige (welche eine »Campari. Was sonst.«-Serie einleitete) lagen sowohl Auszeichnungen der Fachwelt vor (»Anzeige der Woche«, »Anzeige des Monats«, »Anzeige des Jahres 1980«, »Kampagne des Jahres 1980« u. a.) als auch ein beträchtlicher Markterfolg: Der Umsatz 1980 wuchs um ¼ des Vorjahrs, also von 3,2 Mio. auf 4 Mio. Flaschen. 1981 wurde die Campari-Kampagne auf Fernsehwerbespots übertragen. Diese erhielten die Goldmedaille der »Berliner Klappe«. In jenem Jahr wuchs der Umsatz um nochmals ¼ des 80er Jahresausstoßes auf knapp 5 Mio. Flaschen. Damit war klar, daß Campari auf dem *richtigen Weg* war. 1982 wurde die Kampagne (testweise) auf ein Großplakat übertragen. Dieses wurde dann zum »Plakat des Monats August«. Im selben Jahr (schwierig, weil eine abermalige Erhöhung der Branntweinsteuer zu verkraften war, nachdem schon 1981 der Staat reglementierte) reduzierte sich das sog. frei verfügbare Einkommen der Bundesbürger. Es wurde gespart; der Lebensmittelhandel mußte eine Einbuße von 2,8 Prozentpunkten hinnehmen, wobei es besonders Alkoholika unverhältnismäßig schlimm traf (allein im Handel betrug der Verlust bei Spirituosen etwa ⅛ gegenüber dem Vorjahr, hinzu kamen noch die Einbrüche in der Gastronomie). Trotz der für den Gesamtmarkt so trostlosen Entwicklung (der Alkohol-pro-Kopf-Verbrauch ging ebenfalls merklich zurück) setzte sich der positive Trend für Campari fort: Das Umsatzvolumen wuchs nochmals um 8%! Dabei war für die Werbeagentur J. Walter Thompson, Frankfurt, die kontinuierliche Steigerung des Marktanteils in den Wintermonaten ein Erfolgserlebnis besonderer Art: Das angestrebte Ziel »Weg vom Sommer-Long-Drink – hin zum erotisierenden Bargetränk« war damit erreicht.

Marktführer

vgl. Ries & Trout

Campari festigte in der Folge seine Marktführerposition im Segment »Aperitifs auf Alkoholbasis«: 70% aller Flaschen in diesem Splitting trugen zwei Jahre nach Marktauftritt dieser Kampagne das Campari-Etikett.

Resümee ist, daß mit der *Analyse* einer Zeitschriftenanzeige (welche nur wenige Stilelemente enthält und unverwechselbare Signale erkennen läßt), der *Weg*, welcher zum *Ziel* einer kreativen Problemlösung führte, *richtungbezogen* ist. Wer auf den Feldern der Kommunikation konstruktiv mitspielen will, muß Rückwege gehen, um Marschrichtungen zu entdecken, die ein Vorankommen ermöglichen.

Checkliste

19 Punkte zur Organisation der Ideenfindung im Business-Bereich:

Untersuchen, ob

- ◯ es sich wirklich um ein echtes Problem handelt,
- ◯ mehrere Lösungsmöglichkeiten /-varianten nützlich sind,
- ◯ mangelhafte oder gar keine Orientierungshilfen vorhanden sind.

Darauf achten, daß

- ◯ grundsätzlich alle spontanen Ideen festgehalten werden,
- ◯ jede Art von Vor-Beurteilung unterlassen wird,
- ◯ erst nach dem Sammeln geordnet und selektiert wird,
- ◯ es bei der Analyse prinzipielle, unbequeme und hypothetische Fragen gibt /geben kann.

Ausschau halten nach

- ◯ anderer Verwendung, Anpassung, Veränderung,
- ◯ Verkleinerung, Vergrößerung, Ersatz,
- ◯ anderer Rang- und/oder Reihenfolge, Umkehrung, Kombination.

Daran denken, daß

- ◯ aus verschiedenen Positionen betrachtet werden kann,
- ◯ man sich sogar mit Tieren, Pflanzen oder Sachen identifizieren kann.

Schrittweise vorgehen im

- ◯ Suchen einer gemeinsamen (System-)Funktion, einer charakteristischen Struktur des Ausgangsproblems,
- ◯ Entdecken einer Analogie, Analysieren des Gefundenen,
- ◯ Transferieren in die Problemsituation.

Reihenfolge einhalten im

- ◯ Zusammenstellen einzelner Problemteile,
- ◯ Sammeln von Lösungsalternativen zu den Problemteilen,
- ◯ tabellarischen Aufgliedern und Kombinieren,
- ◯ Bewerten und Entscheiden für die Lösung.

50 Punkte zur Analyse einer Zeitschriftenanzeige:

Daran denken, daß Werbung prinzipiell

- ○ informiert und aufklärt,
- ○ Entscheidungshilfe bietet,
- ○ Bedürfnisse befriedigt sowie
- ○ die Wirtschaft ankurbelt und damit letztlich Arbeitsplätze schafft bzw. sichert.

Festhalten, daß zwei Übertragungskanäle zur Verfügung stehen:

- ○ Printmedien (Tages-, Boulevard- und Wochenzeitungen, Publikums- und Fachzeitschriften),
- ○ elektronische Medien (Film, TV, Tonbildschau, Telefon/-marketing),

Bei Kontaktnahme zu den Zielgruppen sind folgende Gesichtspunkte maßgebend:

- ○ Empfängerbezüge (soziokulturell, geistig, psychologisch),
- ○ sprachliche Faktoren (formal, inhaltlich),
- ○ Sender-Seriositätsgrad (primär, sekundär),
- ○ Empfängerdimension (syntaktisch, semantisch, pragmatisch),
- ○ sprachliche Bezüge (Diskrepanz, rationale und emotionale Einflüsse).

Hier wird nach

- ○ Alter (Kinder, Jugendliche, Erwachsene, Senioren),
- ○ Geschlecht (männlich, weiblich),
- ○ politischer Gesinnung (rechts, links, gemäßigt, radikal, extrem) oder
- ○ persönlicher Grundhaltung (konventionell, unkonventionell, alternativ)

unterschieden – gemäß vier Basisbedingungen:

- ○ Bedeutung des Inhalts bezogen auf den Empfänger,
- ○ Bestimmung des Zeitpunkts und des
- ○ Ortes bezogen auf das, was »Sache« ist,
- ○ Beschaffenheit der Kommunikation bezogen auf die Bild/Textsprache.

Ziele der allgemeinen Analyse:

- ○ Problemerkennung, Ideenfindung, Lösungsweg und Wirkungserwartung erreichen.

Die Botschaft in der semantischen Bestandsaufnahme gliedert sich in

- visuell (Bildmotiv als Blickfang, evtl. Produkt als Abbildung, Bildmarke bzw. kombinierte Wort/Bildmarke) und
- verbal-visuell (Headline, evtl. Subheadline, Bodytext, Wort- bzw. Buchstabenmarke, vielleicht noch Slogan).

Sie funktioniert

- nicht mit Bild *ohne* Text;
- durchaus mit Bild *und* Text;
- auch ohne Bild *mit* alleinigem Text.

Der Betrachtungsvorgang besteht aus einer

- visuellen (unbewußt) und
- verbal-visuellen Dekodierung (bewußt).

Die typografische Gestaltung eines Zeitschrifteninserats kann

- bildintern (oberhalb, unterhalb, in der Mitte oder seitlich, ggf. im Verlauf der Illustration),
- bildextern (oben, unten, seitlich stehend, in Balken, ausgeklinkt, als Rahmen oder in Legendenform),
- ohne Bild,
- in überdimensionierter (Schrift-)Größe,
- als Schrägsatz oder
- durch gestürzte Zeilen,
- text- oder bilddominant, in Streifen-, Bild- oder Zeitungsform, gesperrt, geprägt oder mit großem Zeilenzwischenraum

vorgenommen werden.

Merke, daß ein

- schlechter Text durch gute Typographie *kaum besser* wird,
- guter Text durch schlechte Typographie *kaum schlechter* wird,
- mittelmäßiger Text durch gute Typographie *besser* wird,
- guter Text *noch besser* wird, wenn die Typographie gut ist.

Das Gestaltungselement Farbe steht zur Disposition, z.B. wirken

- aggressive Töne stimulierend,
- warme Töne vertraut-intim,
- grelle Töne offensiv,

- unreine Töne defensiv,
- kalte Töne distanziert,
- Schwarzweißkontraste sachlich.

Merke, daß der Wahrnehmungsprozeß in Stufen erfolgt:

- Der Gesamteindruck entsteht durch das spontane Pauschalerlebnis.
- Die Ordnung der Sinnesreize kommt durch Selektion der Einzeleindrücke zustande.
- Die Entdeckung von eigenständigen Komplexen inmitten der Vielfalt der Reize ist die Folge.
- Das Streben nach Ordnung der Vielfalt mündet schließlich in ein (ursprünglich ungeordnetes) übersichtlich gegliedertes Ganzes.

Merke, daß der Aufmerksamkeitswert (Blickfang)

- Interesse, Bedürfnisse und Neugier wecken muß.

Merke, daß die Wirksamkeit auf unterschiedlichen Anmutungen beruhen kann, z.B.

- emotional, rational, manipulativ, provokativ oder rein ästhetisch.

13 Möglichkeiten, wie eine *neue* Botschaft visualisiert werden kann:

- Die Analogie (eine Analogie liegt immer dann vor, wenn Elemente aus verschiedenen Bereichen einander entsprechende Struktur- oder Funktionsteile aufweisen).
- Die Argumentation (Text wird durch Bild / Bild wird durch Text bewiesen, z.B. bei Produkt-, Nutzen-, Problemveranschaulichung oder Systemvergleich).
- Die Assoziation (gedankliche Verbindung zwischen Bild und Text).
- Der Teil des Ganzen (ein Teil wird so dargestellt, daß der Betrachter auf das Ganze schließen kann, z.B. Objekt/Teil: Lenkrad/Auto, Komplex/Teil: Eiffelturm/Paris, Element/Teil: Tropfen/Wasser).
- Ursache/Wirkung (Text und Bild bzw. Bild und Text stehen in einem Ursache/Wirkungs-Verhältnis).
- Die Wiederholung (im Bild wird gezeigt, was der Text aussagt – nur dann interessant, wenn es sich um keine »Bildlegende« handelt).

- ○ Die Verstärkung (Bild wird durch den Text bzw. Text wird durch das Bild verstärkt).
- ○ Die Ergänzung (Bild beantwortet den Text / Text beantwortet das Bild).
- ○ Die Präzisierung (Bild erklärt den Text / Text erklärt das Bild).
- ○ Die Kombination (Werbeobjekt wird mit anderen Objekten »klimatisch« kombiniert, z.B. bei »Milieu«-Anzeigen).
- ○ Die Verfremdung (Bild bzw. Text weicht von der konventionellen Form ab – Beispiel: Mann hat eine Socke um den Hals gebunden; Headline dazu lautet »Krawatten für die Füße«).
- ○ Die Symbolisierung (die Werbebotschaft wird durch ein Symbol visualisiert – Beispiel: die Farben Blau/Weiß/Rot in Verbindung mit französischem Käse).
- ○ Die Kontrastierung (Bild zeigt etwas anderes, als der Text aussagt – Beispiel: Alte Dame führt ein Glas Bier zum Mund; Headline dazu lautet »Beck's Bier löscht Männerdurst«).

9 Fragen, mit deren Antworten man eine *alte* (bereits visualisierte) Botschaft verändern kann:*

- ○ Welcher Nutzen verbindet sich mit der neuen Idee? (Funktion)
- ○ Wo kann ich etwas ähnliches finden? (Adaption)
- ○ Was läßt sich variieren, reduzieren oder erweitern? (Wandlung)
- ○ Was läßt sich häufiger, höher, länger, dicker machen? (Zunahme)
- ○ Was läßt sich seltener, niedriger, kürzer, dünner machen? (Abnahme)
- ○ Welche andere Schrift, anderes Foto, anderes Material? (Vertretung)
- ○ Welche andere Rang- oder Reihenfolge kann entstehen? (Umstellung)
- ○ Was kann negativ/positiv, rückwärts/vorwärts werden? (Umkehrung)
- ○ Wie kann verbunden, verknüpft, verkettet, verquickt, zusammengeführt werden? (Kombination)

---

* Die Suche nach Veränderungsmöglichkeiten kann entweder mit dem »morphologischen Kasten« oder mit der Methode »Zufallsverbindung« (andere Anzeigen in Zeitschriften) vorgenommen werden.

3 Perspektiven von 5 Gegenständen

Beispiele:

Morphologie	Objekt	Analogie	
		inhaltlich:	*formal:*
Ziffern/blatt, Zeiger, Glas etc.	*Uhr*	Kompaß, Tachometer,	Amulett, Orden
Leder, Griff, Schloß, Lasche etc.	*Koffer*	Kiste, Box, Korb,	Matratze
Sitzlehne, Armlehne, Polster etc.	*Sitzgelegenheit*	Bett	Treppe, Stufe
Glas, Rahmen, Sprossen, Griff etc.	*Fenster*	Klarsichthülle	Astloch, Brandloch
Heftung/Bindung, Papier, Titel etc.	*Zeitschrift*	Buch	Schulheft

5 Perspektiven von 3 Gegenständen

Beispiele:

Bild:	Art	Aussehen	Beschaffenheit	Funktion
Wort:	• Uhr • Koffer • Fenster	• Uhr • Koffer • Fenster	• Uhr • Koffer • Fenster	• Uhr • Koffer • Fenster

(Was ist das für eine Uhr? Wie sieht der Koffer aus? Wer baut oder kauft Fenster?)

1 Beispiel für Bildtypologie (»Tunnel«)

Abbild:
Konkret: Ein ganz bestimmter Tunnel (St. Gotthard, Simplon) wird gezeichnet, gemalt oder fotografiert.
Wirkung: eindeutig, subjektiv, geschlossen
Betrachterassoziationen: rational, zeitgewinnend, »kleineres Übel…«

Sinnbild:
Abstrakt: Der Begriff »Tunnel« wird grafisch stilisiert, typisiert, reduziert – übertragbar auf alle Tunnels dieser Welt. Auch auf alle »Tunnel«-Situationen.
Wirkung: vieldeutig, objektiv, offen
Betrachterassoziationen: emotional, langweilig, bedrohlich/romantisch…

Wortbild:
Der Begriff »Tunnel« wird typographisch in eine visuelle Form umgesetzt.

Denkrichtungen Teil II

4 Konvergent: gesetzmäßig, belegbar, nachahmend, geordnet, systematisch (= These)

Gestalten heißt Ordnen. Programmiertes Gestalten ist durch rationelle Arbeitsmethoden gekennzeichnet. Überall da, wo Planungs- und Realisationsprozesse zu einem Ziel führen sollen – und mehrere Gestaltungselemente und visuelle Anordnungsmöglichkeiten vorhanden sind –, kann von Gesetzmäßigkeit, Systematik, von *Programm* gesprochen werden. Nicht nur die Konstruktion einer Maschine oder die Entwicklung einer (Werbe-)Strategie kann ein Programm darstellen, sondern auch das Anordnen verschiedener grafischer Teile zu einem Ganzen:

Ordnung

- Aus Linien, Punkten und Flächen (ggf. auch Farben) werden *Zeichen*. Werden zwei oder mehrere Zeichen miteinander (entsprechend) kombiniert, entstehen Superzeichen, z.B. H + A + U + S = HAUS oder »Kuh + rotgerändertes gleichseitiges Dreieck mit der Spitze nach oben = Viehtrieb«.

Anordnung

- Ist der Komplex typisch genug, erkennt man auch im *Teil* das Ganze, z.B. steht die Schreibfeder allein stellvertretend für einen Füller, die Silhouette einer Zwiebel für einen bayerischen Kirchturm, das dreigeteilte Blatt für einen Ahornbaum, das Geweih für den Hirsch, das Ohr für das menschliche Gehör (= Synekdochen) etc.

Alle Bilder setzen sich also aus Zeichen zusammen – oder sind selbst Zeichen. Diese Zeichen vermitteln Botschaften, welche sowohl vom Sender (= Auftraggeber bzw. Gestalter) als auch vom Empfänger (= Benutzer bzw. Verbraucher) gleich interpretiert werden, weil sie über einen gemeinschaftlichen Zeichenvorrat verfügen.

Zeichen

Zeichenvorrat

Geht es um Kommunikation im weitesten Sinne, unterscheiden wir Zeichen für eine primär *semantische* Information von Zeichen mit einer überwiegend *ästhetischen* Information, obgleich jedes gestaltete Zeichen einen mehr oder minder ästhetischen Anspruch hat.

Beispiel: Ein Ölgemälde, welches einen weißen Schwan im blauen Wasser zeigt, kann sowohl im Salon an der Wand hängen – oder über dem Eingang eines Restaurants »Zum Schwanen«. Im ersten Fall dient es rein ästhetischen, im zweiten eher informatorischen Funktionen. (Wobei der Restaurantbesucher weiß, daß er hier die Schwelle zu einem überdurchschnittlichen Gastronomiebetrieb bewältigen muß.)

Diskurse

Das Bild existiert also einmal als Ausdrucksästhetik in Form eines Kunstprodukts, bei dem die semantische Funktion sich auf die ikonische Darstellung »Wasservogel/Mythologie« beschränkt; ein andermal als Informationsästhetik in Gestalt eines Signals, welches (nur) von bestimmten Personen (= Insidern) verstanden wird bzw. verstanden werden soll. Je nach Verwendungszweck können also Zeichen eine *unterschiedliche Bedeutung* haben, obgleich sie grundsätzlich *gleiche Formeigenschaft* besitzen.

Form + Formel = Operationsfeld

Das Operationsfeld eines visuellen Programms setzt sich aus folgenden Teilen zusammen:

- Fläche (auf der das Ordnungsschema, z.B. ein aus arithmetisch/geometrischen Rasterfeldern bestehendes Netz konstruiert ist) und
- Koordination (Verteilung und Position der Gestaltungselemente durch eine numerische Ordnung).

Diese Mittel bilden die Voraussetzung für *grafisches Arbeiten* – wobei es gleichgültig ist, ob es Punkte, Linien, Drei-, Vier-, Fünf-, Sechs- oder Achtecke oder aleatorische Formen sind, welche als Zeichen- bzw. Zeichenteile eingesetzt und in systematischer Plazierung zu einem Zeichenverband zusammengeführt werden, der dann eine Bildstruktur bzw. eine Bildtextur ergibt.

Struktur/Textur

Herbert W. Kapitzki äußert sich dazu in seinem Buch »Programmiertes Gestalten« wie folgt: »Wenn von ›Gestalt‹ gesprochen wird, dann wird davon ausgegangen, daß die Wahrnehmung einer Gestalt im weitesten Sinne vom ganzheitlichen Sehen abhängig ist. Jede Gestalt ist von der Relation der Teilgestalten zueinander abhängig. In der Wahrnehmungspsychologie spricht man von Gestaltsehen, wenn Elemente zu einer Gestalt zusammengefaßt wahrgenommen werden. Es werden verschiedene Gestaltprinzipien zur Beweisführung angeführt, die die Gesetzlichkeit des Gestaltsehens begründen. Dabei ist zu bemerken, daß Gestalt bei den Ergebnissen programmierter Gestaltung von den Phänomenen getragen wird, die dem Betrachter durch Addieren, Subsumieren oder Manipulieren von Elementen – die dann auch als Wahrnehmungselemente auftreten – das Bildmuster liefern. Wenn in unserem Fall von Gestalten gesprochen wird, dann ist damit gemeint, daß Formelemente (Morpheme) in einer bestimmten Anordnung zueinander und miteinander als komplexes Ganzes in einem abgeschlossenen, begrenzten Wahrnehmungsfeld dargestellt werden. Diese sogenannte Darstellung ist aber erst dann abgeschlossen, wenn die Beziehung zu einem – ihrem – Umfeld durch eine Begrenzung erkennbar wird. Wenn eine Bildstruktur keine Begrenzung aufweist, wird die Relation aufgehoben, so daß die Formelemente nicht als Gestalt, sondern als endlose Fläche wahrgenommen werden.«

Unter »Struktur« versteht William S. Huff »die Beziehung oder Anordnung von Teilen und Elementen. Gestalten ist somit in erster Linie Strukturieren.« Huff geht von zwei Arten von Strukturen aus, wenn er zwischen physikalischen und perzeptiven (= sinnlich reizaufnehmenden) Strukturen unterscheidet. Der bereits zitierte J. M. Matthaei bezeichnet die Struktur (= Menge der Relationen, die zwischen den einzelnen Teilen eines Ganzen bestehen) als »das entscheidende Merkmal der Gestalt«. Von einigen Wahrnehmungs- und Erkenntnistheoretikern wird der Begriff »Struktur« sogar bedeutungsgleich zu denen der Gestalt bzw. der Ganzheit gebraucht. »Gestalt« existiert *nicht* ohne Umfeld – sie grenzt sich immer gegen etwas und jemanden ab: Eine einfarbige Fläche ohne sichtbaren Anfang und ohne erkennbares Ende ist keine Gestalt! »Ganzheit« ist immer *mehr* als die Summe ihrer Teile: Ein Koffer, eine Sitzgelegenheit, eine Uhr und ein Regenschirm (entsprechend angeordnet) sind nicht mehr nur Gegenstände – etwa in einem Schaufenster –, sondern Zubehör (Requisiten), das den Begriff »Reise« ausdrücken kann.

Gestalt

Abgrenzung vom Umfeld

Ganzheit

Gestalten heißt auch Denken. Das gedankliche Entwickeln zur Lösung eines Problems ist schlecht möglich ohne Kenntnis und Beherrschung der Form- und Inhaltssprache, d.h., je »beredter« jemand ist, desto vielseitiger und vielschichtiger ist auch sein Denken. Konvergentes Denken ist logisches Denken. Der Gestalter hat beim Entwerfen eines Bildes (Zeichen) den dazugehörigen Text (Bezeichnung) im Kopf; demgegenüber hat der Leser einer verbalen Botschaft das dazugehörige Bild bzw. die Bilder im Kopf.

Sprache

Denkvermögen

konvergent (= zusammenlaufend)

Haben wir es beispielsweise mit dem Begriff »Haus« zu tun, ergeben sich für Gestalter (Sender) und Ansprechpartner (Empfänger) die folgenden drei Dimensionen:

- Haus als Form (Sinnbild), Signet, Schutzmarke, Firmenzeichen bzw. Wortgebilde (aus einer Buchstabenformation bestehend) = Syntaktik;

Syntaktik
Semantik
Pragmatik

- Haus als Deutung (einer Architektur) bzw. als Begriffinhalt im Sinne von Behausung, Wetterschutz, Dach überm Kopf = Semantik;
- Haus als Illustration/Foto (Abbild) eines bestimmten, existierenden Gebäudes. Haus als Geburts-/Elternhaus, Besitz, Firma = Pragmatik.

Die Gesamtheit der Gestaltungselemente unterteilt sich in Elemente der

- Form (Punkt, Linie, Fläche, Körper) = extern als Figur, und der
- Beschaffenheit (hell/dunkel, ein-/mehrfarbig, fein/weich/unscharf bzw. grob/hart/scharf) = intern als stofflicher Bestandteil.

Formen wiederum setzen sich zusammen aus

- Punkt: *mathematisch* = 0 x 0 x 0; *kommunikationstheoretisch* = Satzzeichen, I-Tüpfelchen, Auge im »Mondgesicht«, Lage eines Ortes auf der Landkarte, Teil eines Piktogramms; *designtheoretisch* = kreisförmige Fläche – hängt zum einen von der relativen Größe im Verhältnis zur Umgebung, zum anderen von der Funktion ab. Beispiel: Die Kreisform ohne dazugehörige Buchstaben ist Fläche – mit den Versalien F, D und P ist sie nur Abkürzungszeichen.
- Linie: *mathematisch* = eindimensional; *kommunikationstheoretisch* = Unterstreichung, (Gedanken-)Strich, Mund im »Mondgesicht«, Verbindung, Teil eines Zeichens/Signets, Rand; *designtheoretisch* = extremes Rechteck, (dünner) Balken, (schmaler) Streifen – verhält sich wie beim Punkt.
- Fläche: *mathematisch* = zweidimensional; *kommunikationstheoretisch* = Wand bzw. Papier, Träger der (Werbe-)Botschaft; *designtheoretisch* = Format, begrenzter Raum, Gestaltungsfeld.

Konsequenzen:

Proportion

- Erst die Bestimmung einer begrenzten Fläche, d.h. ein *Format,* macht Größenverhältnisse (Proportionen) möglich (vgl. dazu auch S. 113).

Format

- Innerhalb eines bestimmten Formats, z.B. einer Buch-/Zeitschriftenseite können *weitere* begrenzte Flächen in Form von Fotos, umrandeten Kästen etc. bestimmt werden.

Fläche

- Grundvoraussetzung für jedwede Art von Gestaltung ist jedoch die Existenz mindestens *einer* Fläche.

Gestaltungsraster, Kombinatorik, Helligkeit, Farbe

Format und Proportion organisieren die Gestaltung. Die Anmutung von Größe, Helligkeit und Farbe kommt vor allem durch das Verhältnis zur Grundfläche und die Position auf ihr zustande. Spannung entsteht immer dann, wenn sich die Form in einer *Disharmonie* zum Format befindet, d.h., wenn innerhalb eines Hochformats ein breitformatiges Foto (oder ein Textblock) sich nach vier Seiten *asymmetrisch* zur größeren Fläche des Papiers verhält, wird eine Dynamik erzeugt, welche in der mathematischen Aufteilung eines Formats fehlt. Kapitzki meint dazu: »In der umgangssprachlichen Bezeichnung der Formate wird die charakteristische Beschaffenheit der Fläche herangezogen, wenn von einem quadratischen Format oder einem Quer- oder Hochformat bei unterschiedlichen Recht-

Abb.: Hochformat mit Satzspiegel im 1:2:3:4-Randverhältnis

Abb.: Hochformat mit Satzspiegel gleicher Proportion mit linearem Randabstand ecken die Rede ist. Diese Bezeichnung ist anschaulich, entspricht jedoch nicht dem geometrischen Zustand der Fläche. Ein Format, das z.B. ca. 55 mm hoch und ca. 60 mm breit ist, wird noch als Quadrat angesehen, obwohl es geometrisch schon ein ungleichseitiges Rechteck darstellt. Diese Eigenschaften bewirken vor allem die ›Dynamik der Fläche‹. Darunter versteht man das Auftreten unterschiedlicher Bewegungszustände; so hat z.B. ein Quadrat eher statische Komponenten, da es in sich ruht, im Gegensatz zu einem Rechteck, das je nach horizontaler oder vertikaler Anordnung Bewegungen nach rechts oder links oder oben und unten aufweist.« Auch ein Dreieck, welches mit der Spitze nach oben an A (= Achtung), einen Berg oder eine Pyramide erinnert – mit der Spitze nach unten jedoch bedrohlich wirkt –, mutet weniger statisch als dynamisch(-progressiv) an. Die von Osgood entwickelte Technik zur Erstellung eines sog. *Polaritätsprofils* (siehe rechte Seite) kann dies für untenstehende Abbildung anschaulich belegen:

Kapitzki fährt fort: »Die Festlegung der Formate durch geometrische Verfahren für grafische (typografische) Erzeugnisse hat eine lange Geschichte. Besonders mit der Verbreitung der Buchdruckerkunst begann man, über die Konstruktion des Formats und die Proportionen von Schrift und Bild in der Fläche nachzudenken. Aber schon in der Antike war bekannt, daß ein proportionaler Aufbau tektonischer Objekte auf Quadraten oder im polygonen Netz möglich ist.«

Polaritätsprofil

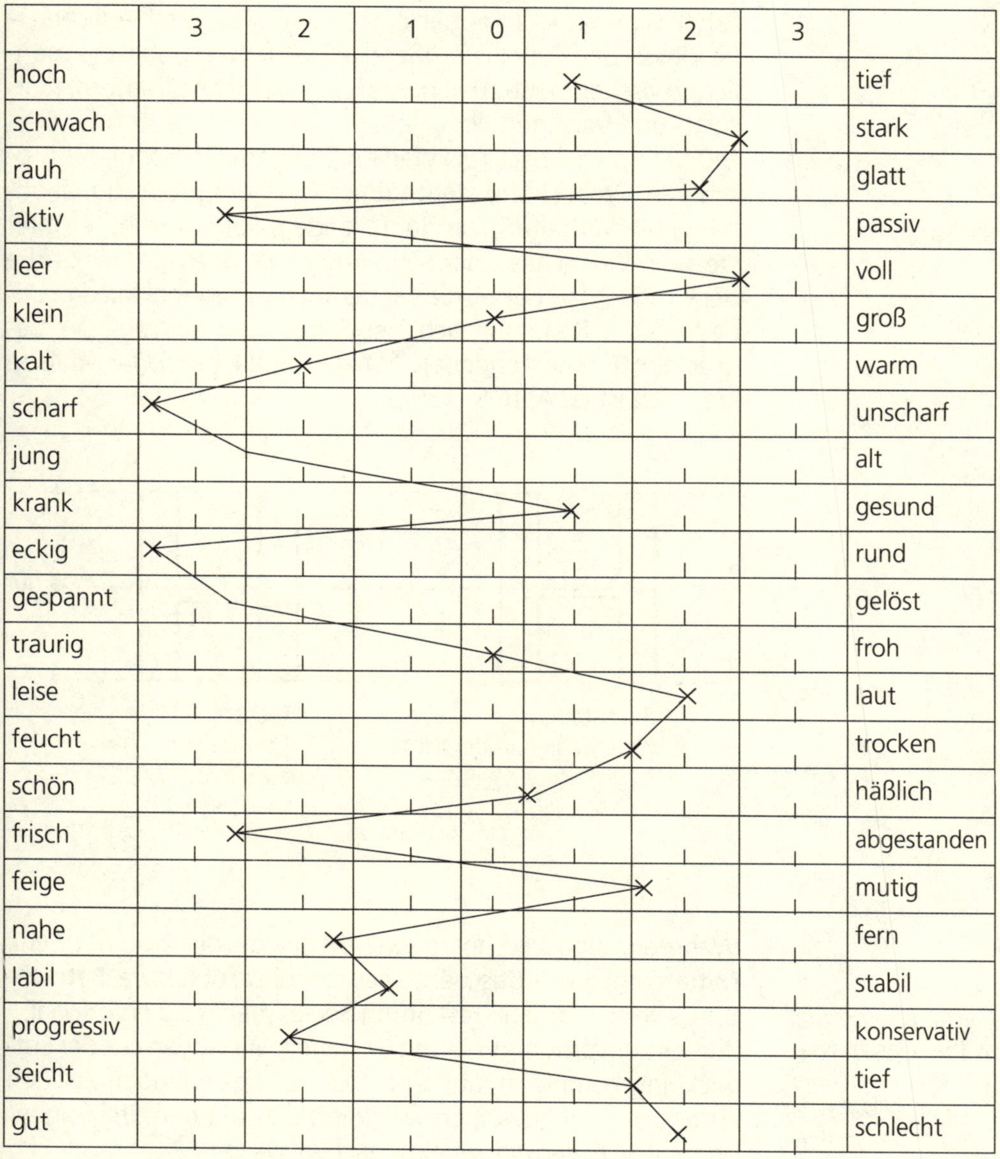

Das DIN-Format ist ein »gelerntes« Format. Es ist vom Flächenmaß 1 m^2 abgeleitet: DIN A0 ist nicht quadratisch 1000 x 1000 mm, sondern 841 x 1189 mm ($1:\sqrt{2}$). Durch stetiges Halbieren der Höhe erhält man jeweils die kleineren Formate DIN A1 bis DIN A6 (Postkarte), dabei ist immer die längere Seite des kleineren zugleich die kürzere Seite des größeren Formats. Bei

DIN-Reihen

den Bezeichnungen DIN A, DIN B und DIN C (DIN C6 = kurze Briefhülle) hat das Format einen jeweils unterschiedlichen – bei der B- und C-Reihe größeren – Flächenwert; so ist es möglich, Zwischenmaße zu benutzen, z.B. bei Schnellheftern, Klarsicht- und Versandhüllen.

Satzspiegel

Der Satzspiegel bei Druckwerken (Büchern, Zeitschriften, Broschüren, Prospekten) steht immer in einem proportional abhängigen Verhältnis zum (abfallenden) Format, d.h., er mißt stets ein Vielfaches einer sog. *Rasterzelle* (meist in der Größe der Grundschrifthöhe), die wiederum proportional mit den unbedruckten Rändern nach vier Seiten und den auf der bedruckten Fläche liegenden Fotos, Farbflächen oder -balken identisch ist (s. Abb. S. 135).

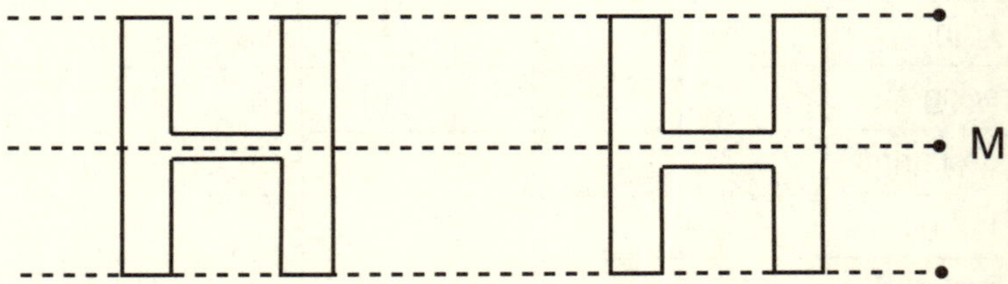

Buchstabe H (Querbalken in der Mitte)

Buchstabe H (Querbalken leicht nach oben versetzt)

Gestaltungsgesetze: Nähe, Geschlossenheit, Gleichheit, Erfahrung, Perspektive

Wahrnehmungspsychologisch entspricht die geometrische Mitte nicht der optischen: Diese intuitiv/subjektive Betrachtungsweise gibt der Gestaltung Seele, macht sie emotional. Zurück zum programmierten Gestalten: Wer Ideen aus der Entwicklung komplexer, aus Einzelzeichen bestehenden Zeichen (Superzeichen) gewinnen will, kann dies mit den drei folgenden »Strukturierungsregeln« nachvollziehen:

- die heuristische Kreativtechnik *Vertauschen* (intuitiv) entspricht der konstruktivistischen PERMUTATION (diskursiv),
- die heuristische Kreativtechnik *Verändern* (intuitiv) entspricht der mathematisch-exakten VARIATION (diskursiv),
- die heuristische Kreativtechnik *Vermischen* (intuitiv) entspricht der designtheoretischen KOMBINATION (diskursiv) vgl. dazu S. 82!

Beispiel Nr. 1:
Aus den folgenden 4 Kreisvierteln

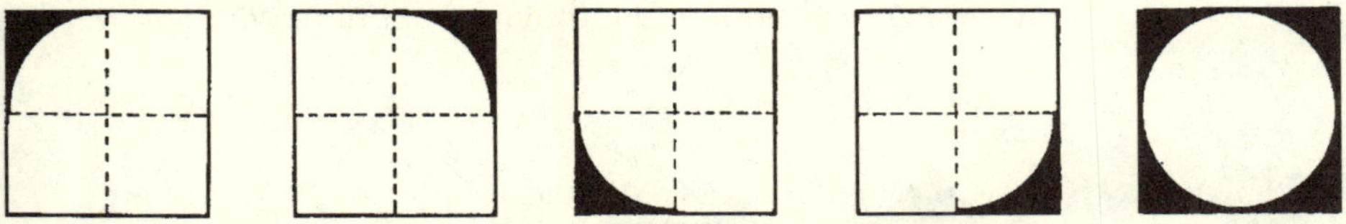

können die nachfolgenden 23 Umformungen eines Kreises gebildet werden:

Permutation (= Umstellung)

Beispiel Nr. 2:
Folgende zwei Elemente können auf vier Positionen eines auf der Spitze stehenden Quadrats 16mal abgewandelt werden

(dreht man sie jeweils um 90°, entstehen – seitenverkehrt – 32 Variationen):

Variation (= Abwandlung)

systematisch teilen und anders zusammensetzen!

Da sage noch einer, Mathematik sei unkreativ! Das Bilden eines optischen Gebildes, einer Einheit, eines Ganzen – welches, wie bereits gesagt, mehr ist als die Summe seiner Teile – (designtheoretisch »Figur«) entspringt der morphologischen Teilung (= Auflösung) und Wieder*neu*zusammensetzung – wie beim Schüttelkaleidoskop.

Beispiel Nr. 3:
Aus den folgenden 4 Elementen auf 9 Positionen eines Quadrats entstehen 4^9 = 262 144 Kombinationen, wenn die Elemente ebenfalls im Winkel von 90°, 180°, 270° oder 360° gedreht werden und sich für die restlichen 5 Felder wiederholen dürfen. 24 dieser Möglichkeiten mögen zur Veranschaulichung genügen:

Kombination (= mathematisch/ willkürliche Zusammenstellung)

Ich gebe zu, daß ein Mathematiker Schwierigkeiten mit der Kreativität hat – aber wenn ein Gestalter Mathematik mit Kreativität verknüpft... Folgendes Beispiel möge dies veranschaulichen: Wenn auf den 365 Tagesblättern eines Kalenders jeweils links ein Bild und rechts eine Headline steht – und man dazwischen alle 365 Blätter vertikal durchschneidet, so daß (per Ringheftung) die Teile unterschiedlich umgeschlagen miteinander kombiniert werden können, erhält man in letzter Konsequenz 365 x 365 = *133 225 Botschaften*.(!) Das würde bedeuten, daß pro Tag 365 zufällig zustande gekommene sinnverstärkende, sinnverändernde oder sinnentleerende Mitteilungen zustande kämen, also von jeweils 24 Stunden (=1440 Minuten) alle 4 Minuten eine neue. Unter dem rechtsstehenden Text könnte dann vielleicht stehen: 3:04, 3:08, 3:12, 3:16 oder 3:20 Uhr ... etc. Diese unvorstellbare, an ein »Schneeballsystem« erinnernde »Ausbeute« würde beispielsweise 50 Studenten derart beschäftigen, daß jeder »nur« 52 Fotos mit 52 mehr oder weniger geistreichen Headlines zusammen abzuliefern hätte – eine Angelegenheit von ca. einer Studienwoche! Von den so entstandenen 135 200 Kombinationen könnte man dann sogar wieder 1975 völlig ungeeignete eliminieren. Der »Kalender mit den 133 225 Botschaften« wäre dann ein auf Kreativität und Innovation basierendes »Superarchiv«... welches auf frappierende Weise den Effekt der *Neukombination*, aber auch die (etwas bedrückende) Austauschbarkeit in der Werbung zeigt.

Kombinatorik (= mathematische Kombinationslehre)

Diese Konvergenz der *Kombinatorik* muß jeden Menschen verblüffen, der entweder phantasielos ist – oder seine (kreative) Ideenfindung *un*systematisch organisiert. Kombinatorik ist die These der (divergenten) Antithese!

Die Gesetzmäßigkeiten der *Helligkeit* sind für den kreativen Gestalter dann von großer Wichtigkeit, wenn er mit Verläufen oder Kontrasten arbeiten muß. Helligkeit als stoffliches Element tritt auf

Verdichtung

- bei Linien mit gleichem Parallelabstand, jedoch sukzessive unterschiedlichen Stärken bzw.
- bei Linien mit gleichen Stärken, jedoch sukzessive größerem Parallelabstand.

Helligkeit als Kontrastspender macht sich bemerkbar in folgenden Situationen:

Simultankontrast I

- Eine quadratische Fläche *gleicher* Helligkeit steht jeweils im Zentrum einer größeren Quadratfläche – von links bis rechts verlaufend. Interessant ist nun, festzustellen, wie sich die objektive Helligkeit nach rechts *subjektiv* verändert: Je dunkler das Umfeld ist, desto aufgehellter wirkt das Zentrum!

– Je größer der Schwarzanteil der Druckfarbe und je kleiner der Weißanteil der Gesamtfläche, desto subjektiv *heller* erscheint die objektive Papierfarbe!

Quadrate aus der Versuchsreihe Seite 293

Quadrat mit dünnem Linienrand

Quadrat mit dickem Linienrand

In den am rechten Seitenrand stehenden acht Darstellungen sehen wir, wie die *Höhenüberschätzung* und die *Größenwirkung* durch *Streckenteilung* zusammenwirken bzw. wie die (optische) *Deformierung* der Quadrate/Kreise zustande kommt. Bei letzterer sind die spitzen Winkel in der visuellen Wahrnehmung überbetont!

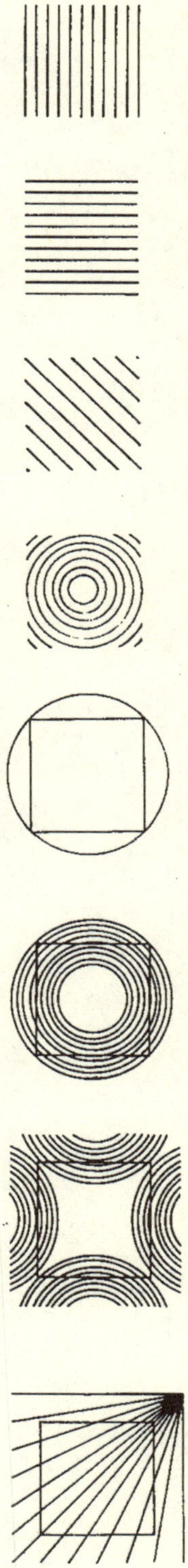

Ein wichtiges Gestaltungsmittel ist die *Farbe*. Schon ein bestimmtes Rot in Verbindung mit Blau oder Violett kann u.U. einen großen Teil der Botschaft übermitteln. Farbe löst Gefühle aus, welche zwangsläufig auch mit dem (Werbe-)Objekt in Verbindung gebracht werden. Die Farbpsychologie nach Lüscher schreibt den Farben bestimmte Bedeutungen zu. Diese physiologisch/psychologischen Zusammenhänge sind unter Gestaltern jedoch nicht unumstritten; sie können also im Design nur als relative Richtlinien angesehen werden. Jede Farbwahl muß von Fall zu Fall sorgfältig – der gewünschten Aussage entsprechend – bestimmt werden. Relevant bei der Farbwahl sind weniger die wahrnehmungspsychologischen Zusammenhänge, wie sie Lüscher sieht, als vielmehr gelernte (= konventionalisierte) Analogien zu bestehenden Objekten (z.B. Schwarz = modisch/intellektuell, Violett = süßlich/feminin, Rosarot = grell/kitschig). Trotzdem hier kleine Auswahl von psychologischen Farbzusammenhängen:

Farbpsychologie

- Blau vermittelt Ruhe, Treue, Zuverlässigkeit,
- Grün vermittelt Natur, Leben, Hoffnung,
- Gelb vermittelt Helligkeit, aber auch Flucht, Unruhe, Ungebundenheit,
- Orange ist Aktivität und Aggressivität, Erregung und Aufregung,
- Rot ist Blut, Kampf, Feuer, Liebe (Eros, Erotik),
- Violett bedeutet »Aufhebung der Gegensätze«,
- Rosarot wird als »freie, unverbindliche Erregbarkeit« gedeutet,
- Braunrot gilt als die ruhige Farbe schlechthin,
- Braungelb assoziiert Anschmiegsamkeit und Geborgenheit,
- Türkisblau mutet ausgesprochen frisch an,
- Schwarz ist die Symbolfarbe für Trauer…

Farbe als Kontrastlieferant zeigt sich in folgender Situation:

- Betrachten wir z.B. eine grüne Fläche, welche in einem Fall von einer gelben, im anderen Fall von einer blauen Fläche umgeben ist, scheint dasselbe Grün im gelben Feld dunkler als im blauen Feld (vgl. mit S. 142f.), wobei hier weniger der Helligkeits- als der Farbeindruck auffällt. Mit dieser *Farbtonverschiebung* lassen sich reizvolle (rhetorische) Wirkungen erzielen. Dasselbe gilt selbstverständlich auch für die Kombinationen Rot: Orange/Violett, Gelb: Grün/Orange, Violett: Rot/Blau, Orange: Gelb/Rot und Blau: Violett/Grün.

Simultankontrast II

5 Divergent: gefühlsmäßig, subjektiv, individuell, chaotisch, utopisch (= Antithese)

Ordnung ist das halbe Leben. Stimmt! Aber eben nur das halbe... Wenn das ganze Leben nur aus Ordnung bestünde, wäre es einförmig, nüchtern, fad. Organisiertes Chaos muß dort einsetzen, wo Erfahrungen bequem machen und scheinbar gesichert sind – bis sie eines schönen Tages gesetzmäßig werden.

Unordnung

Hierzu möchte ich aus einem Presseartikel (»Spiegel« 42/1992) zitieren, welcher unter dem Titel »Konisch vermüllt« der *konstruktiven Unordnung* das Wort redet: »Im Extremfall spricht der Psychoanalytiker (gemeint ist Sigmund Freud, d.A.) dann von einer ›anankastischen Persönlichkeit‹, der Übergang zum Zwangsneurotiker ist fließend – Konzernherren zählten oft zu diesem Typ. Als gleichermaßen therapieresistent fürchtet der Fachmann aber auch den Gegentypus, den sogenannten Konfusanten: Es bedarf mitunter einer robusteren Nächstenliebe als der christlichen, um solch einen Menschen im Alltag zu ertragen. Rastlos und mit einer Geduld, die ihnen sicher die Gnade ihres Heilands zuteil werden ließ, räumten zum Beispiel die Nonnen des Vatikans hinter Papst Johannes XXIII. her, der das einschlägige Apostelwort aus der Bibel (›Gott ist nicht ein Gott der Unordnung‹) nicht über Gebühr ernst nahm. Ähnlich konfusant waren so wesensverschiedene Prominenzen wie etwa Winston Churchill, Marilyn Monroe und Albert Einstein, dessen vergeblicher Versuch, auf seinem Schreibtisch Ordnung zu halten, der beste Beweis für die Richtigkeit der Thermodynamik war. Deren Kernaussage: Die Grundlage jeder Ordnung ist Chaos, und jede Ordnung ist der erste Schritt auf dem Weg in neuerliches Chaos – bekennende Schlamper sehen darin die naturgesetzliche Bestätigung, daß alles Aufräumen sinnlos ist. Daß sie sich dennoch in ihrer zuweilen hirnsträubenden Lotterwirtschaft zurechtfinden, liegt an dem von ihnen praktizierten ›Vulkan-Modell‹. So bezeichnet Ergonom Landsdale die Topographie, die nach seinen Recherchen für den Chaos-Schreibtisch typisch ist: in der Mitte eine kraterartige, mehr oder minder freigeschaufelte Arbeitsfläche, drumherum, konisch ansteigend, Wände aus Papier, Büchern, den Zeitungen der letzten Wochen, noch älteren Keksen sowie einem Kun-

und er doziert & setzt und stellt Regeln auf

terbunt aus anderen Dingen, die mit der vorliegenden Arbeit noch weniger zu tun haben. Mit einiger Übung kann auch ein Zimmer, sogar eine Wohnung nach dem Vulkan-Prinzip vermüllt werden.«

Jetzt aber warne ich vor einem Trugschluß: Wenn, wie in diesem Buch verschiedentlich vorgeschlagen, ein Weg, der zu einer erfolgreichen Problemlösung geführt hat, »zurückgegangen« wird, ist damit noch keinesfalls ein Erfolg in eigener Sache vorprogrammiert; diese Empfehlung käme einem Rezept gleich – und Rezepte gibt es in der Werbung nicht. (David Ogilvy hat einmal gesagt: »Regeln in der Werbung sind wie Krücken, auf denen sich Lahme fortbewegen.«)

Rezepte sind die »Todfeinde« der Kreativität!

Vielmehr sollen Zusammenhänge und Mechanismen des Problem/Lösungsprozesses offengelegt, d.h. das Verständnis und die damit verbundene Bereitschaft zu kreativer Arbeit geweckt und gefördert werden. Es sollen sich dadurch *keine Denkmuster* bilden (welche bei Erfolgserlebnissen bestätigt werden). Hier verweise ich nochmals auf das sehr anschauliche Maiersche Experiment auf Seite 85!

Verknüpfungen

Wenn wir z.B. zum Begriff »Wand« eine Assoziationskette bilden müssen, wird uns erst einmal bewußt, wie gefühlsmäßig und subjektiv eine Verknüpfung von Information und Verarbeitung vonstatten geht. Nach anfänglich konvergenter Betrachtungsweise – die allen Menschen gemeinsam ist und »Allgemeinplätzen« wie Schränke, Regale, Bilder, Leuchten, Uhren etc. artikuliert – folgen divergente Statements, die mit Status, Stellung und Diskurs des jeweiligen Menschen im täglichen Leben zusammenhängen:

- Der Handwerker denkt bei »Wand« an Fenster, Ziegel, Putz, Tapete…
- Der Bergsteiger dagegen an Eiger-Nordwand, Pickel, Haken, Seil…
- Der »Spinner« denkt an die Trennwand, Nebelwand, an (Abhör-)Wanzen.

Angriff auf Denkmuster

Diese entfernter liegenden und scheinbar nicht mit der Ausgangsfrage in Verbindung stehenden Dinge sind es jedoch, die die Denkmuster zerstören oder zumindest attackieren, auf jeden Fall aber in Frage stellen sollen. An folgendem Informationsverarbeitungsschema kann das individuelle Denken exemplarisch nachvollzogen werden:

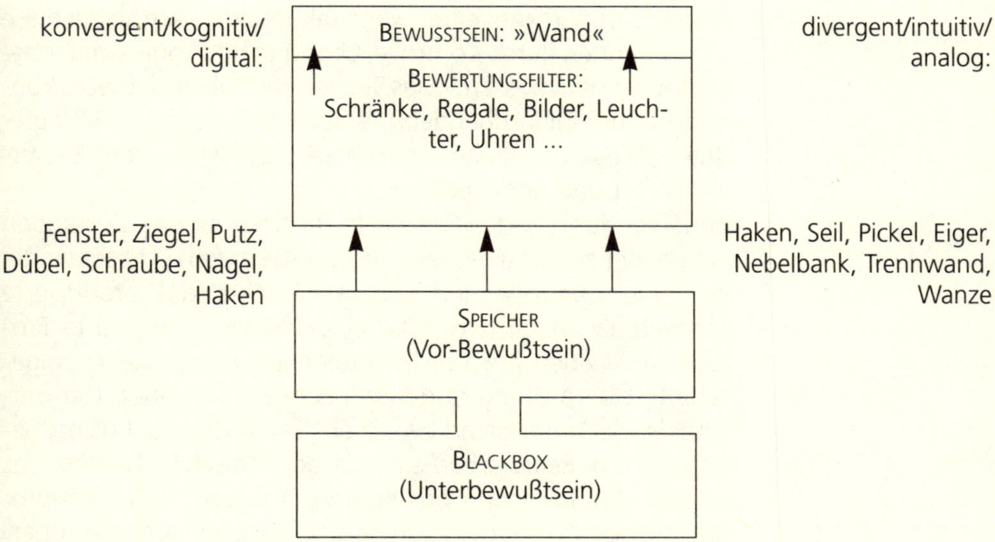

Der Speicher ließe sich dabei sehr gut mit einem Computer vergleichen, in welchem verarbeitete, d.h. durch unseren Bewertungsfilter abgesicherte assoziative Informationen zum Abruf bereitliegen. Im Bewertungsfilter bleiben jene konvergent-vordergründigen Assoziationen hängen, welche *links*hirnig (vgl. S. 26 ff.) *zensiert* an das Bewußtsein weitergegeben werden. Dieser »Kontrolleur« verkörpert eine durch Erziehung, Umwelt und Erfahrung entstandene Blockade, zumindest aber eine Hürde – die es bei Kindern nicht zu geben scheint, weil diese eine natürliche Kreativität besitzen – welche mit divergent-entfernt liegenden Assoziationen durchdrungen werden muß, wenn Phantasie freigesetzt werden soll. Kognitiv-digitales (also erfahrungsorientiertes) Denken regelt also das Bewußtsein, intuitiv-analoges (also phantastisches) Denken dagegen ist unterschwellig orientiert und eher *rechts*hirnig.

Vorbewußtsein

Zensor

Bewußtsein
Unterbewußtsein

Wieder folge ich Linneweh, wenn er sagt: »Viele Kreative werden dieser Divergenz gerade in der Anfangsphase einer Problemlösung durch ein *bewußt undiszipliniertes Denken* gerecht. In diesem Zusammenhang werden auch ›Grenzverschieber‹ ins Feld geführt, d.h. Alkohol, Rauschmittel, Drogen. Tatsächlich wird bei einer geringen Dosierung von Rauschmitteln häufig die Intuition, Problemsensibilität und Kreativität gesteigert. Man muß allerdings den Ablauf des kreativen Aktes nicht nur in dieser Phase des ungehemmten Aufkommens der Informationen aus dem Vorbewußtsein interpretieren, sondern es gibt durchaus eine zweite sekundäre Phase, in der diese Informationen durch Kontrolle, Ordnung und Logik wieder bewertet werden müssen.« Das Stichwort »Haken« (sowohl konvergent für »Bildaufhänger« als auch divergent für »Seilbefestiger«) liegt bereits an der Schwelle zwischen dem Bewertungsfilter und dem Speicher.

Linneweh fährt fort: »Gerade in rauschähnlichen Zuständen kommt der zweite (linksliegende, d. A.) Prozeß nicht zustande, da keine Kontrolle und Selbstkritik über das produzierte Rohmaterial möglich ist. Die ausschließlich divergente Produktion ist eben auch nicht erfolgreicher, weil keine zielgerichtete Überprüfung durch den Zensor stattfindet. Der entscheidende Unterschied zwischen Genie und Wahnsinn besteht in der *Realisierbarkeit* – in der kritischen Distanz des Genies. Wir brauchen beides: Die Divergenz zur Ideenproduktion, die Konvergenz, um die gefundenen Ideen zu überprüfen.«

Dialektik: Gegensätzlichkeit

In der Hegelschen Dialektik wird die Ausgangsposition durch gegensätzliche Behauptungen (These/Antithese) in Frage gestellt und in der Verbindung beider Positionen eine Erkenntnis höherer Art gesucht. Diese »innere Gegensätzlichkeit« finden wir Gestalter auch im ambivalenten Tun »innerer Zerrissenheit« wieder: Realität und Lust, Ordnung und Chaos, Kontrolle und Vertrauen. Während bei Hegel die These *durch Gegenüberstellung der Antithese überprüft* wird, ist es in der Kreativität umgekehrt: Die zur Erweiterung der Konvergenz gedachte Divergenz (als Antithese) wird *durch Gegenüberstellung der These* kontrolliert.

Ambivalenz: Zerrissenheit

Wenn »Ordnung« also das »halbe Leben ist«, dann sollte, zumindest bei Kreativen, die andere Hälfte der Ordnung in Frage gestellt werden – oder wenigstens die »Lust zum Chaos« vorhanden sein. Überhaupt: Wer das Vorhandene (oder gar sich selbst) nicht ständig in Frage stellt, darf die Frage nach der Kreativität nicht stellen.

Unlogik

Divergentes Denken ist unlogisches Denken.

Der Gestalter kombiniert zu einem Bild bewußt einen unpassenden Text – oder umgekehrt – bzw. textet eine Schlagzeile bewußt widersprüchlich (vgl. Seite 142); der Betrachter bzw. Leser reagiert beabsichtigt irritiert, provoziert, schockiert. Haben wir es beispielsweise mit einem Witz zu tun, stellen wir immer wieder fest, daß er vom Mechanismus der »Unlogik« lebt. Die Frage »*Warum haben Fische Schuppen?*« und die Antwort »*Na, wo sollten sie sonst ihre Fahrräder unterstel-*

Irritation Provokation Schock

len?« beschreiben genau den Prozeß der Bisoziation (vgl. dazu S. 53): Frage und Antwort passen hier genausowenig zusammen wie beim nächsten Beispiel:

Witze

Ein Ehepaar sitzt im Restaurant. Nachdem sie ihr Hähnchen fertiggegessen haben, bringt der Kellner zwei Schälchen mit heißem Wasser und zwei darin schwimmenden Zitronenhälften. Etwas ratlos fragt sie: »Was sollen wir damit?« Der Kellner: »Das ist zum Händereinigen.« Darauf antwortet ihr Mann triumphierend: »Siehst du, wer dumm fragt, bekommt immer eine dumme Antwort.«

Allerdings handelt es sich hier um den unlogischen Schluß aus der logischen Antwort. Das befreiende Feixen ist dann eine psychische Reaktion auf den Zusammenprall zweier unterschiedlicher Diskurse: Logik und Unlogik.

Auch beim Schüttelreim (seit dem 13. Jh./Konrad von Würzburg) suchen wir nach der Logik der Unlogik – und finden sie:

Schüttelreime

*Beim Zahnarzt in den **W**arte**z**immern hört man häufig **Z**arte **w**immern.*
*Als Zoologen **t**appen **w**ir ratlos um ein **W**appen**t**ier.*
*Im Hotel »Zur **S**ee**r**ose« ißt man die beste **R**eh**s**oße.*
*Frißt Glaspapier ein **W**ind**h**und, wird er später **h**int **w**und.*
Konsequenzen:

- Weil der kreative Gestalter die Spielräume der Kommunikation unter Menschen kennt, d.h. weiß, wie letztere auf bestimmte Signale, Bilder, gesprochene und geschriebene Texte reagieren, kann er seine Information irritierend, provozierend oder sogar schockierend verpacken – also *manipulieren* –, um die beabsichtigte Wirkung zu erzielen.

Spielräume zum Manipulieren

- Die *Pointe* und ihre (dramaturgische) Plazierung beim bzw. im Witz, welche verhaltenes Schmunzeln, breites Grinsen, prustendes Feixen, lautes Gelächter – oder aber peinliches Betretensein, hörbaren Protest bis hin zum sprachlosen Eklat hervorrufen kann, ist das beste Beispiel dafür.

Pointen sind stets divergent!

Konzeption durch Neukombination: Texte und Bilder verschiedenen Inhalts

Den Effekt einer Pointe organisieren Erzähler *und* Zuhörer. Indem letzterer für ihr Zustandekommen mitverantwortlich ist, ist er auch gewinnbringend am Erfolgserlebnis beteiligt. Das ist ein Kapital für jeden zielstrebigen Werber: »Gefallene Groschen« zahlen sich in »Mark und Pfennig« aus…

Alle folgenden Gestaltungsergebnisse haben drei Gemeinsamkeiten:

- Es sind Versuche, nicht Probleme, sondern Aufgaben zu lösen; von wenigen (zitierten) Ausnahmen abgesehen, alles Arbeiten meiner Studenten in Augsburg, St. Gallen, München (Bayerische Akademie der Werbung) und Linz.
- Es wurde ausnahmslos mit den auf den Seiten 74–99 vorgestellten Kreativitätstechniken gearbeitet.
- Es handelt sich dabei um *Neu*kombinationen bereits existierender Vorlagen (ähnlich der Collagentechnik), d.h. um »Denkelemente, die an sich schon bekannt«, aber bisher »noch nicht miteinander verknüpft« waren. Durch Umformung sind schließlich neu zu interpretierende Wort- und Bildbeziehungen entstanden (vgl. S. 103, Punkt 10).

Aufgabe 1

Kettenstories

Texten lernen heißt *Phantasie* entwickeln. Zwei Gruppen mit je 14 Teilnehmern mußten, auf einem Anfangssatz basierend, in 30 Minuten 28 Storyanfänge mit je 15 Sätzen schreiben. Dies wurde mit der Technik *Brainwriting* organisiert: Durch Ziehung eines (eingerollten) Satzes aus Bölls »Irischem Tagebuch« kam jeder Teilnehmer zu seinem Anfangssatz – den er gut leserlich hinschreiben, dann durch einen logischen, nachvollziehbaren Folgesatz ergänzen und seinem rechten Nachbarn weitergeben sollte. Dafür bekam er von seinem linken Nachbarn eine andere, bereits angefangene Geschichte, die er wiederum durch einen eigenen Satz erweitern mußte, den er dann wieder nach rechts weitergab etc. Gruppe A setzte sich aus Kunsthochschul-Studenten zusammen, Gruppe B bestand aus Tageskursteilnehmern einer Werbefachschule.

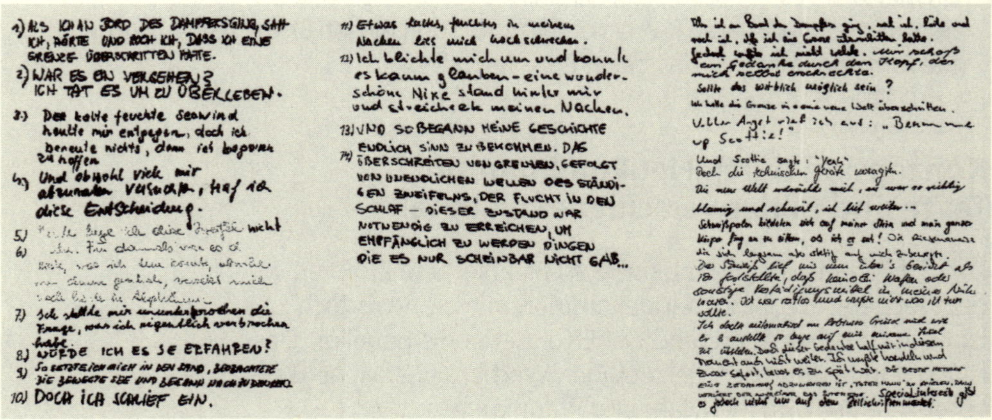
1) ALS ICH AN BORD DES DAMPFERS GING, SAH ICH, HÖRTE UND ROCH ICH, DASS ICH EINE GRENZE ÜBERSCHRITTEN HATTE.
2) WAR ES EIN VERSEHEN? ICH TAT ES UM ZU ÜBERLEBEN.
3.) Der kalte feuchte Seewind heulte mir entgegen, doch ich bereute nichts, denn ich begann zu hoffen
4.) Und obwohl viele mir abrieten von diesem Versuch, traf ich diese Entscheidung.
5) [illegible]
6) [illegible]
7) Ich stellte mir ununterbrochen die Frage, was ich eigentlich verbrochen habe.
8) WÜRDE ICH ES JE ERFAHREN?
9) So setzte ich mich in den Sand, beobachtete die bewegte See und begann nachzudenken.
10) DOCH ICH SCHLIEF EIN.
11) Etwas kaltes, feuchtes in meinem Nacken ließ mich hochschrecken.
12) Ich blickte mich um und konnte es kaum glauben – eine wunderschöne Nixe stand hinter mir und streichelte meinen Nacken.
13) UND SO BEGANN MEINE GESCHICHTE
14) ENDLICH SINN ZU BEKOMMEN. DAS ÜBERSCHREITEN VON GRENZEN, GEFOLGT VON UNENDLICHEN WELLEN DES STÄNDIGEN ZWEIFELNS, DER FLUCHT IN DEN SCHLAF – DIESER ZUSTAND WAR NOTWENDIG ZU ERREICHEN, UM EMPFÄNGLICH ZU WERDEN DINGEN DIE ES NUR SCHEINBAR NICHT GAB...

Als ich an Bord des Dampfers ging, sah ich, hörte und roch ich, daß ich eine Grenze überschritten hatte.
[illegible]
Sollte das wirklich möglich sein?
Ich hatte die Grenze in eine neue Welt überschritten.
Voller Angst [illegible]: „Beam me up Scottie!“
Und Scottie sagte: “Yeah”
Doch die technischen Geräte versagten.
[illegible]

Aus diesen 28 angefangenen »Kettenstories« habe ich von beiden Gruppen jene mit dem ersten von 14 aufeinanderfolgenden Böll-Sätzen zur Veranschaulichung ausgewählt. Die Ergebnisse:

Gruppe A	Gruppe B	Böll-Originaltext
Als ich an Bord des Dampfers ging, sah ich, hörte und roch ich, daß ich eine Grenze überschritten hatte. War es ein Vergehen? Ich tat es, um zu überleben. Der kalte, feuchte Seewind heulte mir entgegen, doch ich bereute nichts, denn ich begann zu hoffen. Und obwohl viele mir abzuraten versuchten, traf ich diese Entscheidung. Heute hege ich diese Zweifel nicht mehr. Für damals war es das beste, was ich tun konnte – obwohl, was dann geschah, versetzt mich noch heute in Alpträume. Ich stellte mir ununterbrochen die Frage, was ich eigentlich verbrochen habe. Würde ich es je erfahren? So setzte ich mich in den Sand, beobachtete die bewegte See und begann nachzudenken. Doch ich schlief ein. Etwas Kaltes, Feuchtes ließ mich hochschrecken. Ich blickte mich um und konnte es kaum glauben – eine wunderschöne Nixe stand hinter mir und streichelte meinen Nacken. Und so begann meine Geschichte endlich Sinn zu bekommen. Das Überschreiten von Grenzen, gefolgt von unendlichen Wellen des ständigen Zweifelns, der Flucht in den Schlaf – dieser Zustand war notwendig zu erreichen, um empfänglich zu werden gegenüber den Dingen, die es nur scheinbar nicht gab . . .	Als ich an Bord des Dampfers ging, sah ich, hörte und roch ich, daß ich eine Grenze überschritten hatte. Jedoch wußte ich nicht, welche. Mir schoß ein Gedanke durch den Kopf, der mich selbst erschreckte. Sollte das wirklich möglich sein? Ich hatte die Grenze in eine neue Welt überschritten. Voller Angst rief ich aus: »Beam me up, Scottie!« Und Scottie sagte: »Yeah.« Doch die technischen Geräte versagten. Die neue Welt erdrückte mich, sie war so richtig blumig und schwül, ich lief weiter . . . Schweißperlen bildeten sich auf meiner Stirn, und mein ganzer Körper fing an zu zittern, als ich *es* sah! Die Riesenameise, die sich langsam aber stetig auf mich zu bewegte. Der Schweiß lief mir übers Gesicht, als ich feststellte, daß keinerlei Waffen oder sonstige Verteidigungsmittel in meiner Nähe waren. Ich war ratlos und wußte nicht, was ich tun sollte. Ich dachte automatisch an Robinson Crusoe und wie er es anstellte, so lange auf einer einsamen Insel zu überleben. Doch dieser Gedanke half mir in diesem Moment auch nicht weiter . . .	Als ich an Bord des Dampfers ging, sah ich, hörte und roch ich, daß ich eine Grenze überschritten hatte. Eine von Englands lieblichen Seiten hatte ich gesehen: Kent, fast bukolisch – das topografische Wunder London nur gestreift – dann eine von Englands düsteren Seiten gesehen: Liverpool – aber hier auf dem Dampfer war England zu Ende. Hier roch es schon nach Torf, klang kehlisches Keltisch aus Zwischendeck und Bar, hier schon nahm Europas soziale Ordnung andere Formen an. Armut war nicht nur »keine Schande« mehr, sondern weder Ehre noch Schande; sie war – als Moment gesellschaftlichen Selbstbewußtseins – so belanglos wie Reichtum. Die Bügelfalten hatten ihre schneidende Schärfe verloren, und die Sicherheitsnadel, die alte keltisch-germanische Fibel, trat wieder in ihr Recht, wo der Knopf wie ein Punkt gewirkt hatte, vom Schneider gesetzt, war sie wie ein Komma eingehängt worden; als Zeichen der Improvisation förderte sie den Faltenwurf, wo der Knopf diesen verhindert hatte. Auch als Aufhänger für Preisschildchen, als Hosenträgerverlängerung, als Manschettenknopfersatz, sah ich sie – schließlich als Waffe, mit der ein kleiner Junge durch den Hosenboden eines Mannes stach . . .

An den durch *morphologische* Auflösung und *heuristische* Bearbeitung neu entstandenen Stories erkennen wir (selbstverständlich *ohne* literarischen – aber *mit* exemplarischem Anspruch) folgendes:

- Ein intakter Zusammenhang, welcher »zerkleinert« wird, ergibt mit neuen Teilen – ohne die Kenntnis der alten! – einen total anderen Sinn.
- Böll ist nicht mehr Böll; wäre die Story nach diesem Verfahren zu Ende geschrieben worden, hätten dabei 14 verschiedene Autoren mitgewirkt – wobei Böll immer jeweils den Anfang macht.
- Interessant ist, wie nun »fortgesetzt« wird: Je nach Ausbildung, Alter, Habitus, Temperament, Phantasie (und Motivation), entsteht ein Spiel – vergleichbar mit Schach –, jeder Satz ein Zug, auf den der nächste eingehen muß. Würde z.B. den 7. Satz immer derselbe Autor formulieren, könnte man diesen mit einem Simultanspieler vergleichen.
- Interessant sind auch die verschiedenen Kombinationsmöglichkeiten: Es lassen sich sowohl ein einziger Satz (Nr. 1-14), als auch 2-13 Sätze von Heinrich Böll mit den bzw. dem neu hinzuformulierten zu *Variationen* verarbeiten.
- Die Zahl der Variationen ist sehr hoch; mit Böll sind es 2^{14} = 16384, weil 1-13 Sätze jeweils in unterschiedlicher Reihenfolge mit den zu ergänzenden stehen.
- Jeder Folgesatz zur angefangenen Story stellt ein Problem für die Mitautoren dar – eine Frage, auf die es nur eine subjektive Antwort geben kann (also eher ein Such- denn ein Systemproblem). Die Methoden *Assoziation/Anknüpfung, Zufallsverbindung* und *Identifikation* (mit den in der Geschichte vorkommenden Personen) können angewandt werden.
- Das *heuristische* Vermischen von Böll mit Autor X oder Y, das Ersetzen von Böll durch X oder Y, das Umkehren der Reihenfolge von Böll-Sätzen und Sätzen von X oder Y kann vorgenommen werden, nur das Vertauschen von Böll (am Anfang) mit Böll (am Ende) würde der Logik für den nachvollziehenden Leser nicht mehr gerecht werden.
- Nur ein einziger inhaltlich veränderter Satz kann der ganzen Story eine völlig andere Richtung geben – so stark ist das Ganze von einem seiner Teile abhängig und umgekehrt.
- Obgleich nicht alle Sätze das gleiche Gewicht haben, ist es relativ leicht möglich, den nächstfolgenden Satzschreiber »unter Druck« zu setzen: Der Vorgänger muß nur einen ent-

sprechenden *Schlüsselsatz* formulieren und damit den »Schwarzen Peter« (weiter)geben...

Diese »Fortsetzungsproduktion« durch Anknüpfung ist natürlich auch im visuellen Bereich möglich: Was käme wohl dabei heraus, wenn z.B. fünf Künstler *zusammen* ein Bild malen, und zwar dergestalt, daß einer beginnt und nach einer bestimmten Reihenfolge und einer festgelegten Zeitvorgabe die anderen vier weiter- bzw. fertigmalen?

Aufgabe 2

Texten lernen heißt auch *Variationen* erfinden. Auf der Basis von vier bekannten Grimmschen Märchen sollten Alternativen entwickelt werden mit dem Ziel, Symbolgehalt und Rollenverhalten aus dieser Textform herauszulösen und sie auf die Diktion anderer Wahrnehmungs- und Bewußtseinswelten zu übertragen. Es wurde dabei mit der Technik *Analogien suchen* gearbeitet. Ob das Original-*Thema* noch erkannt wird? *Parodie*

1

Ein Mensch – und zwar ein kleines Mädchen
war wohlbekannt im ganzen Städtchen.
Der kranken Oma namens Ella,
Der brachte sie Valpolicella.
Jedoch kam auf halber Strecke
Ein Wolf aus einer Brombeerhecke.
Die Angst des Mädchens, die nervöse,
Sie steigert sich ins Psychiatröse.
Der Fall ist klinisch sehr bestechend:
Sie hört den Wolf als Menschen sprechend,
Hört fragen ihn nach Omas Hüttchen,
Erklärt den Weg ihm Schritt für Schrittchen.
Drauf schleicht der Wolf sich wie ein Mäuschen
Zur alten Oma ihrem Häuschen.
Bevor die Gute noch erschrak,
Sie schon dem Wolf im Magen lag.
Dann kommt das Mädchen mit der Mütze
Grad zum Dessert als rote Grütze.
Nach gutem Essen darf man alles –
Nur schnarchen soll man keines Falles.
Ein Doktor bringt ein Messer mit,
Und mittels einem raschen Schnitt
Befreit er Mädchen und auch Oma
zur rechten Zeit noch aus dem Koma.
So ist zu Ende ihre Not;
Und als Moral schreibt Eugen Roth:
Auch wenn der Kaiser längst beseitigt,
ein Kaiserschnitt oft Gutes zeitigt.

2

Zur zweiten Hälfte des dritten Kreislaufes, der von dem unsrigen nicht weniger als die Viertelstufe eines Äons entfernt lag, lebte ein Alchimist, dessen einziges Begehr es war, die Energie, die sich in einem Kornkeim befindet, zu erforschen. Hierbei machte er sich das Prinzip der Rotation gewisser, ausgewählter Steine zunutze, um unter geheimen Riten ein Pulver zu erzeugen, das, magisch weiß, die Fähigkeit besaß, materielle Energie in seinem Sinne umzuwandeln. Da ihm aber materielle Schätze nichts bedeuteten, lebte er ohne jede Fessel äußerer Bedürfnisse. Sein einziger Reichtum war ein weiblicher Sproß, der seine Identität mit ästhetischem Potential physisch manifestierte. Getrieben aus einem inneren Drang heraus, begann der Mann, dem Gold kein Reichtum war, dem obersten Repräsentanten äußerer Macht die Begehrlichkeit seines ästhetischen Potentials in Form seines Sprosses darzulegen, und behauptete darum, daß zur vorher ausgewählten Stunde seine Tochter es vermag, mit Hilfe hermetischer Prozesse, Stroh in Gold zu wandeln. Das vitale Selbst des Repräsentanten hatte eine derartige Affinität zu dem erwähnten Metall, die in früheren Inkarnationen nicht aufzulösen war, so daß er alsbald der Versuchung erlag. Unter Anwendung von mentalem Zwang, indem eine Androhung einer Neuinkarnation zur Sprache kam, befahl er der Tochter, die Materialisation des Sonnenstoffes Aurum vorzunehmen. Hierzu sperrte er den Ausdruck höchster physischer Begehrlichkeit in einen Isolationsraum und setzte die Frist eines halben Erdumlaufs, bis zum Aufgang der Sonne. Da aber die Aufgabe der Tochter nicht zu erfüllen war, beschloß diese, sich dem Wesenskern der Situation durch individuelle Trauerarbeit kreativ zu nähern. Da geschah es, daß sich die Türe zu ihrem inneren Potential öffnete und sich einer ihrer astralen Schutzgeister auf der physischen Ebene manifestierte. Dieser forderte, wenn er das Stroh zu Gold verwandeln soll, daß sie ihr Kehlkopfchakra aktiviere, indem sie sich ihres Halsbandes entledige und es ihm zur Verfügung stelle, was sie bereitwillig tat. Zur festgesetzten Stunde erschien der Repräsentant der äußeren Macht. Als er jedoch das Gold sah, potenzierte sich seine Gier nach diesem Metall so sehr, daß er sich gezwungen sah, zur Erfüllung seiner karmischen Präferenz eine weit größere Menge des Aurum Solarum unter den gleichen Bedingungen einzufordern. Das Ritual wiederholte sich, der Schutzgeist erschien erneut und verlangte dieses Mal das Loslösen des energiehemmenden Ringes an ihrem Merkur-Finger, was sie bereitwillig tat. Wiederum stellte der Schutzgeist die erforderliche Menge des gewünschten Goldes her. Als am Morgen der Repräsentant erschien und das funkelnde Metall erblickte, wuchs seine Besitzgier in die dritte Potenz der chemokausalen Zahlensymbolik, was zu einer Kongruenz mit seinem Schlangen- oder Sexualchakra führte. So erwuchs in einem vitalmentalen Ego die Projektion einer Unio mystica sexualis in Form einer Ehe mit der Alchimistentochter, unter der Voraussetzung, daß sie auch in der Lage wäre, eine noch erheblich größere Menge des solaren Aurums zu erzeugen. Diesmal verbrachte sie die Nacht in einem Isolationsraum von gewaltiger Größe, der bis zur Decke mit Stroh gefüllt war, welches sie transformieren sollte. Diese Aufgabe war freilich nun so gewaltig, daß

der Schutzgeist gezwungen war, sich die Energie, die er hierfür benötigte, aus der potentiellen Lebensenergie eines Kindes zurückzufordern. Es blieb ihr keine andere Wahl, und sie willigte ein. Nachdem die Aufgabe gelöst war, fand zur festgesetzten Zeit die Unio mystica matrimoniensis statt, welche in der Erzeugung eines Kindes kulminierte. Als das Kind geboren war, erschien auch bald der Alchimistentochter in innerer Vision der Schutzgeist, um nun die Energie einzufordern, die er zeitversetzt vor einem Jahr für sie verwendet hatte. Die arge Trauerarbeit der bisweiligen Frau des Repräsentanten äußerer Macht veranlaßte jedoch den Schutzgeist dazu, daß der Frau die Möglichkeit gewährt wurde, durch Introspektion und Meditation den spirituellen Namen des Geistes herauszufinden. Zur Lösung dieses Rätsels blieben ihr jedoch nur drei Tage Frist. Zu diesem Zwecke begab sie sich in der ersten Nacht auf den Weg, der sie in ein Bewußtseinsland führte, indem sie einen Boten entsandte, den Namen zu erfragen. Auf dieser Seinsebene befanden sich unzählige Namen; doch als der Schutzgeist erschien, war der seinige nicht dabei. In der zweiten Nacht das gleiche Spiel, und wiederum war der Name des Geistes nicht dabei. Als nun die dritte und entscheidende Nacht bevorstand, wußte die Frau keinen anderen Weg, als ihren Boten ein letztes Mal auf die gefahrvolle Reise zu schicken, ihr Unbewußtes zu durchforsten. Als er schon keine Hoffnung mehr hatte, entdeckte er ein tanzendes Männchen, das seinen Namen sang. Gewahr des Namens, übermittelte er seine Nachricht. Und als die Alchimistentochter diesen Namen erwähnte, wütete der Geist, daß ihr das der Geist der Erde erzählt hätte, der die wilde Natur gebündelt hat, den die Eingeweihten Luzifer nennen. Den einen Fuß in den Boden gestampft, den anderen gen Himmel gestreckt, fungierte er als kosmischer Transmitter, wobei er die Kraft erhielt, die ihm der matrimoniensische Sproß ersetzen sollte. Auf diese Weise war die spirituelle Aufgabe der Alchimistentochter erfüllt.
Wer diesem hermetischen Text mit innerem Verständnis gegenübertritt und ihn rezipiert, wird großen Gewinn aus den geheimen Symbolen ziehen, die in ihm verborgen sind. Zum Schutz vor dem Mißbrauch Unbefugter, die, wenn sie nicht gestorben sind, so sie heute noch leben – und wenn sie nicht leben, so sind sie heute gestorben.

3

Liebe Brüder und Schwestern! Wir alle durchleben eine schwere Zeit. Es ist eine Zeit des Mißtrauens, des Lugs und Trugs, eine Zeit der wachsenden Hilflosigkeit – vornehmlich bei unseren Kindern –, aber auch der Angst, Ungerechtigkeit und roher Gewalt. Es ist heutzutage für eine alleinerziehende Mutter kaum noch möglich, dem Umfeld nötiges Vertrauen und Hilfsbereitschaft entgegenzubringen. Laßt uns den modernen Menschen einmal mit einem Wolf vergleichen – einem Wolf, wie er vor nicht allzulanger Zeit noch wesentlicher und integrierter Bestandteil unserer Fauna und Flora war. Was bedeutet »für uns war?« Nun, es bezeichnet die Vergangenheit, das heißt, es ist

nicht mehr so, wie es *früher* war. Woran liegt das? frage ich euch. Nun, wie wir alle wissen, ist der Wolf ein Raubtier, das sich von Anbeginn – nicht so wie sein Abkömmling, der Hund – nicht hatte domestizieren lassen. Es lag nicht etwa an seiner Natur, nein, es lag an seiner niederen Gesinnung! Der Wolf ist ein reudiges Tier, ein Tier, das nur sich selbst genügt, ein Tier, das sich keinerlei Gesetzen unterordnet. Das könnte man von mehreren Tierarten behaupten, doch unter den Wölfen ist offenbar das Böse konzentriert; sonst hätte es wohl kaum Grund gegeben, das Böse im Namen Gottes und zum Wohle der Gemeinschaft zu tilgen. Der Wolf ist ein tückischer und hinterhältiger Meuchelmörder, der so lange nicht locker läßt, bis er sein Ziel erreicht hat. Er geht über Leichen... Im Gegensatz zum Hund hat der Wolf sich jeglichen Kultivierungseinflüssen verweigert – so auch jeglicher Moral und Ethik. Der Wolf ist zu Lebzeiten das geblieben, was sich nun zunehmend beim modernen Menschen zeigt, der sich dadurch ausweist, das Göttliche von sich zu weisen, zugunsten seines Egos, seiner Konsumlust und deren Befriedigung.
Liebe Brüder und Schwestern! Täglich erkennen wir die Zeichen der Zeit, und es ist an der Zeit, sich zu besinnen, zu handeln. Seht, liebe Brüder und Schwestern, ein Beispiel aus der Bibel: Jesus wird beschrieben als Hirte einer großen Herde von Schafen. Was ist damit gemeint? Es ist von Schafen die Rede. Hätten es nicht auch Ziegen sein können? Vermutlich ist das Schaf stellvertretend eingesetzt für diese Gattung. Allesamt jedoch zeichnen sie sich aus durch ihren Sanftmut, ihre Ergebenheit und Hingebung gottgewollten und -geführten Schicksals. Sie sind Herdentiere, vereint in einer Gemeinschaft, die sich gegenseitig stützt – einander braucht. Sie sind stellvertretend für die gute Seele. – Der moderne Mensch, der Wolf der Gegenwart, würde vermutlich keine Sekunde zögern, mit List und Tücke versucht sein, die wehrlosesten unter ihnen zu fressen, um seinen niederen Absichten rücksichtslos nachzukommen.
Aber es gibt noch Hoffnung. Die Liebe Gottes ist grenzenlos und entspricht nicht der menschlichen Vorstellung von Rechtsprechung. Er, der Herr, zeigt uns einen Weg! Ein jeder von uns kann das Böse in ihm besiegen, es vernichten. Liebe Brüder und Schwestern! Es liegt ganz allein an uns. Jederzeit können wir den Weg ins Paradies antreten, doch ich frage euch! – Wie lange sollen wir noch warten? Handeln wir jetzt und treten den Weg an gegen die Ungerechtigkeit. Lasset uns vereinen, dem Bösen seine gerechte Strafe zu erteilen, und wir werden am Ende in Gemeinschaft und Freude über die Übel dieser Welt triumphieren!

4

Donnerstag, 27. November 1977, 9.45 Uhr: Hans G. (23), Bäckergeselle, erhält zum Lohn für seine siebenjährige Tätigkeit in der Forstmühle Kleinödental im Bayerischen Wald, Regierungsbezirk Niederbayern, eine Prämie von DM 13 000 ausbezahlt. Nach der Verabschiedung durch seine Kollegen verläßt er gegen 10.15 Uhr die vormalige Arbeitsstätte. Er begibt sich unverzüglich zur nächsten Linienbusstation. Hans G. beabsichtigt, auf schnellstem Wege nach Neu-Ulm, dem Wohnsitz seiner Eltern, zu gelangen.
Etwa zur gleichen Zeit startet Hermann O. im nur 7 km entfernten Trostlosing seinen blauen Opel Manta. Der Außendienstmitarbeiter einer großen Versicherungsanstalt will in die 30 km entfernte Kreisstadt Deggendorf, um am dortigen Amtsgericht einen wichtigen Prozeßtermin wahrzunehmen. Wegen des dichten Nebels beschloß er, so früh wie möglich aufzubrechen, um ein pünktliches Erscheinen nicht zu gefährden.
Gegen 10.20 Uhr erreicht Hans G. die Haltestelle. Enttäuscht muß er feststellen, daß der Fahrplan als nächstmöglichen Abfahrtstermin in Richtung Deggendorf 13.30 Uhr ausweist. Kurzerhand beschließt er, per Anhalter weiterzukommen. Bereits 5 Minuten später steigt er im Wagen Hermann O.s zu, schnell führen beide ein angeregtes Gespräch. Der Versicherungsvertreter ist froh, einen intelligenten und aufgeschlossenen Gesprächspartner gefunden zu haben. Die anstrengende und ermüdende Nebelfahrt ist so viel leichter zu bewältigen. Ziemlich genau um 11 Uhr erreichen sie die Deggendorfer Innenstadt. Hans G. hatte in der Zwischenzeit bereits angedeutet, daß er an einem Kauf des Wagens interessiert sei. Die Aussicht auf ein eigenes Fahrzeug lockte ihn bereits geraume Zeit, und als er im Verlauf der Fahrt vernahm, O. trage sich mit dem Gedanken, sein Fahrzeug zu veräußern, sah er eine günstige Gelegenheit, seinen großen Wunsch zu verwirklichen. Nach kurzer Bedenkzeit zeigte sich der Versicherungsangestellte mit dem Handel einverstanden. Nachdem er von Hans G. dessen gesamte Prämie in Höhe von DM 13 000 erhalten hatte, übergibt er ihm die Schlüssel.

Seiner Aussage zufolge trennen sich beide gegen 11 Uhr. G., nicht ahnend, daß der Wagen bestenfalls noch die Hälfte des Kaufpreises wert ist, ist ausgesprochen glücklich über das seiner Meinung nach günstige Geschäft. Entgegen seiner ursprünglichen Absicht, die Autobahn in Richtung Regensburg zu nehmen, entscheidet er sich aber überraschend doch für eine Fortsetzung der Reise auf der Bundesstraße 7. Gegen 11.45 Uhr verliert Hans G. infolge stark überhöhter Geschwindigkeit in einer scharfen Rechtskurve, kurz vor Kotzlingen, die Gewalt über seinen Pkw, kommt trotz verzweifelter Lenk- und Bremsmanöver von der Fahrbahn ab und schleudert auf einen angrenzenden Acker. Der Fahrer des nachfolgenden Wagens, ein Student aus Passau, bremst unverzüglich und eilt dem gerade Verunglückten zu Hilfe. Erleichtert stellt jener jedoch sofort fest, daß weder das Unglücksfahrzeug noch der Fahrer zu Schaden gekommen sind. Hans G. erklärt sich lediglich betrübt darüber, daß er den Wagen nicht aus eigener Kraft wieder auf die Straße zurückbekommen wird. Er will auf keinen Fall eine Verzögerung seiner Heimreise hinnehmen. Kurzentschlossen bietet er seinen Opel zum Tausch gegen den klapprigen Käfer des hilfsbereiten Studenten. Dieser willigt sofort ein, woraufhin G., nunmehr Besitzer eines roten VW, bereits um 12.05 Uhr seine Fahrt abermals fortsetzt - wie der Student später zu Protokoll gab.
In Höhe Pfatter biegt er dann doch in die Autobahn ein, die er aber bereits kurz hinter Regensburg wieder verläßt. 12.55 Uhr Biburg, Landkreis Abensberg: Theo W. hat gerade seine Zugmaschine mit Bausteinen beladen. Er beabsichtigt, die Fuhre nach Krachenhausen zu befördern, wo er erst kürzlich ein Baugrundstück erwarb. Nahe der Ortschaft Altaich überquert er um 13.05 Uhr die Bundesstraße. Dabei übersieht er im dichten Nebel den vorfahrtsberechtigten Hans G., der eine Kollision nicht mehr vermeiden kann. Mit ca. 50 km/h knallt der Wagen gegen den Anhänger des Traktors. Wie durch ein Wunder bleibt G. jedoch wieder nahezu unverletzt. Der Landwirt sichert unverzüglich die Unfallstelle und schleppt den jetzt vollends schrottreifen VW von der

Fahrbahn. Theo W., derzeit ohne gültige Fahrerlaubnis, beschwört den jungen Mann, von einer Benachrichtigung der Polizei abzusehen. Er macht G. das Angebot, ihn im vollen Umfang zu entschädigen; man werde schon eine beiderseits zufriedenstellende Lösung finden. G. willigt ein, da er trotz eines leichten Schocks seine Weiterreise unverzüglich fortsetzen will. Gegen 13.50 Uhr erreichen beide - wie später ermittelt werden konnte - den Hof des Landwirts. Hans G. erhält ein fahrtaugliches, angemeldetes Motorrad. Er ist froh, nun doch ohne größeren Zeitverlust weiterzukommen. Glücklich, noch einmal glimpflich davongekommen zu sein, ignoriert er Nebel und Kälte und knattert Richtung Heimat. Nachdem die Fahrt längere Zeit ohne größere Zwischenfälle verlaufen war, kommt es gegen 17.15 Uhr zu einer neuerlichen, unfreiwilligen Unterbrechung. Nur noch ca. 15 km von seinem Elternhaus entfernt, fällt das Krad mit Motorschaden aus. Gertrud F., eine aufmerksame Passantin, wird auf den Pechvogel aufmerksam und bietet ihm ihre Hilfe an. Nach Schilderung der Sachlage erklärt sie sich bereit, das Motorrad gegen ein älteres Fahrrad einzutauschen. Sofort geht Hans G. auf den Handel ein. Die restlichen Kilometer wird er mit eigener Kraft bewältigen. Um 17.30 Uhr trennt er sich von Gertrud F., nicht ohne ihr noch mehrmals für ihre Hilfsbereitschaft gedankt zu haben.

Um 18.05 Uhr unterbricht er ein letztes Mal seine Fahrt. Er ist nur noch 0,5 Kilometer von seinem Elternhaus entfernt und will kurz bei einem alten Freund vorbeischauen. Zu diesem Zweck stellt er sein Fahrrad auf dem Bürgersteig ab und begibt sich in das Haus. Dort muß er jedoch enttäuscht feststellen, daß niemand die Türe öffnet. Nach mehrmaligem, vergeblichem Klingeln kehrt er auf die Straße zurück. Von seinem Fahrrad fehlt allerdings jede Spur. Hans G. interpretiert diesen Umstand überglücklich als Zeichen des Himmels: Endlich ist er frei und unabhängig. Die letzten Meter sind leicht zu Fuß zu bewältigen. Ausgelassen springt er den Bürgersteig entlang. Eine grenzenlose Vorfreude auf sein Elternhaus hat ihn erfaßt...

Persiflage

Sowohl das Gedicht auf Seite 153 (frei nach Eugen Roth) von Wolfgang Sembdner (»Rothkäppchen«, 1982, Erstdruck) als auch die Grimm-Persiflagen »Rumpelstilzchen«, »Der Wolf und die sieben Geißlein« und »Hans im Glück« meiner Studenten zeigen, daß man jeden Inhalt in eine andere Form bringen kann, wenn Zeit, Raum und Tonalität verändert werden: Es entstehen sog. *Neukombinationen* (vgl. S. 150).

Aufgabe 3

Phantasie entwickeln im Erfinden von Variationen kann auch *systematisch* betrieben werden. Orientiert am Mechanismus des Schüttelreims (vgl. S. 149) mußten Textvorlagen gesucht werden, welche sich zur (sinnvollen) *Umstrukturierung* eignen. Bekannte Texte, d.h. ihre meinungsbildenden Wissenselemente, sollten (ironisch) zu »neuen Beziehungen und Verbindungen« führen bzw. in Frage gestellt werden.

Ironie

Das Sprichwort »Lügen haben kurze Beine« (d.h., wer lügt, kommt nicht weit...) hat eine Anzahl *Antisprichwörter* (gesammelt von G. Mieder: »Antisprichwörter II«) hervorgebracht, aus denen ich nachfolgend zitiere:

- *Lügen haben hübsche lange Beine.* (Erika Mann)
- *Kriege haben kurze Beine, denn, wer einmal kriegt, dem glaubt man nicht...* (Werner Schneyder, Empfehlung)
- *Lügen haben kurze Beine, aber einen langen Atem.* (H.Walters/ H. Uhlenbruck)
- *Lügen haben kurze Beine, aber weiche Knie.* (Gerhard Uhlenbruck, Netz)
- *Schweine haben kurze Beine.* (Guido Hildebrandt)
- *Lügen haben kurze Beine, aber lange Schatten* (Harald Hauser)
- *Wahrheiten sind Lügen mit sehr langen Beinen.* (W.Weidner/ K. Schwarzer)
- *Märchen haben kurze Beine.* (»Bunte« Nr. 40/1982)
- *Die Lüge hat kurze Beine, rennt aber schneller als die Wahrheit.* (Antonie Marianowicz)
- *Lügen haben kurze Beine, verstehen es aber vorzüglich, sie zu stellen.* (Stanislaw Lec, Spätlese)
- *Die Lüge hat es trotz ihrer kurzen Beine geschafft, die ganze Erde zu überlaufen.* (Ludwig Fienhold)
- *Lügen haben kurze Beine, aber fällt das in unserer Dackelgesellschaft überhaupt jemandem auf?* (Gerhard Uhlenbruck, Frust-Rationen)
- *Lügen haben kurze Beine; die Wahrheit hat lange Beine, weil sie sich dauernd auf der Flucht befindet.* (Gerhard Uhlenbruck, Frust-Rationen)

- *Lügen haben kurze Beine. Wahrheiten keine. Sie müssen weitergetragen werden.* (Peter Tille)
- *Eine der größten Lügen ist die Lüge, daß Lügen kurze Beine haben. Die längsten Beine haben Lügen, die leugnen, daß Lügen Lügen sind.* (Albert Ehrismann, Postskript)

Ausgehend davon, sind folgende Studienergebnisse entstanden, bei denen mit den Techniken *Morphologie* (systematische Kombination), *Assoziation* (Brainstorming) und *Abstraktion* (heuristische Suchfeldauflockerung) gearbeitet wurde.

I.

Lügen haben kurze Beine.
Lügen haben lange Beine.
Lügen haben kleine, keine Beine.
Lügen haben schöne, krumme Beine.
Lügen haben große Füße.
Lügen haben kalte, warme Füße.
Lügen haben Platt-, Holz-, Gänsefüße.
Lügen haben kurze Rollen.
Lügen haben große, kleine Räder.
Lügen haben breite Reifen.
Lügen haben kurze Haxen.
Lügen haben hohe Stelzen.
Lügen haben lange Latschen.
Lügen haben lange Finger.
Lügen haben Klauen.
Lügen haben Pfoten, Krallen, Flossen.
Lügen haben Scheren und Zangen.
Lügen haben.

Lügen haben keine Größe.
Lügen zeigen keine Blöße
Lügen schicken schöne Grüße.
Lügen kriegen kalte Füße.
Lügen sind nur da zum Schein.
Lügen kann doch jedes Schwein.
Lügen sind nicht allzu rein.
Lügen sind ganz schön gemein.
Lügen kann sogar ein Stein.
Lügen haben kurze Träume.
Lügen haben keine Warteräume.
Lügen haben hohe Bäume.
Lügen kennen keine Zäune.
Lügen sind wie große Schäume.
Lügen klettern gern auf Bäume.
Lügen kennen kein Zurück.
Lügen bringen kurzes Glück.
Lügen.

Vom Lügen kriegt man kurze Beine.
Vom Lügen kriegt man lange Beine.
Vom Lügen kriegt man stramme Beine.
Wer nicht lügt, kriegt dünne Beine.
Fürs Lügen kriegt man viele Scheine.
Rügen haben kurze Beine.
Mücken haben kurze Nasen.
Lücken haben kurze Beine.

Lügen haben kurze Bühne.
Liegen heben kerze Büne.
Lagen huben kirze Bane.
Brücken haben Beine.
Züge haben Räder.
Lügen haben Züge.
Lügen und Belügen.
Lügen und Betrügen.

Lügen sind kurzweilig.
Lügen sind langweilig.
Lügen sind kurzzeitig.
Lügen sind kurzatmig.

Betrug hat schwarze Beine.
Liegen haben dünne Beine.
Fliegen haben dünnste Beine.
Intrigen haben schnelle Beine.

Lügen sind langatmig.
Lügen sind langsam.
Lügen sind lang, kurz.
Lügen sind heiß, kalt.
Lügen sind jung, alt.
Lügen sind klein, groß.
Lügen sind weiß, schwarz.

Lügen haben kurze Pein.
Lügen haben kurzes Sein.
Lügen haben einen Reim.
Lügen haben Fliegen.
Fliegen haben Lügen.
Beine haben Lügen.
Peine hat Lügner.

Lügen haben kurze Beine.
Ziegen haben kurze Zehen.
Mücken haben lange Krallen.
Riegel haben kurze Schnallen.
Bügel haben runde Haken.
Krüge fangen viele Schnaken.
Züge bringen oft die Laken.
Müde bin ich mehr vom Schlafen.
Prüde wird man nur vom Gaffen.
Rügen kriegt man oft beim Schaffen.
Lügen tun auch die Giraffen.
Sie lügen und sie gaffen.
Bügeln tun die Männer im Hafen.
Striegeln wir das Fell des Affen.
Bürsten wir den Gorilla.
Dürsten die Pflanzen in der Villa.
Würste sind Gesundheitskiller.
Fleische esse ich nur widerwillig.
Fleisch ist eben auch nicht billig.
Mais kostet kein Geld.
Reis ernährt dafür die Welt.
Fleiß bringt manchmal viel Geld.
Geld regiert die Welt.
Gold regiert den Erdball.
Edelmetall regiert die Erde.
Silber regiert die Herde.
Bronze ist für die Pferde.

II.

Wenn zwei sich streiten, freut sich der Dritte.
Wenn zwei sich streiten um Brigitte, freut sich die Sippe.
Wenn zwei sich duellieren, lacht der Mond.
Wenn zwei der Agitation erliegen, erfreut sich Sigmund über Patienten.
Wenn zwei Öl ins Feuer gießen, erfreut sich das Feuer am Lodern.
Wenn sich zwei den Frieden stehlen, war oft Neid der Dieb.
Wenn zwei sich in den Haaren liegen, freut sich ihr Friseur.
Wenn zwei eine Reiberei haben, sparen sie Heizkosten.

Noch einige Zitate:

Wer andern eine Grube gräbt, hat Arbeit (… fällt selbst hinein).
Wer zuletzt lacht, lacht am spätesten (… lacht am besten).
Wer rastet, der kostet (… der rostet).
Alter schützt vor Fußball nicht (… vor Torheit nicht).
Es gibt keinen Bauch ohne Feier (Es gibt keine Braut ohne Freier).
Queck ist Silber, Trompete ist Gold (Reden ist Silber, Schweigen ist Gold).
SCHULE FÜR GESTALTUNG, St. Gallen

Reden ist Silber, Schweigen ist dann Gold, wenn man Blech redet.
Reden ist Blech, Schweigen ist Silber, Handeln ist Gold.
Schweigen ist Gold. Reden ist Silber. Schreiben ist Blech. Und die Konsequenz?
Häufig ist Reden Tat und Schweigen Verbrechen.
Und woher soll man wissen, ob das Gold des Schweigens echt ist?
ANTISPRICHWÖRTER, Bd. 2

Wo ein Wille ist, da bin ich weg (… ist auch ein Weg).
JAN FABRE, Maler

Nicht nur bei ARD und ZDF reihern Sie in die ersten Sitze (… sitzen Sie in der ersten Reihe).
MARTIN BUCHHOLZ, Kabarettist

Grundsätzlich verlogene Menschen sind ungefährlich. Gefährlich sind nur Lügner, die manchmal die Wahrheit sagen.
GEORGE BERNARD SHAW

Beim letzten Aphorismus ist – wie bei den beiden folgenden – eine mechanisierte Pointe dafür verantwortlich, daß herkömmliche, konventionalisierte Denkschemata »über Bord geworfen« werden:

Die Eifersucht ist eine Leidenschaft, die mit Eifer sucht, was Leiden schafft.
Die Gesundheit ist zwar nicht alles, aber ohne sie ist alles nichts.
SCHOPENHAUER

Hinzu gesellt sich eine Schüttelreimtechnik (vgl. S. 149), die – hier in höchster Vollendung eingesetzt – wohl ihresgleichen nicht finden wird.

III:
Veränderung durch Neukombination ist nicht nur Vertauschen, Vermischen, Umkehren oder Ersetzen, sondern auch *Verdichten.* In folgender Tabelle ist ein Originaltext über verschiedene Stilrichtungen sprachlich bis zur Essenz verkürzt worden.

Urform	Jargon	Prosa	gekürzt	moralisch	juristisch	Kernsatz
Ach, was muß man oft von bösen Kindern hören oder lesen! Wie zum Beispiel hier von diesen, Welche Max und Moritz hießen, Die, anstatt durch weise Lehren Sich zum Guten zu bekehren, Oftmals noch darüber lachten Und sich heimlich lustig machten. Ja, zur Übeltätigkeit, Ja, dazu ist man bereit! Menschen necken, Tiere quälen; Äpfel, Birnen, Zwetschgen stehlen – Das ist freilich angenehmer, Und dazu noch viel bequemer, Als in Kirche oder Schule Festzusitzen auf dem Stuhle. Aber wehe, wehe, wehe! Wenn ich auf das Ende sehe!! Ach, das war ein schlimmes Ding, Wie es Max und Moritz ging.	Dauernd kriegst Du ´ne Story von total abgefuckten Freaks aufs Auge gedrückt. Wie der Max und Moritz, zwei abgefahrene Typen. Bei denen is nix mit Rumsülzen, alles fürn Arsch. Die lachen sich höchstens noch tierisch einen ab. Alles, was die antörnt, ist voll geile Action: So wie Wichser verarschen, Viehzeug nerven und so. Die haben jeden geleimt und riesig abgeräumt. Versteht sich, daß die null Bock auf Penne und so ´n Zeug haben. Aber am Ende war alles Asche – sind tierisch plattgemacht worden.	Allzuoft hört oder liest man von bösen Kindern, wie zum Beispiel diese zwei, die Max und Moritz hießen; die, statt sich durch weise Ratschläge belehren zu lassen, nur darüber lachten und sich lustig machten. Ja, zu Übeltaten waren sie bereit: Menschen necken, Tiere quälen – und sie stahlen Äpfel, Birnen und Zwetschgen. War natürlich bequemer und sehr viel angenehmer, als in Kirche oder Schule still zu sitzen. Aber wehe, wenn man sich das Ende ansieht, es war eine böse Sache, wie es Max und Moritz erging.	Oft stößt man auf böse Kinder wie Max und Moritz. Jeden guten Rat belachten sie höchstens; sind zu allen Übeltaten gegen Mensch, Tier und Eigentum bereit, gehen allen Pflichten aus dem Weg – und so endete es für beide auch böse.	Immer wieder gibt es Menschen, die trotz gutem Rat die Rechte von Mitmenschen und Tieren mißachten, keine Pflichten erfüllen und darum übel enden.	Jeder, der wissentlich gegen geltendes Recht verstößt und seine Pflichten vernachlässigt, hat mit Bestrafung zu rechnen.	Bosheit rächt sich.

IV.

Neukombination kann aber auch *Erweitern* bedeuten: Das Bibelwort »Der Mensch lebt nicht vom Brot allein« war für einen meiner Studenten eine überreichlich-üppige Geschichte wert. Auf die Gefahr hin, daß ich hiermit Langeweile erzeuge, zitiere ich – des Exempels wegen:

Redundanz

Seßhaftigkeit war die Vorbedingung für das Heranziehen einer Pflanze als Broterwerb. Sie war einst wie heute noch die einzige Möglichkeit, die Nahrungsversorgung über die Vegetationsperiode hinweg zu sichern. Neben Früchten, Pilzen und Beeren – deren Lagerung nicht möglich war und die daher nur saisonal zu ernten waren – bildete Fleisch die Hauptnahrungsquelle. Doch oft kam es vor, dafür mehrere Tage und Wochen zu Felde zu ziehen und mit unvorhersagbarem Beuteanteil heimzukehren. In der Regel paßte man sich den Wanderperioden des Wildes an, was wiederum Nomadentum zur Folge hatte, da man die schützende Höhle deshalb verlassen mußte. Seit Urzeiten suchte der Mensch nach Möglichkeiten, die existentiellen Grundlagen zu garantieren. Ermöglicht wurde dies erstmals durch den gezielten Anbau und die daraus resultierende Kultivierung von Pflanzensorten mit hohem Eiweiß- und Kohlehydratanteil. Getreide war es, das diese Voraussetzung erfüllte. Nahrungsmittelspeicher mußten angelegt werden, sofern das nicht von allerlei Ungeziefer und Rattengetier niedergemacht wurde.
Es war schließlich nur eine Frage der Zeit, bis aus diesem Korn Mehl gemacht werden konnte. Dabei kann über die ausschlaggebenden Faktoren nur spekuliert werden: vielleicht weil der Erhalt der Zähne durch Mischkost zum Problem wurde. Ganze Kulturen wurden dahingerafft durch schadhafte Gebisse und die daraus resultierenden Folgen. Das Korn ließ sich auch nicht kauen, so daß es nahe lag, es in Wasser einzuweichen oder zu quetschen bzw. zu mahlen. Mehl und Wasser bilden schon einen Brei bzw. einen Teig durch die hervorragende Klebeeigenschaft des Getreidemehls. Mit etwas Salz aus örtlichen Salinen oder mit etwas Honig tat es noch ein übriges. Doch erst das Feuer war des Brotes Anfang: Zu Fladen geknetet und auf eine heiße Steinplatte gelegt – das war seine Geburt; so wird es auch heute noch bei primitiven Völkern bereitet. Diese Fladen konnten überall schnell gebacken werden und waren darüber hinaus auch noch sehr nahrhaft. Der Mensch fand im Brot ein geeignetes Mittel, sich eine Grundlage zu schaffen durch vielfältige Kombinationen mit Honig, Beeren, Fleisch u.a.m. Der Mensch lebte eben nie vom Brot allein!
Die Geschichte der Menschheit war zeitlebens eine Geschichte des Überlebens und der Anpassung sowie der Optimierung seiner Lebensumstände. Der Mensch verfügt über eine sehr kom-

plexe Hirnstruktur und hat demzufolge vielfältige Möglichkeiten, auf sein Leben konstruktiv einzuwirken, es bewußt zu gestalten. Würde sich der Mensch nicht ständig dem Prozeß des (Weiter-)Lernens hingeben, bzw. dazu gezwungen sein, und sein Wissen an seine Nachkommen in Form von Schrift und Bild weitertragen, so bliebe er auf einer (unbewußten) Stufe zurück, vergleichbar mit der Stufe eines Tieres, welches von seinen Instinkten geleitet wird. Erst die Seßhaftigkeit schuf die Voraussetzung, sich über das rein Existentielle hinaus zu erheben.
Arbeitsteilung und die Schaffung von Nahrungsmittelreserven brachten ihm die Zeit, darüber hinauszudenken, Kultur zu begründen, Landbau, Pflege des Körpers und des Geistes zu betreiben – ferner gemeinschaftliche Gegebenheiten zu optimieren, um sich eine gewisse Unabhängigkeit von äußeren Einflüssen zu schaffen. Die Nahrungsmittelversorgung beispielsweise durch den gezielten Anbau und die Lagerung von Getreidesorten war dadurch gesichert, abgesehen von den äußeren Unwägbarkeiten wie Wind und Wetter. Dies hatte zwar einen größeren Nachwuchs zur Folge, aber es ergab sich auch die Chance, aufgrund unterschiedlichster Anforderungen eine zunächst sinnvolle Spezialisierung zu betreiben. Man bildete hierarchische Systeme zum Zwecke der Leitung und Kontrolle dieser. Das Umfeld wurde gestaltet, Artefakte (= vorgeschichtliche Werkzeuge) wurden erfunden, Spiele veranstaltet; man gebrauchte Materialien, um Scheunen, Häuser, Zäune und Geräte anzufertigen. Doch irgendwann kam der folgenschwere Einschnitt, über sich selbst und das Existentielle hinauszudenken: Denken um des Denkens willen war geboren.
Der Mensch beobachtete die Sterne, den Lauf der Sonne und des Mondes, stellte dies in den Zusammenhang mit seiner existentiellen Absicherung und bezog unerklärliche Erscheinungen mit ein, die aus heutiger Sicht leicht naturwissenschaftlich zu erklären sind. Der Mensch trennte nicht so sehr wie heute die physikalische Wahrnehmungsebene von der subjektiv-verzerrten Wahrnehmung. Es entstanden religiöse Richtungen, die den Menschen durch Hingabe und Versenkung eine persönliche Vereinigung mit Gott ermöglichen sollten; kurzum eine Mystik, die einen festen Platz in der Gesellschaft einnahm und die Individuen miteinander verschweißte. Der Mensch spürte die Unfaßbarkeit des Lebens, die kraft seines Geistes nicht zu entschlüsseln war, und gab sich ganz dem Fluß des Lebens, der Natur hin, in vollkommener Einbindung. Er war eins mit der Natur, dem Urgrund seiner Entstehung, der ihn seit jeher bis heute nährt. Es schien so, als wüßte er um die Verwurzelung mit der Flora, dem mineralischen Reich und den atomaren Grundelementen, aus denen alles aufgebaut ist, im Kleinen wie im Großen. Alles war spürbar und definiert als Energie. In die-

ser integralen Sichtweise gehörte alles zusammen – der Fels, die Pflanze, das Tier, der Mensch, die Luft, der gesamte Kosmos – und das tägliche Brot, das ihn umgab.
Dieses Gefühl der tieferen Einbindung und Zusammenhänge – genannt Liebe – gab ihm Kraft, die Energie seiner über das rein Existentielle hinausgehenden Aktivitäten zu forcieren. Als der Mensch jedoch dazu überging, seine Umwelt gemäß seinen gewachsenen Ansprüchen zu gestalten, durch den Bau von Werkzeugen, Maschinen und gigantischen Wohnkolonien, entfremdete er sich der Natur zusehends mit dem Grad der Verantwortungsabgabe.
Es war ihm in der Regel nicht mehr möglich, den Weg, den er zurückgelegt hatte (und weiterhin zurücklegen wird), gefühlsmäßig nachzuvollziehen. Die expandierende Rationalität brachte Zerrissenheit, Einsamkeit und Leere. Er verlor die Orientierung und wandelte sich von einem Wanderer der Gegenwart in einen Sucher der Gegenwart – in ständiger Hoffnung auf die Zukunft oder Sehnsucht nach der Vergangenheit. Die Flucht in die Arbeit und in die Gemeinschaft, die sich jedoch immer mehr spezialisierte, bot sich ihm an. Dabei sank aber auch der Grad der Identifikation, Gemeinsamkeiten mit ihnen, und folglich der Bezug. Als sich die Verzweiflung und die Dekadenz verdichteten, machten sich die Intelligenten unter den Menschen auf, eine neue Ordnung zu schaffen, und kreierten über den langen Weg der Vielgötterei den universellen Einheitsgott. Um ihm wohlzugefallen, mußten eine ganze Reihe von Gesetzen geschaffen werden (die bei Bruch streng geahndet wurden), um die neugeschaffene Ordnung aufrechtzuerhalten – unter Einhaltung aller Beteiligten. Die Menschen brauchten sich von nun an nicht mehr zu sorgen, sie waren wieder in einem übergeordneten, nicht hinterfragbaren Sinn eingebettet. Immer wieder aber gab es einige Menschen, die den existentiellen Urgrund in sich spürten. Mit ihrer selbstbewahrten Sensibilität waren sie dazu in der Lage, sich gegen ein aufgesetztes, rationales Gedankengebäude zu wehren, das mit ihrem ureigensten Inneren nichts gemein hatte. Sie empfanden die innere Stimme, welche weiterwirkt, vom Mineral über den Einzeller, bis hin zum Homo sapiens. Seine Herkunft sprach eine deutliche Sprache. Es war die Sinnfrage geboren – in einer Zeit, als viele Menschen mit ihrem neugeschaffenen Umfeld nicht mehr zurechtkamen. So war der Mensch gezwungen, den Hauptdarsteller (und Regisseur) eines Lügendramas zu spielen oder aber den felsigen Weg der Rückbesinnung auf den Urgrund der Existenz anzutreten.
Heute, im Jahre 1993, ist es dem Menschen bewußter denn je, daß er nicht mehr vom Brot alleine lebt. Brot ist Symbol für Liebe, jene Urkraft, die noch fortwirkt. Durch den Akt des Brotbrechens Jesu mit den eigenen Händen (man denke an das

Abendmahl!), empfindet man noch die Wurzel seiner Herkunft. Die Verteilung des Brotes in der Gemeinschaft erzeugt noch auf rudimentäre Weise jene Verschmelzung untereinander und mit der Natur, verdeutlicht uns eine Zeit, als der Entfremdungsprozeß noch nicht seinen Lauf nahm. Der moderne Mensch kann heute sogar völlig auf sein Brot verzichten. Selbst die Tatsache, daß es in Deutschland weit mehr als 100 verschiedene Brotsorten gibt, täuscht darüber hinweg, was damit verbunden ist. Der Mensch lebt nicht vom Brot allein – dies war schon zu allen Zeiten so, jedoch sollte man sich um die Reinhaltung dieses symbolischen Nahrungsmittels bemühen. Unreflektierte Pollutionen mit Nutella beispielsweise sollten tunlichst vermieden werden, um sich den Zugang nicht zu verwehren, über das Brot die Entstehung der Welt, Sinn und Herkunft des Menschen zu erfahren.

V.

Wir leben im 20. Jahrhundert, in welchem man uns mit Werbung nur so überschüttet. Das Leben besteht aus Vorschriften und Reglements; um heutzutage ein »toller Mann« oder eine »tolle Frau« zu sein, muß man sich schon vom äußeren Erscheinungsbild her etwas einfallen lassen: Trägst du keine Markenklamotten, nicht das neueste Parfüm oder hast du nicht die allerneueste der Zeitschriften abonniert, dann bist du aus dem Rennen... »Wer mit dem Funkspruch wach wird, frühstückt, seine Tageszeitung liest und abends fernsieht, der nimmt jede Nacht 1200 Werbebotschaften mit ins Bett. Im letzten Jahrzehnt ist die Zahl der Plakatwände in der Bundesrepublik um 22 % gestiegen, 436 000 Hörfunkspots wurden 1991 gesendet, 382 000 Fernsehspots füllten die Bildschirme – 220 000 mehr als fünf Jahre zuvor« (*Der Spiegel*, »Die Reklame-Republik«, im Dezember 1992).
Die Konsumenten sind absolut überfordert und nehmen fast gar nichts mehr wahr.* Mit dem Ziel, vorhandene Texte in Frage zu stellen, sie innovativ zu verändern und damit zu völlig neuen Aussagen zu gelangen, ist der Sinn verbunden, den Konsu-

* Die Aufgabe 3 auf Seite 160 folgt einem Beispiel aus der Praxis: Das bekannte Düsseldorfer »Kom(m)ödchen« stellte einmal sein Programm unter das Motto »Betreten sein verboten«. Allein durch Ergänzung des Baustellenschildes (... Eltern haften für ihre Kinder!) mit dem Wort »sein« ergibt sich ein völlig anderer Sinn, der sämtlichen »todernsten« Zuschauern im Parkett signalisiert: »Wer keinen Spaß versteht bzw. verstehen will, soll gefälligst zu Hause bleiben!« Solche Pointen animieren zum Nachdenken und wirken der Abstumpfung und dem stereotypen Denken der Verbraucher entgegen.

menten wachzurütteln und ihm zu demonstrieren, daß er (eigentlich) nichts als gegeben hinnehmen darf. Beispiel: Das Schild »Warnung vor dem Hunde!« könnte folgendermaßen variiert werden:

WARNUNG VOR DEM HÜNDCHEN
WARNUNG VOR DEM BISSCHEN HUND
TARNUNG VOR DEM HUND
VORSICHT VOR DEM KÖTER
HIER BEISST DER HUND
DEN LETZTEN BEISSEN DIE HUNDE
LETZTENS BISS DER HUND OHNE GRUND
UNSER BELLO IST KEIN VEGETARIER
MEIN HERRCHEN HAT MICH GUT TRAINIERT
WENN SIE IHR LEBEN LIEBEN, DANN DREHEN SIE JETZT BESSER UM
BELLO LÄSST IHNEN AUSRICHTEN, DASS ER SIE EIN LETZTES MAL WARNT

Hier lebt eine
Bestie

Warnung
vor dem Huhn

»Pro Jahr mindestens 200 Tote und 2000000 Kranke allein in Deutschland: Eine neue, aggressive Bakterie hat die Salmonellose zur Volksseuche werden lassen, Hühnereier zum Gefahrengut. Mikrobiologen fahnden weltweit nach Ursachen – und stoßen auf kriminelle Machenschaften in der Massentierhaltung. Bonn will mit scharfen Strafen reagieren: Gastronomen, die zu weiche Eier servieren, sollen bis zu 5000 Mark Strafe zahlen« (*Der Spiegel*, »Die Hühner schlagen zurück«, im Februar 1993).

Warnung
vor dem Ei

Zurück zum Hund: In Anlehnung an die »Antisprichwörter«-Sammlung mit den Beispielen »Ein blindes *Huhn* findet auch einmal einen blinden Hahn« (anonym) und »Auch ein blindes *Huhn* findet mal einen Hahn« (Volker Ehrhardt) könnte man formulieren:

Auch ein blinder Hund
findet mal ein Bein

Aufgabe 4

Umstrukturierung in der Gestaltung funktioniert nicht nur wortsprachlich, sondern auch *bild*sprachlich, d.h., bestehende Textinhalte können auch visuell, z.B. durch Typographie, unterschiedlich interpretiert werden. Auf der Basis des Sprichwortes »*Auch ein blindes Huhn findet mal ein Korn*« sollten Sprachbilder formuliert werden, welche den Urtext in eine veränderte Bewußtseinswelt übertragen.

Die interessantesten Ergebnisse:

Sprachbilder

a

Das Huhn als »Akteur«, der unbedingt will (= Korn), aber mit Blindheit/Unwissen geschlagen ist. Es findet schon mal ein Korn, jedoch nur nach endlosen Strapazen… Erheitert hat dabei auch der Gedanke an ein tatsächlich blindes Ding, das dumm ist und geht und geht und geht, bis es an einer Wand (= Formatrand) anstößt, abprallt wie eine Billardkugel (= Einfalls-/Ausfallswinkel) und weiter geht und geht…

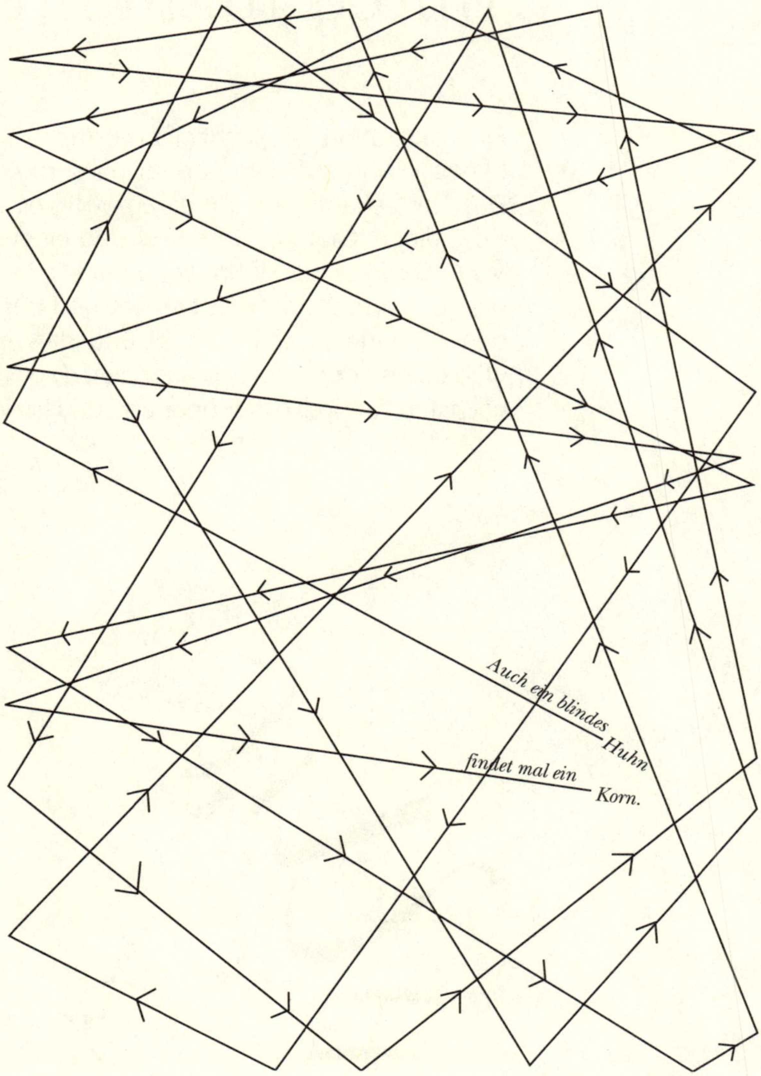

b

Der folgenden Lösung liegt das Thema »Unwissenheit« ebenfalls zugrunde – aber hier kommt das »Prinzip Hoffnung« dazu, d.h., daß sich der unwissende Nichtskönner (= hier einer mit recht mangelhafter Rechtschreibung) permanent den Spruch vorsagt; er hofft also immerwährend, auch endlich das Korn zu finden. Das kommt fast einem Gebet gleich.

Auhch ei blients Hun,
finted mahl n Konn.

c

Eine Illustration mit Buchstabenformen: Die Worte »Auch ein blindes« sind auf dem Format plaziert wie eine Überschrift. Das Tier bekam Füße aus einem »H«, einen Körper aus dem »U«, einen Kopf aus dem »H« und einen Schnabel aus dem »N« – fertig ist das Huhn! Das »findet« macht sich gerade auf die Suche; das »mal« ist ein »x« und beschreibt gleichzeitig den Schnabel-Boden-Kontakt und das darauffolgende Vorwärtsgehen durch zwei Diagonalen. Die »1« bildet vorab den nächsten Aufprall des Schnabels auf der »leeren« Erde gemäß

Auch ein blindes

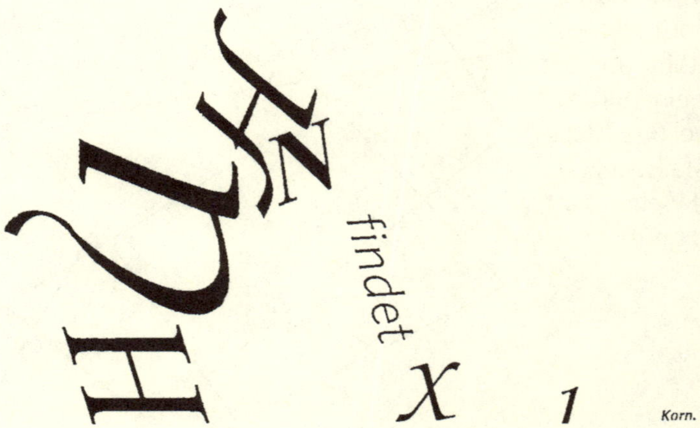

dem speziellen Pickrhythmus dieses Huhns. Und da… da ist's! Sooo klein. Der Betrachter weiß, das Huhn wird es finden, weil es genau im Pickrhythmus liegt (x:1 = 1:Korn).

d
Dieser Entwurf bildet ein kirchliches Symbol, so daß sich durch die Kombination von Form und Inhalt der Sinn ergibt:

Auch ein blindes Huhn

findet mal ein Korn.

- »Es gibt doch einen Gott«: Der Zufall, daß das blinde Huhn *doch* das Korn findet, ist bei gläubigen Menschen »Gottes Tat« bzw. »Gottes Gnade«.
- »Prinzip Hoffnung«: Huhn = der Ärmste der Armen, Korn = der letzte Halt im Leben, der Glaube an Gott!

e
Die populäre »Sherlock-Holmes-Lupe« stellt den Text verzerrt dar:

»35 Jahre bin ich den Spuren Gallups* gefolgt und habe neue Erkenntnisse aus der Forschung gesammelt wie andere Leute Bilder oder Briefmarken. Wenn Sie diese Faktoren lieber ignorieren, dann viel Glück. NATÜRLICH FINDET EIN BLINDES HUHN AUCH EIN KORN, aber es ist hilfreich zu wissen, daß es im Hühnerstall zu finden ist…« (David Ogilvy)

Weitere Sprach-Bilder:

f
Auch ein
blindes Huhn
findet mal
ein Korn.

g
uch in lindes uhn indet al in
Korn.

h
A: »Uche in Blin!«
D: »Es Huh?«
N: »Fin!«
D: »Et male in Korn.«

* George Horace Gallup (geb. 1901), amerikanischer Meinungsforscher und Sozialwissenschaftler

i
So wage ich zu beh**AU**pten, daß es dur**CH**aus im Bereich **EI**-**N**er zu **B**erechnenden Wahrschein**LI**chkeit liegt, daß ei**N** sehr stark in seiner Sehfähigkeit beeinträchtigtes, um nicht zu sagen eines fast seiner lebensnotwen**D**igst**E**n Körperfunktion beraubtes, haupt**S**ächlich auf optische Signale angewiesenes Lebewesen, **H**ier genannt »Galli« (vielgestaltige Scharrvögel mit geringem Fl**U**gvermögen) mit einer ge**H**örige**N** Portion Glück und ohne **F**remde H**I**lfe, zweifellos imsta**NDE** is**T**, seinen Lebensunterhalt, sprich, die täglich benötigte Anzahl von Broteinheiten zu**M** Erh**AL**t s**EIN**er elementarsten Körperfun**K**-ti**O**nen, sowie die seinen Energiebedarf abdeckende Hülsenf**R**ucht als Rohstoff aufzufi**N**den.

k
Ein Huhn, ein Korn.

l
Huhnblind Kornfind.

m
Im folgenden »Augenoptiker-Plakat« ist eine Form der Kodierung gewählt worden, die zugleich einen neuen, weitergehenden Sinn vermittelt: Die Buchstaben sind nicht nach Wörtern gruppiert, sondern werden mit jeder Zeile kleiner und mehr, so daß der Betrachter zunächst einen »Sehtest« wahrnimmt und erst bei genauerer Untersuchung feststellt, daß die Buchstaben zugleich den »Satz vom blinden Huhn« bilden. Dieser Sinn in der Anordnung von Buchstaben untergräbt wiederum die Intention des Sehtests, denn der Betrachter, der die Ordnung der Buchstaben durchschaut, kann den Rest des Satzes erschließen, auch wenn er die Buchstaben eigentlich nicht mehr erkennen kann. Außerdem besteht ein Zusammenhang zwischen dem Inhalt des Satzes und dem Optiker – beide befassen sich mit visueller Wahrnehmung.

n
In der »Bayerischen Verfassungs-Urkunde von 1818« (S. 177) ist der Satz vom »blinden Huhn« verschlüsselt: Während der Text in Antiqua gesetzt ist, erscheinen einige Buchstaben in Grotesk. Diese ergeben, in der richtigen Reihenfolge gelesen, das Sprichwort.

A U

C H E

I N B L

I N D E S H

U H N F I N D E

T M A L E I N K O R N

O

Hier ist die Schrift mit dem Zoomkopierer (durch mehrmaliges Verkleinern und anschließendes Vergrößern) deformiert worden, um den Effekt von Unschärfe und Sehschwäche künstlich hervorzurufen. Interessant ist hierbei, wie selbst stark verstümmelte Lesetexte durch die Programmierung des Gehirns noch gelesen werden können:

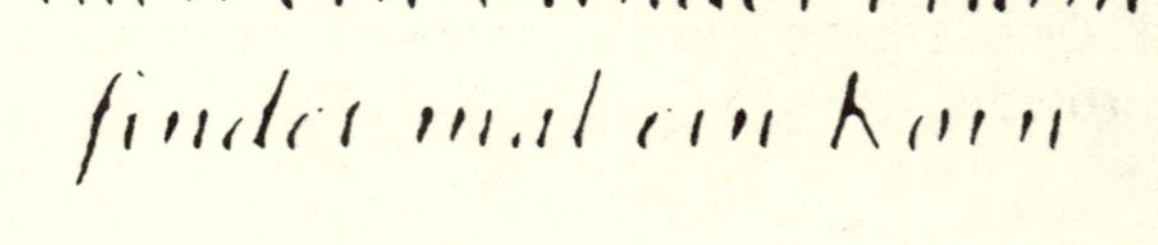

Von den hohen Regenten-Pflichten durchdrungen und geleitet - haben Wir Unsere bisherige Regierung mit solchen Einrichtungen bezeichnet, welche Unser fortgesetztes Bestreben, das Gesammt-Wohl Unserer Unterthanen zu befördern, beurkunden.- Zur festern Begründung desselben gaben Wir schon im Jahre 1808 Unserem Reiche eine seinen damaligen äußern und innern Verhältnißen angemessene Verfassung, in welche Wir schon die Einführung einer ständischen Versammlung, als eines wesentlichen Bestandtheiles, aufgenommen haben.- Kaum hatten die großen seit jener Zeit eingetretenen Weltbegebenheiten, von welchen kein deutscher Staat unberührt geblieben ist, und während welcher das Volk von Baiern gleich groß im erlittenen Drucke wie im bestandenen Kampfe sich gezeigt hat, in der Acte des Wiener-Congresses ihr Ziel gefunden, als Wir sogleich das nur durch die Ereignisse der Zeit unterbrochene Werk, mit unverrücktem Blicke auf die allgemeinen und besondern Forderungen des Staatszweckes zu vollenden suchten...

Suchrätsel: Der obenstehende Text enthält ein bekanntes Sprichwort. Dieses ergibt sich, indem man alle im Text enthaltenen Groteskbuchstaben hintereinander liest.

p

Auf der nächsten (scheinbar unbedruckten) Seite findet sich bei genauem Hinsehen das Wort »Korn« in einem winzigen, gerade noch wahrnehmbaren Schriftgrad. Dies ist die weitestmögliche Reduktion des Satzes, die zu finden war. Der Sinn erschließt sich allein durch die Tatsache, daß das Wort so extrem klein und doch lesbar ist, wenn man darauf hingestoßen wird...

Korn

q
Während ein (typo)grafisch gebildeter Leser die kleinen weißen Formen als Binnenräume (= Punzen) erkennt, benötigt der Laie vielleicht den in kleinem Schriftgrad wiedergegebenen Satzanfang über dem schwarzen Feld, um das Wort »Korn« entschlüsseln zu können:

r
Schon das bloße Einfügen einer Altersangabe in Klammern hinter dem »Namen« (wie es bei Boulevardzeitungen üblich ist), macht aus dem vieldeutigen Sprichwort eine *spezifische Tatsache*, deutet die »Quelle« an:

BLINDES HUHN (26) FINDET KORN

s
Auf der nächsten Seite weckt die Form die Assoziation »Kriminalität«. Dieses Beispiel zeigt, daß eine zufällige Anordnung des Textes nicht möglich ist – der Inhalt ist immer von der Form abhängig…

AUCH ein BLINDES
HUHN FINDET MAL
ein Korn

t
AUCH EIN HUHN IST EIN BLINDES KORN.
Dieses Beispiel zeigt, daß der richtige Satz aufgrund seiner Popularität allein durch das Vorhandensein der Wortkombination »Huhn/blind/Korn« rekonstruiert werden kann. Selbst noch kürzere Lösungen werden erkannt und auf den Ausgangssatz zurückgeführt: blindes Korn!

u
Dieses Beispiel macht uns ein anderes Phänomen bewußt: Wenn in einem populären Satz, bestehend aus acht Wörtern, das dritte, vierte und achte fehlt bzw. durch ein Satzzeichen ersetzt wird, ist es dem Leser in der Regel möglich, den kompletten Satz zu entschlüsseln. (Designtheoretisch sprechen wir hier von einem »synekdochischen« Zusammenhang: Ist das Ganze charakteristisch genug, erkennt man auch im Teil das Ganze!)

Auch ein ?
Findet mal ein !

v

Schwieriger wird der Fall, wenn aus den Wörtern die *Vokale* herausgenommen werden: Daß Konsonanten allein nicht »lebensfähig« sind, macht aus der Neukombination durch Umstrukturierung bereits ein Spiel.

au**ch**

ei**n** **bl**i**nd**e**s**

hu**hn**

fi**nd**e**t** **m**a**l**

ei**n** **k**o**rn**

!

au

ei i e

u

i e a

ei o

w

Kaum dekodierbar ist dann der Satz, wenn aus den Wörtern die *Konsonanten* entfernt werden. Kein Wunder: Das Alphabet kennt unter 26 Buchstaben nur 19,23 % (= 5) Vokale, aber 80,77 % (= 21) Konsonanten.

x

Dadaistische Züge trägt das nächste Beispiel: Nicht weniger als zehn verschiedene Schriftarten oder Schriftschnitte bzw. -größen assoziieren ein Suchspiel, bei dem der Pfeil, welcher auf das N von *FINDET* weist, eine Lücke zu ermöglichen scheint – für das schwarze o in Korn.

y

Wer schon einmal Spuren von Hühnern – im Sand oder im Schnee – entdeckt hat, fühlt sich bei folgender Abbildung daran erinnert: Der Mensch sieht ein *Bild* und liest einen *Text* zugleich:

Wortbilder

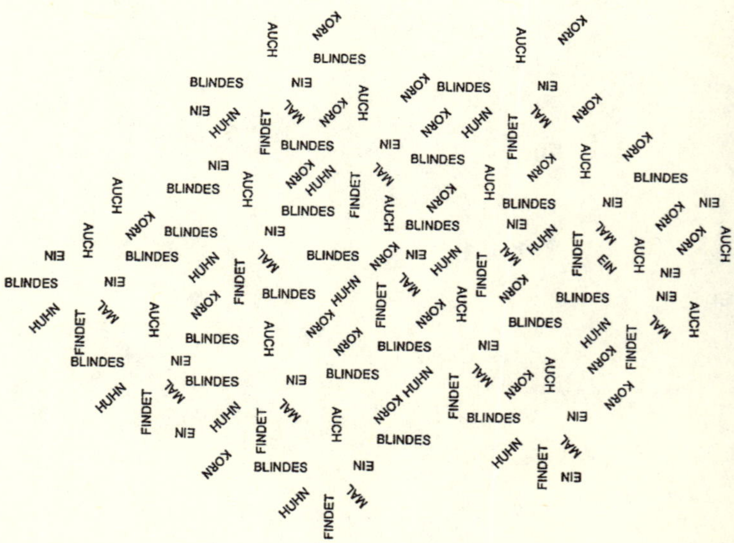

Dieses Beispiel war dann der Ausgangspunkt zur *digitalen* Weiterbearbeitung – zuerst mit der *Schreibmaschine*, dann mit dem Computer, weil mit beiden Hilfsmitteln die Buchstaben innerhalb eines Wortes unabhängig von ihrer Breite durch andere ersetzt werden können (z.B. m durch i oder umgekehrt).

```
AUCH EIN BLINDES HUHN FINDET MAL EIN KORN
UU        R                   U         R
C C       O                   C         O
H  H      K                   H         K

E    E    N                   E         N
I     I   I                   I         I
NROK NIN LAM TEDNIF NHUH SEDNILB NIE HCUE

B        BL                   B         L
LROK NIE LLM TEDNIF NHUH SEDNILB NIE HCCA
I         MI                  I         M
N           N                 N
D         T  D                D         T
E         E   E               E         E
S         D    S              S         D
          N                             N
H         I      H            H         I
U         F       U           U         F
H                  H          H
N         N         N         N         N
          H                             H
F         U           F       F         U
I         H            I      I         H
N                       N     N
D         S              D    D         S
E         E               E   E         E
T         D                T  T         D
          N                             N
M         I                  MM         I
AUCH EIN BLINDES HUHN FINDET MAL EIN KORL
L         B                   LL        B

E         N                   E  E      N
I         I                   I   I     I
N         E                   N    N    E

K         H                   K      K  H
O         C                   O       O C
R         U                   R        RU
NROK NIE LAM TEDNIF NHUH SEDNILB NIE HCUA
```

AUCH EIN BLINDES HUHN FINDET MAL EIN KORN
AUCH EIN BLINDES HUHN FINDET MAL EIN KORN
AUCH EIN BLINDES HUHN FINDET MAL EIN KORN
AUCH EIN BLINDES HUHN FINDET MAL EIN KORN
AUCH EIN BLINDES HUHN FINDET MAL EIN KORN
AUCH EIN BLINDES HUHN FINDET MAL EIN KORN
AUCH EIN BLINDES HUHN FINDET MAL EIN KORN
AUCH EIN BLINDES HUHN FINDET MAL EIN KORN
AUCH EIN BLINDES HUHN FINDET MAL EIN KORN
AUCH EIN BLINDES HUHN FINDET MAL EIN KORN
AUCH EIN BLINDES HUHN FINDET MAL EIN KORN
AUCH EIN BLINDES HUHN FINDET MAL EIN KORN
AUCH EIN BLINDES HUHN FINDET MAL EIN KORN
AUCH EIN BLINDES HUHN FINDET MAL EIN KORN
AUCH EIN BLINDES HUHN FINDET MAL EIN KORN

A
AU
AUC
AUCH
AUCH E
AUCH EI
AUCH EIN
AUCH EIN B
AUCH EIN BL
AUCH EIN BLI
AUCH EIN BLIN
AUCH EIN BLIND
AUCH EIN BLINDE
AUCH EIN BLINDES
AUCH EIN BLINDES H
AUCH EIN BLINDES HU
AUCH EIN BLINDES HUH
AUCH EIN BLINDES HUHN
AUCH EIN BLINDES HUHN F
AUCH EIN BLINDES HUHN FI
AUCH EIN BLINDES HUHN FIN
AUCH EIN BLINDES HUHN FIND
AUCH EIN BLINDES HUHN FINDE
AUCH EIN BLINDES HUHN FINDET
AUCH EIN BLINDES HUHN FINDET M
AUCH EIN BLINDES HUHN FINDET MA
AUCH EIN BLINDES HUHN FINDET MAL
AUCH EIN BLINDES HUHN FINDET MAL E
AUCH EIN BLINDES HUHN FINDET MAL EI
AUCH EIN BLINDES HUHN FINDET MAL EIN
AUCH EIN BLINDES HUHN FINDET MAL EIN K
AUCH EIN BLINDES HUHN FINDET MAL EIN KO
AUCH EIN BLINDES HUHN FINDET MAL EIN KOR
AUCH EIN BLINDES HUHN FINDET MAL EIN KORN

Dieses Beispiel aus der Serie »Schreibmaschinen-Typographie« zeigt, wie weit man das Spiel treiben kann: Unser Huhn-Satz ist in einer Buchstabenformation zu einem Rechteck angeordnet worden, welches in der Fachsprache »Anagramm« heißt: Buchstabenversatzrätsel, bei dem die Teile eines Wortes zu anderen Wörtern mit neuem Sinn umgestellt werden (z.B. ein = nie). Wer das angefangene Anagramm auf Seite 183 komplettiert, stellt fest, daß die Originalwörter nur jeweils *eine* von unzähligen (sinnverändernden bzw. sinnentleerenden) Buchstabenkonstellationen aufweisen. Sie basieren zum einen auf sog. »Palindromen« – Wort- oder Satzfolgen, welche sowohl vorwärts als auch rückwärts gelesen den (gleichen) Sinn ergeben (z.B. »Ein Neger mit Gazelle zagt im Regen nie«), zum anderen auf zusammengezogenen bzw. neu entstandenen Wortzwischenräumen (z.B. »Au che in blin des Huh n'fin det male in Korn«).

Formation

sinnverändernde, sinnverstärkende,

sinnentleerende Neukombination

z

Beim *Computer* besteht u.a. die Möglichkeit, Buchstaben oder Wörter zu *spiegeln* – horizontal, vertikal oder durch beliebige Spiegelachsen. Um nun die *formale Sinnentleerung* weiterzutreiben, kann (nicht nur der obere bzw. untere Teil) auch der mittlere Teil des Satzes mehrmals versetzt werden oder seitlich versetzt abgebildet werden, was dann ein stoffmusterartiges Motiv ergibt.

Mit dem Computer ist es auch ohne weiteres möglich, den Satz »Auch ein blindes Huhn findet mal ein Korn« durch einprogrammierte Interpunktionen darzustellen. – Der für die Experimente zur Verfügung stehende Atari St 4 Arabesque (mit Mal-Software) erlaubte mit dem Airbrush-Programm noch eine weitere Variation: Der Satz wurde mit Weiß »überspritzt«, so daß er nur noch fragmentartig zu lesen ist. Außerdem lassen sich Sätze und Wörter natürlich auch beliebig stretchen, d.h. in Form und Größe verzerren (EAN-Code-Assoziation). Hier nun wieder die interessantesten Lösungen:

Schrift von unten ab Mitte gespiegelt:

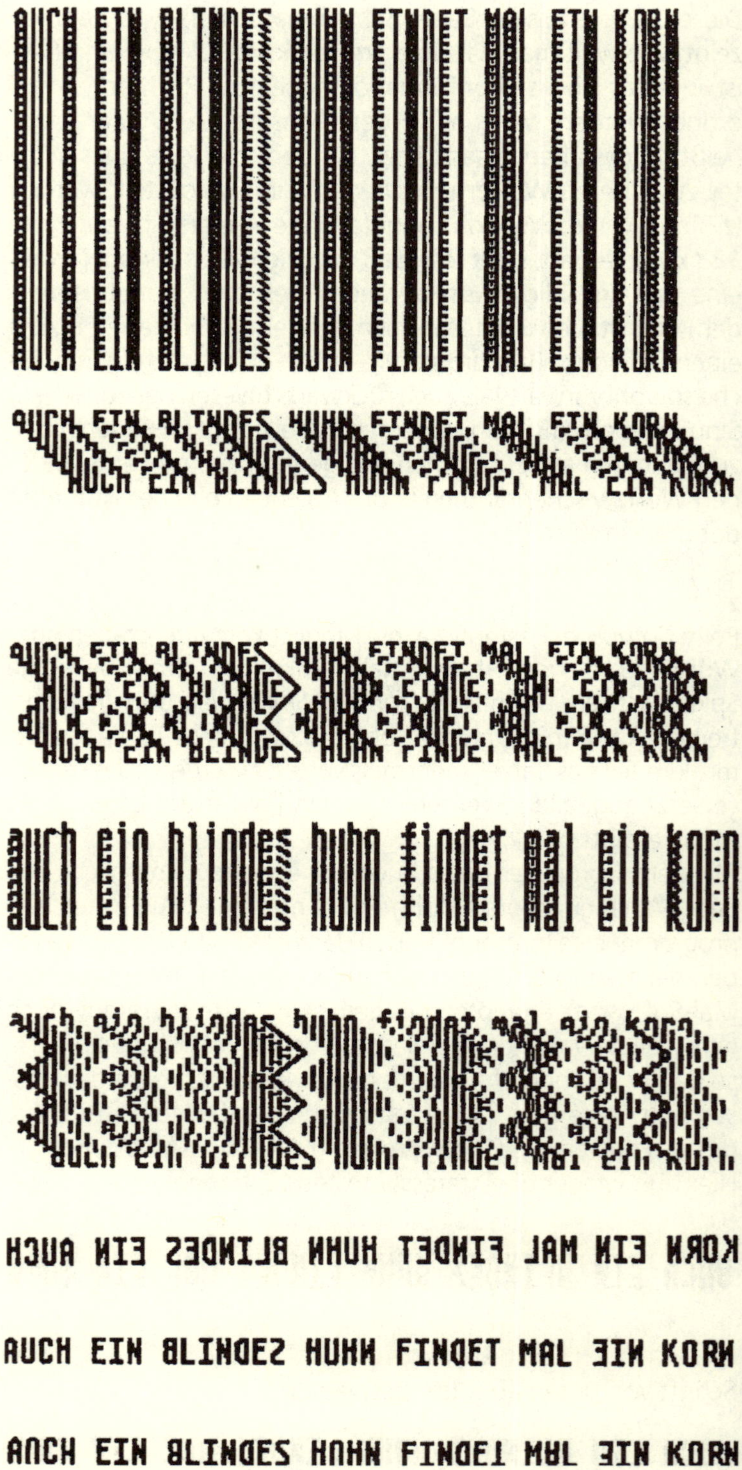
AUCH EIN BLINDES HUHN FINDET MAL EIN KORN
auch ein blindes huhn findet mal ein korn
KORN EIN MAL FINDET HUHN BLINDES EIN AUCH

Großbuchstaben ab Mitte horizontal gespiegelt:

Kleinbuchstaben von oben ab Mitte horizontal gespiegelt:

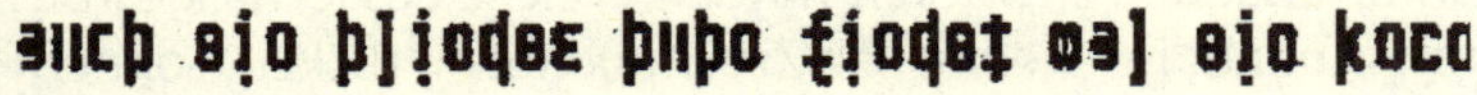

Die Buchstaben E, I, B, L und S sind durch Zahlen ersetzt:

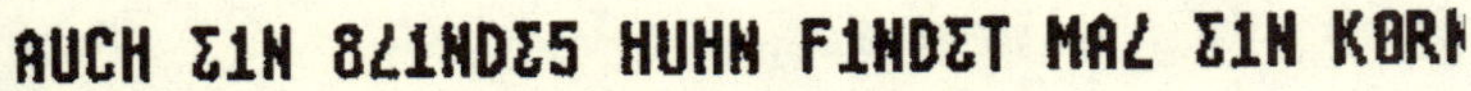

Alle Buchstaben sind durch Sonderzeichen ersetzt:

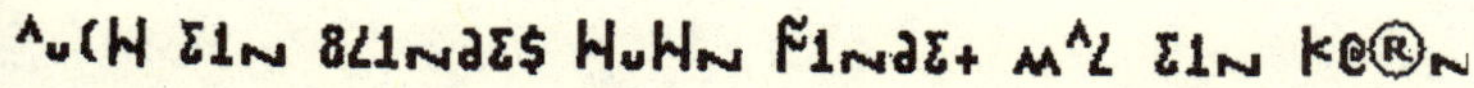

Alle Buchstaben sind durch Kornraster modifiziert:

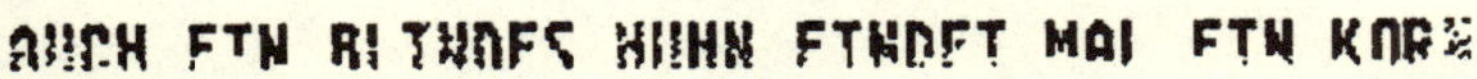

Aufgabe 5

Bildsprache

Umstrukturierung in der Gestaltung findet nicht nur verbal, sondern auch rein visuell bzw. visuell-verbal statt, d.h., die Austauschbarkeit einer Werbebotschaft bietet eine Hülle und Fülle an Variationsmöglichkeiten – um sie in Frage zu stellen, um *Antianzeigen* zu produzieren. Auf der Basis der Sujets »Silence is golden«, »14 Scotsmen« und »Braun sprint« sollten Neukombinationen entwickelt werden, welche das jeweilige Inserat nicht nur in einen neuen Zusammenhang rücken, sondern sogar ggf. in Frage stellen.

Beispiel Nr 1:

ANZEIGENMOTIV: »Benson & Hedges«, TEXT: »Silence is golden«, BOTSCHAFT: Rauchen als ästhetischer Genuß.
Die B & H-Packung wird positioniert durch die Kombination mit den einfachen, schönen Dingen des Lebens im Kontrast zum Luxus: »Der Kenner genießt und schweigt...«
FORM: Anzeige imagebildend, FORMAT: Magazinseite, FORMATION: Stilleben, INFORMATION: Zigarettenrauchen, WORT: Schlagzeile im Bild, WORTSCHATZ: Redewendung, WORTBILD: Times mager, WORTLAUT: Werbetext, rhetorisch, ZIELGRUPPE: Lifestyle-Typen, LEISTUNG: Luxuszigarette, NUTZEN: Prestigerauchen, ZIEL: Verkaufsförderung. – Wird *einer* dieser 12 Faktoren verändert, entsteht eine *neue* Botschaft!

Werbeagentur: Colett, Dickenson, Pearce and Partners

1. Beispiel: Anzeige Benson & Hedges (1)		
Kurze Bestandsaufnahme – unreflektiert –	*Lineares Schema der Gestaltungselemente*	*Richtungen, Beziehungen und Gestaltung der Elemente untereinander*
Dieses Inserat wirkt im doppelten Sinne rhetorisch: – Das »Gold des Schweigens« ist genauso unsichtbar wie das Schweigen selbst. – »Schweigegold« und »Packungsgold« der Zigarettenmarke haben (scheinbar) nichts miteinander zu tun. Trotzdem entsteht die Assoziationskette »Morgenstille – Morgenstunde – Gold-im-Munde – Genuß – Ästhetik – Sinnlichkeit«. Dieses Idyll-Sujet lebt von der Indoor/Outdoor-Situation.	Die lineare Zeichnung des Bildsujets zeigt acht (Blick-)Punkte, von denen die ersten sechs »golden« schimmern: – Die B & H Packung, welche in allen Inseraten der Kampagne als Symbol für Gold positioniert ist. – Glas und Flasche (Perrier-)Mineralwasser, welche Trinkqualitätsbewußtsein ausdrücken sollen. – Blumenstrauß, Fensterrahmen und Zuckerpapier auf dem Untertassenrand, welche sämtlich von der goldenen Morgensonne, die über den Bergspitzen links aufgeht, angestrahlt werden. Auffallend sind vier unterschiedlich große Oval/Ellipsen-Formen: Tasse, Untertasse, Glas und Flaschenöffnung.	Im Zentrum steht eigentlich das unwichtigste Requisit – die Blumen in der Vase; von ihr (oder zu ihr) geht alles strahlenförmig aus bzw. hin. Der Blick des Betrachters fällt zweifellos auf die Packung im Vordergrund – nicht zuletzt auch deshalb, weil gleich rechts daneben der einzige Text im Inserat steht, der ihm die ganze, von ihm selbst wahrgenommene Atmosphäre bestätigt: »Silence is golden.« Diese waagerechte Zeile steht in reizvollem Gegensatz zu den Senkrechten der beiden reflektierenden Fensterteilen. Die B & H-Packung wirkt fast wie ein »beleuchteter Schatten« des geöffneten Fensters, dessen Gold überall da reflektiert wird, wo die Morgensonne ihre Strahlen hinschickt.
	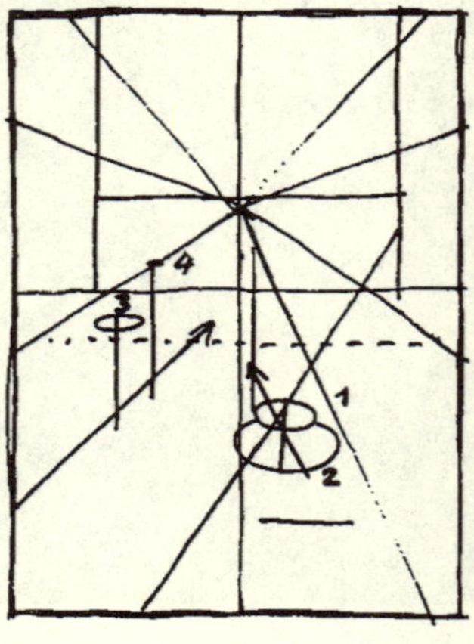	

FORMALE ANALYSE		
Typographie und Illustration	*Wahrnehmung, Anmutung und Speicherung*	*Vokabular*

Diese Spalten können vom Leser des Buches – nach Bedarf – ausgefüllt werden.

Es wurde mit den Techniken Morphologie (Auflösung), Zufallsverbindung und Heuristik (Suchfeldauflockerung), systematische Kombination) gearbeitet, indem jeweils die Kästchen folgender Tabelle im Zickzackkurs zu neuen Verknüpfungen führten.
Nachdem im Original auf Seite 189 alle Bildteile der Version a entsprechen, sind bei rechtsstehendem Motiv die *Requisiten entfernt* worden (= Variante b). Es hat sich also die Formation – und somit Zielgruppe und Nutzen *verändert*. Neue Botschaft: »Rauchen auf nüchternen Magen.«

Gestaltungselemente	Varianten (Neukombinationen)					
Fenster (Blick)	a	b	c	d	e	etc.
Marke/ Packung	a	b	c	d	e	
Textversion	a	b	c	d	e	
Requisiten	a	b	c	d	e	
Analogien	a	b	c	d	e	

1. Variante

2. Variante
Gegenüber dem Original sind hier Schlagzeile, Kaffeetasse und Sonnenbrille entfernt, dafür jedoch Aschenbecher, Wasserflasche und fünf teils ausgetrunkene Gläser als *Requisiten dazugestellt* worden (= Variante c). Es haben sich die Formation sowie Wort, Wortschatz, Wortbild, Wortlaut, Zielgruppe, Leistung und Nutzen *verändert*. Diese können im Kopf des Betrachters gebildet werden, der sofort eine andere Produktpositionierung feststellt. Neue Botschaft: »Rauchen nach langer Nacht.« (Text könnte auch lauten: »Reden ist Silber, Schweigen ist dann Gold, wenn man Blech redet«, vgl. Seite 163)

3. Variante
Hier ist das Fenster geschlossen (vgl. Tabelle S. 192 – Fenster-Variante b), also ebenfalls die *Formation verändert* worden. Neue Botschaft: »Rauchen bei schlechter Luft?«

= *Antianzeige*

4. Variante
Jetzt ist die B & H-Packung *umstrukturiert* worden, sowohl in der Größe als auch in Perspektive und Position. *Dazugesellt* hat sich eine greifende Hand aus dem Off (= außerhalb des Bildes liegend). Nachdem nun Packungsvariante b entstanden ist, verändert sich wieder die Formation und damit auch die Aussage und Positionierung. Neue Botschaft: »Rauchen als Gewohnheit...« (Text könnte lauten: »Reden ist Blech, Schweigen ist Silber, Handeln ist Gold«, vgl. Seite 163.)

5. Variante
Schließlich ist das Fenster durch einen Monitor *ersetzt* worden – der wiederum die Packung zur Fernbedienung werden läßt. Somit hat sich die ganze Szenerie völlig verändert: Zielgruppe, Nutzen und Positionierung sind *vertauscht*, die Formation »Stilleben mit Atmosphäre« ist ins Gegenteil umgekippt: »Rauchen zum Fernsehen.«

= *Analogie*

6. Variante
Die Neukombination als »Konzeption durch Variation« verbindet die Morphologie (= Auflösung des Ganzen in seine Teile) mit Heuristik (Auflockerung der Suchfelder), das heißt, wer etwas Festgefügtes zerlegt und anschließend wieder *neu* »zusammenschraubt«, hat bereits einen wichtigen Teil seiner Ideenfindung organisiert.
Bei nebenstehendem Bildmotiv handelt es sich um das Vermischen von Requisitenvariante b (S. 192) mit Fenster/Blickvariante c. Entstanden ist ein besonders makabres Sujet: Schlagzeile (Analogie zu »Schweigen«) und Gerät eines Bergbauern (welches zufällig vor dem Fenster lehnt) assoziieren die neue Botschaft: »Rauchen kann tödlich sein…«

Der Bundesgesundheitsminister: Rauchen gefährdet Ihre Gesundheit

Aufgrund des folgenden *Operationsschemas* (methodisch richtiges Vorgehen: Durch Analyse zur Synthese, zum Beispiel Variations- und Kombinationsmöglichkeiten von Gestaltungselementen eines bereits bestehenden/erschienenen Inserats) sind weitere *inhaltliche Veränderungen* vorgenommen worden, welche auf den Seiten 197ff. zusammengefaßt aufgelistet sind (vgl. S. 198f.).

Operationsschema

Ansatz	Philosophie	Strategie	Kommunikations-ziel
←	←	←	
Problem	Richtung	Weg	Lösung
→	→	→	
ANALYSE Erschienenes Inserat – Text – Bild – Farbe – Ausdruck	Was? Wie? Wo? Wann?	Vertauschen Umkehren Ersetzen Kombinieren	SYNTHESE Neues Inserat (Idee) – Variation 1 – Variation 2 – Variation 3 etc.
Aufgabe (Briefing) →	Kreativität (These/Antithese) →	Konzept (Technik) →	Effizienz (Produkt-/Service-Werbung)

Silence is golden.

Silence is golden.

Silence is golden.

Silence is golden.

1. Beispiel: Anzeige Benson & Hedges (2)		
Größenverschiebung von Bild und Text	*Bildübertragung – gleicher Text, anderes Bild*	*Textübertragung – gleiches Bild, anderer Text*

In den untenstehenden 66 Varianten, von denen wieder einige abgebildet sind, ist die Übertragung von Größenverhältnis, Bild, Text und Sinn sowie die Ideenfindungstechnik »Analogien suchen« enthalten.

① Bildmotiv verändert: Vor dem offenen Fenster ausschließlich B & H-Packung mit Headline.
② Hinzu kommen verschiedenste Gläser- und Flaschenformen.
③ Das Fenster ist (mit Fensterkreuz) geschlossen: Beengung ersetzt Freiheit!
④ Alles in Gold (-gelb) getaucht.
⑤ Der Ausschnitt mit Packung und Headline verkleinert sich extrem.
⑥ Nur dampfende Tasse und Headline (ohne B & H-Packung).
⑦ Die Packung wird durch eine Off-Hand ins Bild gereicht.
⑧ Die Headline steht im Fenster oben.
⑨ Im Fenster steht »Super-Wettbewerb«.
⑩ Blick aus dem Fenster: Fabrikgebäude bei Nacht.
⑪ Farbnegativ – offenes Fenster wird durch B & H-Packung ersetzt.
⑫ Zum Fenster schauen zwei Personen herein.
⑬ Zum Fenster schauen fünf Kinder herein.
⑭ Blick aus dem Fenster: Golden Gate Bridge – neue Headline: »The American taste«.
⑮ Bildmotiv wie gehabt – Headline: »Stil ist das Maß aller Dinge«.
⑯ Bildmotiv wie gehabt – Headline: »Morgenstund' hat Gold im Mund«.
⑰ Neue Headline: »Ohne Worte«.
⑱ Neue Headline: »Ruhe bitte!«
⑲ Kein Bild – auf leerer weißer Seite steht Headline in extrem kleinem Schriftgrad.
⑳ Bildmotiv wie gehabt – statt Perrier steht Rivella (oder Billigsprudel) auf dem Tisch. Headline unverändert.
㉑ Blick aus dem Fenster: Winternacht in den Bergen.
㉒ Blick aus dem Fenster: Föhn/Gewitterstimmung. Headline: »The calm before the storm.«
㉓ Blick aus dem Fenster: Ballonfahrer im Blickfeld.
㉔ Fenster wird durch Fernsehgerät mit Fensterbild ersetzt. Packung wird wieder hereingereicht. Headline wie gehabt.
㉕ Genußmotiv: Frau liegt auf dem Rücken – schräg von hinten oben fotografiert – und zieht an einer Zigarette.
㉖ Farbbild – begeisterte Menge schaut zum Fenster herein.
㉗ Blick aus dem Fenster: Düsenjäger im Tiefflug.
㉘ Bildmotiv verändert: Vor dem offenen Fenster (mit von außen angelehnter Sense) ausschließlich B & H-Packung und Headline: »Grabesstille«.
㉙ B & H-Packung wird durch *Marlboro*-Packung ersetzt. Headline bleibt unverändert.
㉚ B & H-Packung wird durch *Roth-Händle*-Packung ersetzt. Headline: »Schwarz & stark«.
㉛ B & H-Packung wird durch »Rose's Lime Juice«-Flasche ersetzt.
㉜ B & H-Packung wird durch Pralinenpackung ersetzt.
㉝ Originalbildmotiv wird durch Biligpreisangebot ergänzt.
㉞ Bildmotiv wird durch Lifeszene (Drehtabakmotiv) ersetzt. Headline und Packung werden aus dem Originalbildmotiv vergrößert übernommen.

INHALTLICHE VERÄNDERUNG		
Analogien	*Sinnübertragung* *– Zielperson/gruppe demonstrieren* *– Produkt bzw. Nutzen demonstrieren* *– Zielperson/gruppe verändern* *– Produkt bzw. Nutzen verändern*	*Variationen*
		(siehe unten)

(35) Fenster wird durch Bild an der Wand (Mona Lisa) ersetzt. Alles andere bleibt.
(36) Blick nach draußen auf das Stilleben im Inneren. Foto mit Landschaft liegt auf dem Tisch.
(37) Blick durch das Fenster auf Meer und Palmen, statt Kaffeetasse ein Cocktailglas, Blumenstrauß weg. In der Sonnenbrille spiegelt sich eine Palme. Headline: »Tropics are golden.«
(38) Blick durch das Fenster auf eine goldfarbene Fläche. Headline bleibt original.
(39) Person kommt ins Bild, die träumend aus dem Fenster schaut (evtl. rauchend).
(40) Fenster ist Ausschnitt einer Sanduhr, die mit goldenem Sand gefüllt ist (Goldcard).
(41) Eine Leinwand ersetzt das Fenster – zu sehen ist eine Liebesszene im Fernsehen. Aus der B & H-Packung wird eine (goldfarbene) Fernbedienung. Blumen und Brille verschwinden.
(42) Fenster wird durch Bullauge ersetzt.
(43) Fenster wird durch Flugzeugfenster ersetzt.
(44) Fenster wird durch Zugfenster (mit vorbeirasender Landschaft) ersetzt.
(45) Fenster wird durch Schlüsselloch ersetzt.
(46) Blumen in der Kaffeetasse.
(47) Flasche umgestoßen, Löffel im Glas, Tasse leer.
(48) Anordnung der Gegenstände bleibt erhalten, nur daß sie in Form von Fotos auf dem Tisch herumliegen. Fenster, Packung und Headline bleiben wie gehabt.
(49) Packung wird zur Spielkarte.
(49) Auf dem Rand der Kaffeetasse liegt eine rauchende Zigarette, als wäre es ein Ascher.
(51) Zerknüllte B & H-Schachtel. Headline: »Only the lonely.«
(52) Statt Berge: Meer mit Schiff – ganz entfernt im Hintergrund.
(53) Schachtel perspektivisch im rechten und linken Fensterflügel. Statt Schachtel liegt das ganze Bildmotiv als Foto auf dem Tisch – oder nur Headline ohne alles.
(54) Kondompackung ersetzt B & H-Packung. Headline: »Silence is love.«
(55) Gitterfenster (Gefängniszelle) – auf dem Tisch liegt nur B & H-Packung.
(56) Fenster zu großer (repräsentativer) Haustüre.
(57) Blumenstrauß wird zum Tennisschläger.
(58) Flasche wird zu Fisch.
(59) Glas wird zu Parfümflasche.
(60) Brille wird zum Kopfhörer.
(61) Tasse wird zur Farbdose (Glasurit).
(62) Schachtel wird zu Rasierapparat (oder Walkman oder Diktiergerät).
(63) Headline lautet: »Goldener Schnitt«.
(64) Logo »Perrier« oder »Kerrygold« (Butter) oder »Fleurop« oder »Meßmer« (Tee) oder »Onko« oder »Natreen« (Süßstoff) oder »Rodenstock« oder »Braun« oder »Sony« . . .
(65) Position Mineralwasser und Position B & H-Schachtel werden ausgetauscht.
(66) Im Fenster zeigt sich ein Atompilz – Headline: »Is silence golden?«

STIL IST DAS MASS ALLER DINGE

Morgenstund hat Gold im Mund

OHNE WORTE

The American taste

Silence is golden.

Silence is golden.

Silence is golden.

Super-
Wettbewerb
Silence is golden.

Schwarz & stark

Silence is golden.
JETZT 3.30
50g

Silence is golden.

Beispiel Nr. 2:
ANZEIGENMOTIV »Ballantine's«, TEXT: »14 Scotsmen and what they do to make Ballantine's Scotch«, BOTSCHAFT: Sympathische Whisky-Destillerie.
Das Produkt wird positioniert durch die Kombination des kleinen, einfachen, aber gediegenen Handwerksbetriebs mit dem Freizeitvergnügen, das ein großer Whisky bietet: »Alle für einen . . .«
FORM: Anzeige, imagebildend, FORMAT: Magazinseite, FORMATION: Gruppenbild mit Fabrikgebäude, INFORMATION: Whisky trinken, WORT: Schlagzeile mit Fließtext im klassischen amerikanischen Layout, WORTSCHATZ: bildbeschreibend, WORTBILD: Bodoni, WORTLAUT: Werbetext, informativ, ZIELGRUPPE: qualitätsbewußte Whiskytrinker, LEISTUNG: klassische Marke, NUTZEN: Qualität, ZIEL: Marktposition halten.

Photographed in Elgin, Scotland, by "21" Brands. Front row (l. to r.): Sandy Allan, Head Maltman; Willie Watson, Cooper; Willie Turner, Maltman; Bob Gammie, Mashman; Jimmy Sim, Tun Room Man; Peter Geddes, Still Man; Robbie Stewart, Still Man; Jack Grant, Maltman. Rear (l. to r.): Willie Craig, Manager; Bob Milne, Head Brewer; Jack Sinclair, Asst. Brewer; George Geddes, Head Warehouse Man; Charlie Sinclair, Asst. Warehouse Man; James Anderson, Boiler Man.

14 Scotsmen and what they do to make Ballantine's Scotch

The 14 Scotsmen you see above make a rare Highland Whisky at a Ballantine's distillery at Elgin, Scotland, hard by the North Sea. This whisky is just one of the 42 high-grade Scotch Whiskies that are harmonized to make Ballantine's sunny-light flavor. These men possess distilling skills which have been handed down from their forefathers. Each performs his task with the same patience, pride and attention to detail that have marked the making of Ballantine's for more than one hundred and thirty years. The final result is Scotch Whisky as Scotch Whisky should be: never brash or heavy—nor so limply light that it merely teases the taste buds. The final result is Scotch Whisky always good-natured and sociably gentle, flaunting its authentic flavor and quality to all those who enjoy its company. Just a few reasons why: ***The more you know about Scotch the more you like Ballantine's.***

BOTTLED IN SCOTLAND • BLENDED SCOTCH WHISKY • 86 PROOF • IMPORTED BY "21" Brands, Inc., N.Y.C.

2. Beispiel: Anzeige Ballantine´s (1)

Kurze Bestandsaufnahme – unreflektiert –	*Lineares Schema der Gestaltungselemente*	*Richtungen, Beziehungen und Gestaltungen der Elemente untereinander*
Ungewöhnliches Bildmotiv für ein Wisky-Inserat, welches herkömmliche Muster auf den Kopf stellt. »Zuerst die Arbeit, dann das Vergnügen«, d.h., wer arbeitet, kann keinen Alkohol trinken; deshalb wird normalerweise immer die Freizeitsituation gezeigt – Entspannung, Gastgeberfreundlichkeit, Barbesuch etc. Hier aber arbeiten die Wiskymacher für die Wiskytrinker, und man weiß nun, wie diese Arbeiter aussehen, wo sie arbeiten und wie sie arbeiten – »alle für einen«. 	Sujet besteht aus zwei Teilen: – fast quadratisches Bild oben, – rechteckiges Querformat als Raum für den Text. Mittels dieser schematischen Darstellung wird der formale Aufbau sehr schnell deutlich (siehe Spalte 4 Mitte). Auch die Textur des Bildes (Architektur, Menschen, Posen) – entweder im Umriß oder als Silhouette gezeichnet – gibt in Verbindung mit der Flasche Aufschluß über die formale Gestaltung, d.h. ihre Einzelteile bzw. ihre Elemente. 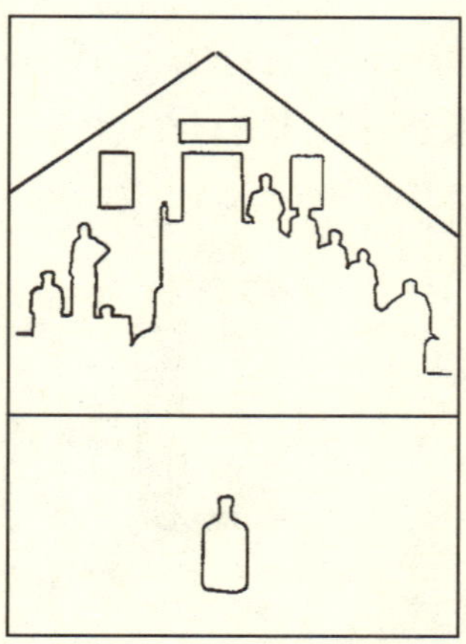	Sujet wird gestalterisch durch drei unterschiedliche Richtungsverläufe bestimmt: – waagerecht / Schrift und Ebenen, – senkrecht / Flasche, Arbeiter, Tür und die beiden Fenster, – schräg / Dach, Treppe und Geländer sowie die an Orgelpfeifen erinnernden Arbeiter (siehe Spalte 4 unten). Dadurch ergeben sich interessante Feststellungen: Die Hierarchie bestimmt das Bild: Als einziger steht der Chef mit verschränkten Armen breitbeinig an oberster Stelle – noch einen Kopf über dem Betriebsleiter, welcher auch nichts in den Händen hat, sondern fast genauso selbstbewußt die Arme diesmal auf dem Rücken hat wie der Mann mit der Schubkarre unten links (der vielleicht gar nicht so dastehen darf?) Einziger Störfaktor: Die Ballantine´s-Flasche steht nicht ganz symmetrisch unter der Ballantine´s-Eingangstür. Der Betrachter schaut zu allererst – wie beabsichtigt – auf den obersten Mann, welcher unter dem Ballantine´s-Schild vor der Eingangstür steht, dann auf das Produkt, dann auf die Überschrift des Textes.

FORMALE ANALYSE		
Typographie und Illustration	*Wahrnehmung, Anmutung und Speicherung*	*Vokabular*
Klassische Anzeigentypographie der frühen sechziger Jahre im Stil der VW-Anzeigen – jedoch ohne Punkt am Ende der Überschrift. Die etwas triste Farbgebung stellt sehr überzeugend das typisch schottische Klima dar: Regen schadet nicht der Freizeit, weil diese mit Whisky aus weichem Wasser verschönt werden kann.	Kann vom Leser selbst ausgefüllt werden.	
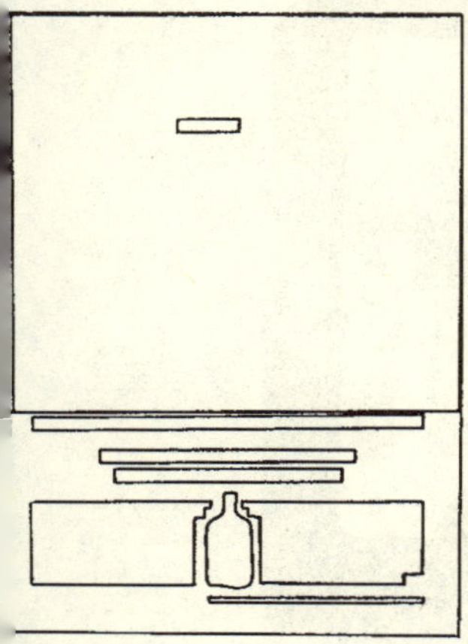	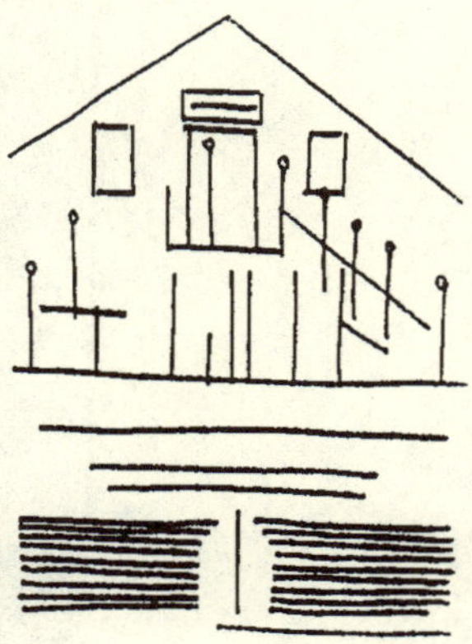	

Bei der **1. Variante** muß sich der Leser die schottische Mannschaft *vorstellen* – alles, was auf dem Original kleiner war, ist hier größer.

Bei der **2. Variante** kommt eine Analogie ins Spiel: Die Heraldik auf dem Flaschenetikett wird mit dem Originalbildmotiv ausgetauscht.

Bei der **3. Variante** fehlt – scheinbar – das Produkt. Es steht, sehr klein und kaum erkennbar, links neben dem Manager auf einem Pfosten des Treppengeländers.

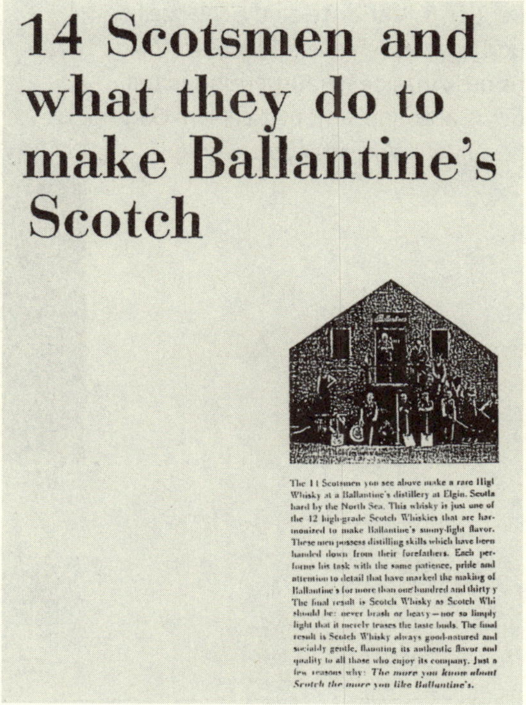

Bei der **4. Variante** sind, bei gleicher Schlagzeile, die Arbeiter durch »Hobbyisten« ersetzt worden: Gruppenbild mit Dame – eine weitere Analogie.

Bei der **5. Variante** sind Schlagzeile und Logo aus einer erschienenen Tourismus-Anzeige herausgelöst und mit dem Ballantine's-Motiv zu einem Gag besonderer Art verknüpft worden.

Auch bei der **6. Variante** verändert eine Schlagzeile aus einer anderen Diskurswelt in Verbindung mit dem (unlogischen) Bild die ursprüngliche Botschaft. Vorteil: Weil der Betrachter »nichts Böses« vermutet, sucht er zunächst gutwillig nach der Logik – alle Anzeigen sind logisch, warum ausgerechnet diese nicht?! (Hier: MANPOWER Stellenvermittlung.)

Auch bei der **7. und 8. Variante** sind es nur Schlagzeile und Logo bzw. Produkt, welche aus anderen Anzeigen »geliehen« worden sind, um mit diesem Ballantine's-Sujet zu einem neuen Gedanken umstrukturiert zu werden. *Merke:* Auch wenn dies zunächst keinen Sinn macht, so lockert es doch zumindest das Repertoire der Ideenfindung auf – und zeigt Methode: So manche Schlagzeile aus einer anderen Werbung würde einer Neukombination standhalten.

2. Beispiel: Anzeige Ballantine´s (2)		
Größenverschiebung von Bild und Text	*Bildübertragung – gleicher Text, anderes Bild*	*Textübertragung – gleiches Bild, anderer Text*

In den untenstehenden 45 Variationsvorschlägen, von denen einige als Abbildung gezeigt werden, sind diese fünf Übertragungsmöglichkeiten enthalten.

① Völlig veränderte Farbstimmung (Farbnegativ bzw. Versuch mit Komplementärfarben).
② Spiegeln der rechten Bildhälfte (es ergeben sich 2 Schotten mehr).
③ Spiegeln der linken Bildhälfte (es werden dabei 2 Schotten weniger).
④ Rapportieren des Bildmotivs (Filmeffekt – Inserat erhält anderen Charakter).
⑤ Bildmotiv klein – Headline groß.
⑥ Auswechslung des Hintergrunds verändert Bildstimmung.
⑦ Auswechslung nur einer Person zerstört den Bildaufbau.
⑧ Falsche 14 Schotten verwirren den Text.
⑨ Falsche Headline macht das Bildmotiv verwirrend.
⑩ Auswechslung des Produkts mit Bild- und Headlineveränderung.
⑪ Headline groß – Flasche groß – Bildmotiv fehlt.
⑫ Headline kleiner – Flasche größer – Bildmotiv in Flaschenetikett integriert.
⑬ Headline verändert – Bildmotiv ausgetauscht (Ringer).
⑭ Scotch als Mineralwasser positioniert.
⑮ Headline verändert – Bildmotiv ausgetauscht (Schottenpaar).
⑯ Headline verändert – Bildmotiv ausgetauscht (Männerchor).
⑰ Headline in Fragestellung – Bildmotiv verändert.
⑱ Ballantine`s Belegschaft als Jazzband.
⑲ Bildmotiv in Silhouettenlinien aufgelöst (mit Positionsziffern ausgestattet).
⑳ Bildmotiv abstrahiert in Punkt-Linie-Fläche-Manier.
㉑ Haustüre und die beiden Fenster aussparen – für Whiskyglas mit Eiswürfel.
㉒ Neue Headline: »You better don't keep them from working!«
㉓ Arbeiter werden mit Ballantine's-Flaschen ausgetauscht – Chef(porträt?) steht am Platz der Flasche. Über der Tür steht »Scotsmen«. Headline: »What do Scotsmen care about Ballantine's?« oder »14 Bottles and one man, who put a lot of love in them«.
㉔ Bildmotiv wie gehabt – hinter dem Haus schaut ein gutes Stück des Flaschenhalses heraus, quasi als Kamin. Headline: »They do something really great.«
㉕ Ballantine's-Fabrik ohne Männer. Headline: »Guess, what 14 Scotsmen are doing for you behind this door?«
㉖ Bildmotiv wie gehabt – Hintergrund ein supermodernes Fabrikgebäude. Anstelle der Flasche steht ein gefülltes Whiskyglas. Headline: »Die wahre Größe geht in ein kleines Glas.«
㉗ Ballantine's-Flasche in verschiedenen deformierten Ansichten. Headline: »From a different point of view... ... Ballantine's is still the same.«

		INHALTLICHE VERÄNDERUNG
Analogien	*Sinnübertragung* *– Zielperson/gruppe demonstrieren* *– Produkt bzw. Nutzen demonstrieren* *– Zielperson/gruppe verändern* *– Produkt bzw. Nutzen verändern*	*Variationen*
		(siehe unten)

(28) Bildmotiv wie gehabt – Männer haben anstatt Kopf Ballantine's-Flasche auf dem Hals. Headline: »That's all what they are thinking about.«

(29) Bildmotiv wie gehabt – verregnete Fensterscheibe davorstellen. Headline: »Regen bringt Segen«.

(30) Statt »Ballantine's« steht auf dem Schild »Lotto« – Flasche weg, neue Headline: »Eine Tippgemeinschaft kurz vor ihrem Hauptgewinn.«

(31) Die Ballantine's-Holztafel in Nahaufnahme zeigen – Headline: »Best Whisky money can buy« oder »What else?« oder »You remember this word – then remember its taste«

(32) Haus weg, nur Männer bleiben stehen. Statt Balkongeländer ist die Holztafel zu sehen. Headline: »14 Scotsmen and what they work for.«

(33) Alle Arbeiter weg – nur Boß steht alleine vor der Tür. Headline: »Ballantine's stands for Scottish tradition« oder »What a Scotsman does to make Ballantine's.«

(34) Nur die Köpfe der 14 Schotten nebeneinander, über ihnen die hölzerne Tafel prangend. Headline: »14 Scotsmen and what they smile for.«

(35) Die Männer alle etwas deformiert (Assoziation Trunkenheit). Headline: »14 Scotsmen and what they do to make brainstorming.«

(36) Fenster und Türen haben die Silhouettenform der Ballantine's-Flasche.

(37) Haus in Schottenmusterfassade.

(38) Nur 7 Männer stehen vor dem Haus – Headline unverändert.

(39) Statt Fabrik im Hintergrund eine ägyptische Pyramide. Headline: »14 Scotsmen and what they do to find Ballantine's.«

(40) 1 Arbeiter (vorderste Reihe 2. von rechts) ist alleine abgebildet. Headline: »Alfred Watson and what he does to make Ballantine's Scotch.«

(41) Bildmotiv wie gehabt – Ausnahme: Statt der Schaufeln haben 3 Männer in der vordersten Reihe Ballantine's-Flaschen in den Händen.

(42) Nachthimmel mit Mond und Sternen. Beleuchtung: Fahles, blauschwarzes Licht.

(43) Bildmotiv in derart grobe Pixel auflösen, daß man beim leichten Zukneifen der Augen gerade noch erkennt, um was es sich handelt. Headline unverändert.

(44) Das Porträt eines einzigen Arbeiters ist ohne Hintergrund abgebildet.

(45) Bildmotiv »verwackelt« – Headline: 14 Scotsmen and what they do for your taste.«

In der **9. Variante** wird das Originalmotiv mit Appenzeller Bürgern – welche die Schweizer Nationalhymne singen – ausgetauscht und die Schlagzeile entsprechend angepaßt.

10. Variante: Von 14 Schotten sind zwei »Klischees« übriggeblieben. Das Ballantine's-Motiv bekommt dadurch eine völlig andere Positionierung (nicht »Whisky machen, sondern *mit* Whisky machen...«).

11. Variante: Um »Ballantine's« kann man auch kämpfen, im Sumo-Sport beispielsweise. Diese Idee zählt zu den typischen Brainstorming-Zwischenergebnissen – utopisch, aber psychologisch wichtig für das produktive Klima (siehe Seite 75ff.).

12. Variante: Wieder Gruppenbild mit Dame – diesmal jedoch unter anderen Vorzeichen als auf Seite 207 unten. Der Manager hat sich als Frau verkleidet – der Schottenrock beim Rock 'n' Roll … Toll …

13. Variante: Das Bildmotiv beginnt, sich zu »zerpflücken«. Der Fotograf macht eine Probeaufnahme in die andere Richtung … wo eine haushohe Flasche Ballantine's aufgestellt ist. Auf den weiteren Text kann dann verzichtet werden, weil es sich nur um eine sog. Erinnerungswerbung handelt.

14. Variante: Hier hört der Spaß auf – im doppelten Sinne. Die Neukombination, die sich am weitesten vom Original entfernt: Ein kleiner Bildausschnitt; aus Geräten wurden Instrumente, aus der Belegschaft eine Band.

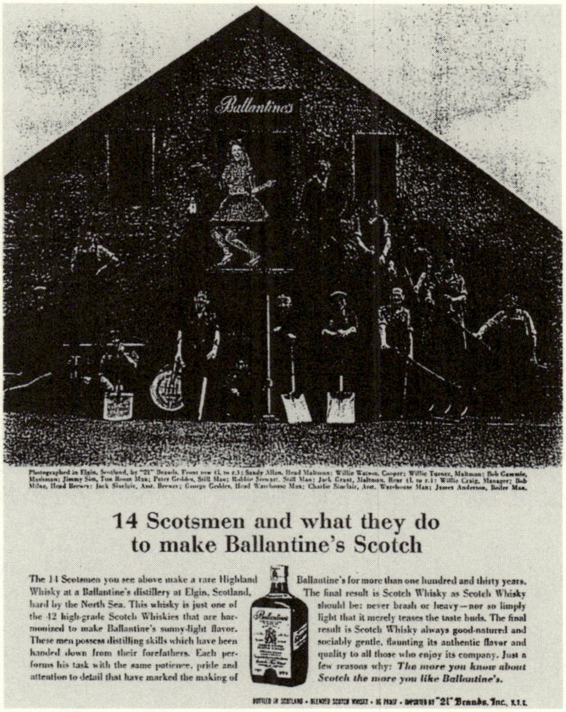

Beispiel Nr. 3:

PRODUKT: Trockenrasierer, Zweitapparat (Anzeige erschienen 1982/83).

PRODUKTEIGENSCHAFTEN: unabhängig/mobil, praktisch, preiswert, innovativ, qualitativ hochwertig/langlebig, ästhetisch ansprechendes, funktionales Design.

ZIELPUBLIKUM: Männer 19-65, Illusionsabenteurer mit dem Drang nach Unabhängigkeit, Mobilität, Geschäftsreisender, Tourist.

STRATEGIE: Markteinführung des neuen mobilen Rasierers »Braun sprint« – Braun weiterhin als Nr. 1 für Elektrorasierer im Markt profilieren und Position weiter ausbauen.

KONZEPT: Anzeige weist sachbezogenen, informativen Charakter auf. Schlichte, klassische Gestaltung mit starker Typographie. Die Textaussage verspricht einen hohen Produktnutzen.

Kein Wasser.
Kein Strom.
Aber bestens
rasiert.
Sie sind irgendwo in der Welt unterwegs: auf einem 14-Tage-Törn über den Atlantik, quer durch die Sahara oder am einsamsten See von ganz Finnland.
Der Braun sprint rasiert Sie überall genauso gründlich, wie Sie es von zu Hause gewöhnt sind. Gleichgültig, ob Sie sich sonst naß oder trocken rasieren.
Denn der Braun sprint hat die fortschrittlichste Scherfolie von Braun: die mit der micron-Geometrie. Und einen präzisen Langhaarschneider.
Ein Satz frischer Alkali-Mangan-Batterien reicht für 3 Wochen oder etwa 20 Rasuren à 4 Minuten. Für unterwegs brauchen Sie für den Braun sprint keine umfangreiche Kassette. Denn er hat ein federleichtes Etui.
Es schützt die Scherfolie und dient gleichzeitig als Spiegel.
Ihr Fachhändler hat den Braun sprint für DM 69,– (unverbindliche Preisempfehlung).
BRAUN
Braun sprint. Für unterwegs.
BRAUN

3. Beispiel: Anzeige Braun sprint (1)		
Kurze Bestandsaufnahme – unreflektiert –	*Lineares Schema der Gestaltungselemente*	*Richtungen, Beziehungen und Gestaltung der Elemente untereinander*
Vorherrschend bei diesem Inserat ist der durch und durch typographische Charakter: Sogar die Abbildungen wirken wie Buchstaben bzw. wie Textspalten. Dies unterstreicht den sachbezogenen informativen Gehalt dieses Sujets – und das von der Corporate Identity abhängige Corporate Design des Unternehmens, welches schon während vieler Jahre unter diesem Namen bekannt und populär geworden ist.	Diese Spalten können nach Bedarf vom Leser selbst ausgefüllt werden – bringen jedoch kaum Aufschluß über die syntaktischen Zusammenhänge des Inserats.	

FORMALE ANALYSE		
Typographie und Illustration	*Wahrnehmung, Anmutung und Speicherung*	*Vokabular*
	Trockenrasierer als Zweitapparat mit den Produkteigenschaften unabhängig/mobil, praktisch, preiswert, innovativ, qualitativ hochwertig/langlebig, in ästhetisch ansprechbarem, funktionalem Design mit der Zielgruppe – Männer 19–65, Typ Abenteurer mit dem Drang nach Freiheit und Ungebundenheit, Mobilität (Geschäftsreisender, Tourist, Weltenbummler)	*Substantive:* Wasser Strom Welt Tage Törn Atlantik Sahara See Finnland Hause Scherfolie Geometrie Langhaarschneider Satz Alkali-Mangan-Batterien 3 Wochen 20 Rasuren 4 Minuten Kassette Etui Spiegel *12 Adjektive* *6 Verben*

Bei der **1. Variante** ist der Text ruhiger und das Produkt vergrößerter dargestellt.

Bei der **2. Variante** dominiert das Produkt – der Text hingegen tritt zurück.

3. Variante:
Gegenüber der Originalanzeige ist hier das Produkt überdimensioniert, der Text ins Produkt integriert. Die starke Vergrößerung verleiht dem Sujet eine aggressive Wirkung. Der Wortlaut beschränkt sich auf reine Produktinfo.

4. Variante:
Der Rasiervorgang wird durch die Typographie simuliert.

5. Variante:
Jetzt ist der Text größer und das Bild kleiner. Die dominante Headline in vertikaler Formation ist aufmerksamkeitsstark und bedingt das Drehen der Anzeigenseite, damit der Text gelesen werden kann; somit längere Betrachtungszeit. Das Produkt bleibt trotz kleinerer Größe dominant.

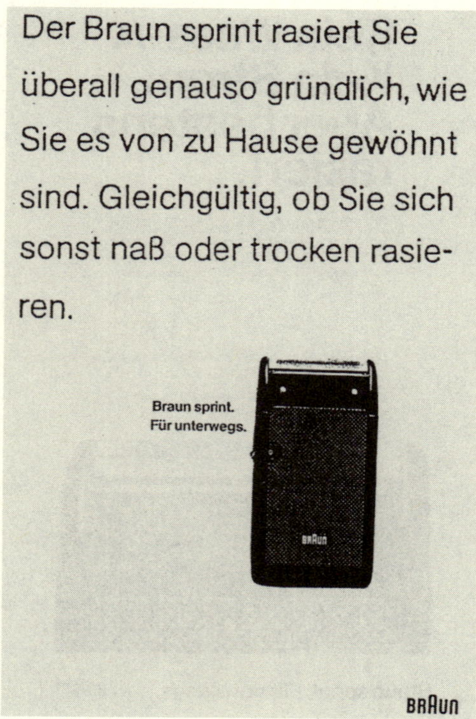

6. Variante:
Der Text ist auf die wichtigste Aussage reduziert, indem Kleingedrucktes zur Headline umfunktioniert wird; klare Trennung von visueller und verbaler Information.

7. Variante:
Die Headline wird durch Kürzung zum Blickfang; dafür umfangreichere Textinfo. Das Kleingedruckte ist »rasiert« und wird somit zur Illustration.

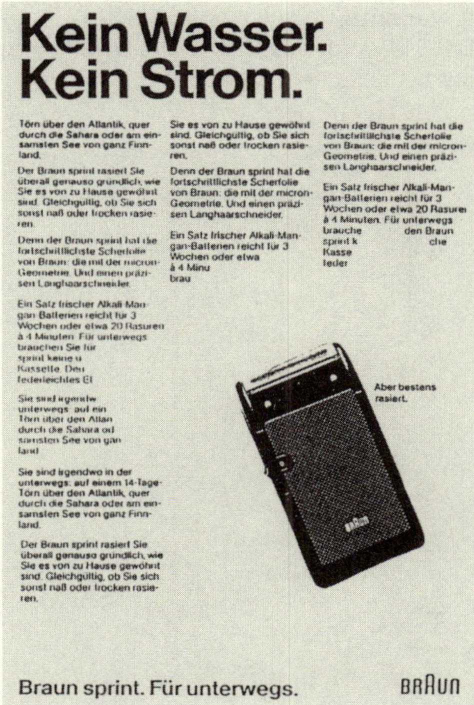

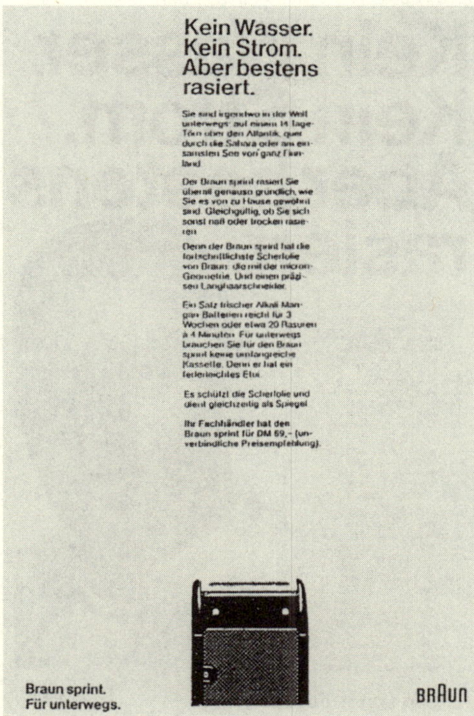

8. Variante:
Textdominanz durch Verkleinerung wird durch größeren Weißraum verstärkt. Die Bildaussage bleibt trotz Bildanschnitt erhalten.

9. Variante:
Das Bild wurde ausgetauscht mit einem Foto aus der Zeitschrift »Tempo«.

10. Variante:
Das Bild wurde ausgetauscht mit einem vordergründig gegensätzlichen Motiv aus einer Programmzeitschrift.

11. Variante:
Prominenz (1988) verstärkt Kompetenz – mit einem Reportagebild aus dem »Stern«.

12. Variante:
Der Text wurde ausgetauscht; Hochwertigkeit und Professionalität des Produkts werden klar markiert.

13. Variante:
Hier wurde nicht nur die Headline, sondern auch das (größere) A im Braun-Logo ausgetauscht bzw. ersetzt – letzteres durch das Produkt selbst.

14. Variante:
»Fingerdruck« und »feiner Unterschied« weisen auf hochwertige Technik hin.

15. Variante:
Der praktische Nutzen des batteriebetriebenen Rasierers wird herausgestrichen.

16. Variante:
Die Headline wird durch den Austausch mit einem Bild der Ford-Werbung bestätigt.

17. Variante:
Hier wird nur die Marke in Verbindung mit dem Produkt bzw. seiner Leistung dargestellt.

18. Variante:
Hier wird das Produkt in Verbindung mit einem Wortspiel dargestellt.

19. Variante:
Hier wird der wichtigste Teil des Produkts aufmerksamkeitsstark verfremdet.

20. Variante:
In einer Vorher/nachher-Situation wird nicht das Produkt, sondern seine Leistung demonstriert.

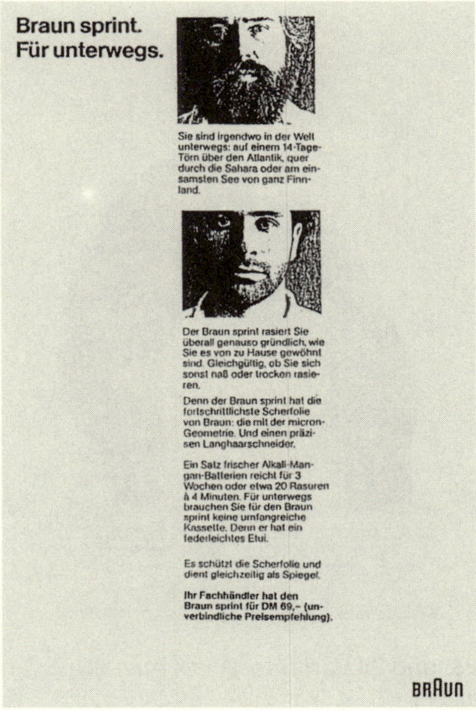

21. Variante:
Hier wird nicht das Produkt bzw. seine Leistung, sondern der Nutzen veranschaulicht.

22. Variante: Mit gleicher Headline keine Symbolik wie links, sondern die echte, nachvollziehbare Situation.

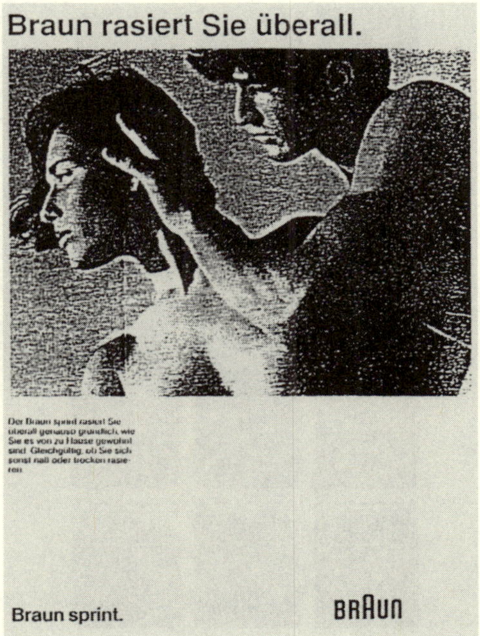

23. und 24 Variante: Durch Auswechslung von Bild *und* Text entstehen wieder »utopische« Ideen.

25. und 26. Variante: Hier wird auf jeglichen Text verzichtet. Durch stereotype Wiederholungen von Produkt bzw. Glattrasur (42x) wird starker Blickfang erzielt.

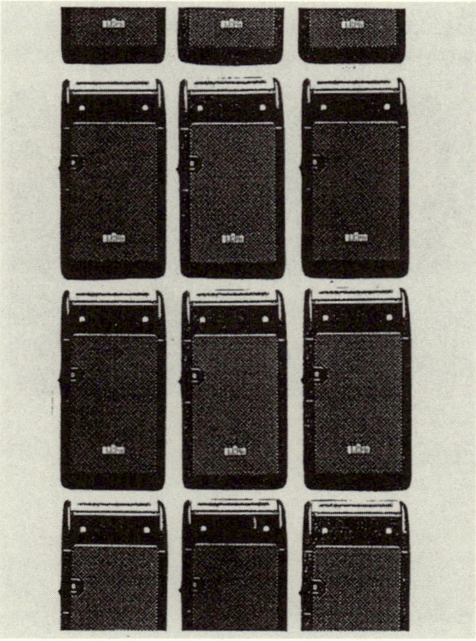

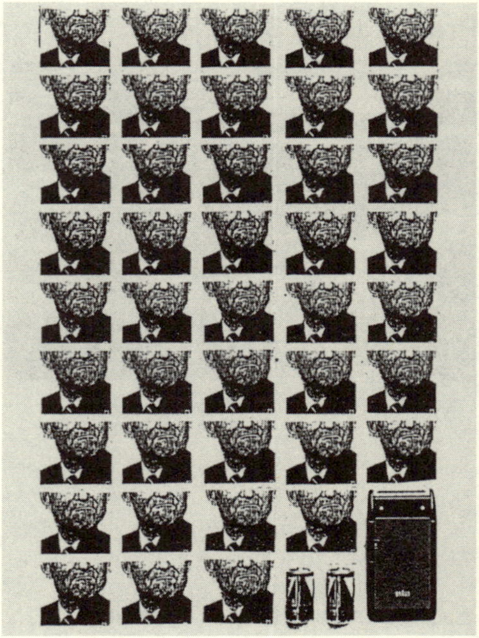

27. Variante: Sauberes, exaktes Rasieren auf der ganzen Gesichtslandschaft.

28. Variante: »Meilenweit« (Camel-Werbung) – Braun ist dabei!

29. Variante: Hier ist auf jegliches Bild verzichtet worden. Text informiert über Produkt.

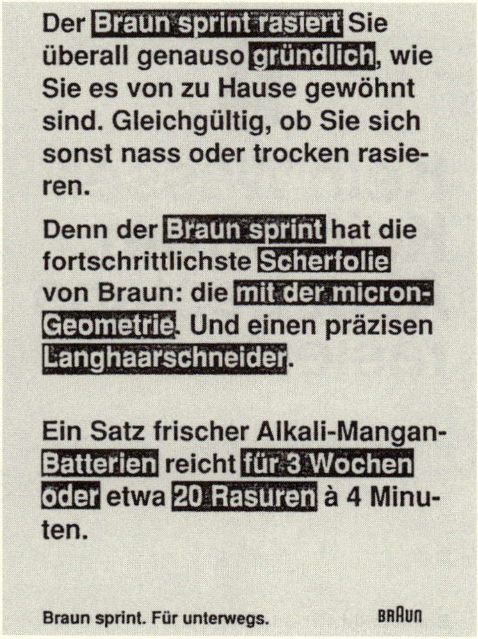

30. Variante: Verzerrte Schrift hat Stopperfunktion und fordert zum Weiterlesen auf.

31. **Variante:** Knapper Text (ohne Bild) unterstreicht souveränen Auftritt.

32. **Variante:** Fehlendes Bild konzentriert den Leserblick auf Bezugsquelle und Preis.

33. **Variante:** Hier ersetzt ein anderes Produkt (von Braun) den Rasierapparat – Uniformen werden *exakt* gebügelt…

34. **Variante:** Die Vorteile des Rasierapparates werden direkt auf das Produkt *Batterie* übertragen.

35. **Variante:** Superfeine Zigarette als neues Produkt.

36. **Variante:** Hier wurde das Braun-Produkt durch einen Mitsubishi-Rasierer ersetzt.

37. **Variante:** Neue Zielgruppe *Hobbygärtner* (Analogie »Hecke schneiden«).

38. **Variante:** Neue Zielgruppe *Schafbesitzer* (Analogie »Wolle scheren«).

3. Beispiel: Anzeige Braun sprint (2)

Größenverschiebung von Bild und Text	*Bildübertragung – gleicher Text, anderes Bild*	*Textübertragung – gleiches Bild, anderer Text*
– Text klein, Bild groß (1): Trotz Reduktion auf Bildausschnitt bleibt dieselbe Bildaussagekraft. – Text klein, Bild groß (2): Bildaussage reduziert auf Rasierer und stark vergrößert. Durch Schrägstellen des Reiserasierers wird stagtisches Braun-Konzept gebrochen; Textstelle »für unterwegs« wird durch Bildanordnung verstärkt. etc.	– Zum Text anderes Bild (1): Jugendlich flippiger und origineller Bildauftritt (Bild aus der Zeitschrift »Tempo«). – Zum Bild anderer Text (2): Vordergründig gegensätzliche Bild-/Textaussage – (TV-Prominenter). – Zum Text anderes Bild (3): Prominenz verstärkt Kompetenz (Reportagebild aus dem »stern«). – Zum Text anderes Bild (4): Titelaussage wird durch Bildaussage bestätigt. (Inseratmotiv aus Ford-Werbung). etc.	– Zum Bild anderer Text (1): »Fingerdruck und feiner Unterschied« weisen auf hochwertige Technik hin. – Zum Bild anderer Text (2): Der praktische Nutzen des batteriebetriebenen Rasierers wird herausgestellt. – Zum Bild anderer Text (3): Hochwertigkeit und Professionalität des Produkts werden klar markiert. Diese und die folgende Schlagzeile wurden aus einem anderen (Werbetext-) Zusammenhang »entlehnt«, also herausgelöst und einem neuen Kontext (hier: Braun-Rasierer) zugeordnet. – Zum Text anderes Bild (4): Herausragendes A im Braun-Schriftzug wird durch Rasierer ersetzt. »Ganz klare Dimensionen« vermittelt Selbstverständnis von Produkt und Marke. etc.
(kann fortgesetzt werden)		(kann fortgesetzt werden)

		INHALTLICHE VERÄNDERUNG
Analogien	*Sinnübertragung* *– Zielperson/gruppe demonstrieren* *– Produkt bzw. Nutzen demonstrieren* *– Zielperson/gruppe verändern* *– Produkt bzw. Nutzen verändern*	*Variationen*
– Analogie »Hecke« – Analogie »Schur«	– 4 Beispiele für Produktdemonstration – 4 Beispiele für Nutzendemonstration – Produkt verändern (1): Bügeleisen als neues Produkt dampft vom Boden ab. Uniform und Hemd werden assoziiert mit exakter Bügelarbeit. – Produkt verändern (2): Batterie als neues Produkt. Neue Zielgruppenansprache. – Produkt verändern (3): Superfeine Zigarette als neues Produkt. Textstelle »Ganz klare Dimensionen« unterstreicht extravagante Länge und kleineren Durchmesser. – Zielgruppe verändern (1): Hobbygärtner – Zielgruppe verändern (2): Schäfer – Zielgruppe verändern (3): Frauen – Zielgruppe verändern (4): Billigkäufer	*insgesamt 40 Variationen*

39. **Variante:** Neue Zielgruppe Frauen (Ladyshave) – »Die zärtliche Enthaarung«.

40. **Variante:** Neue Zielgruppe Billigkäufer (Preisknüller).

Diese drei Themen mit insgesamt 151 Variationen machen folgendes deutlich:

- Neukombinationen können mit den Techniken *Brainstorming* (utopische und realistische Ansätze), *Perspektivenwechsel* (Produkt-, Nutzen- und Zielgruppenveränderung), *Infragestellung* (Austauschbarkeit), *Morphologie* (Gestaltungselemente »auseinanderschrauben«), *Zufallsverbindung* (z.B. Zeitschriftenlektüre) und *Heuristik* (vertauschen, ersetzen, umgewichten) vorgenommen werden (vgl. S. 82).
- Bei der Zufallsverbindung wirkt sich ein Mechanismus besonders aus: Trotz entkrampfender Ablenkung bei der Suche nach einer Idee (Bild zur Schlagzeile bzw. Text zu vorhandenem Bild) bleibt die »Antenne ausgefahren« – d.h., wenn z.B. in einer Zeitschrift die Headline oder das Foto einer bereits erschienenen Anzeige entdeckt wird, die bzw. das für das vorliegende Gestaltungsproblem »passen« würde, kommt dem Suchenden plötzlich wieder sein Problem in den Sinn; in seinem Kopf entsteht eine Schlagzeile oder ein Bild, auf das bzw. auf die er nie gestoßen wäre.
- Abgesehen davon, ob dieser glückliche Zufall (dem ja nachgeholfen wird) entsteht oder nicht: Durch *formale Analyse* und *inhaltliche Veränderung* lernt der anwendende Gestalter Zusammenhänge, Wirkungsweisen und »Strickmuster« (es sind immer die gleichen, wie bei einem Witz) kennen, die ihm weiterhelfen.

Aufgabe 6

Auch Witze lassen sich umstrukturieren, d.h. vom reinen Unterhaltungszweck auf den verkaufsfördernden Werbezweck übertragen. Ich ließ meine Studenten nach entsprechenden Sujets Ausschau halten. Hier wieder die interessantesten Ergebnisse:

Transfer

a) Abwandlung von Witzen nach einem bestimmten »Strickmuster«

Ziel war es, die Quintessenz des jeweiligen Sujets herauszufiltern. Die Antwort auf die Frage, wo die Variationen der Witze aufhören, solche zu sein, und anfangen, eine eigene *Persönlichkeit* zu entwickeln, zeigt uns, inwieweit Witze überhaupt wandelbar sind, ohne daß sie ihren ursprünglichen Charakter verlieren. Die Mechanismen von Witzen treten besonders deutlich hervor bei der Veränderung einzelner Eckbegriffe und ihrer Analogien, wie z.B. bei folgendem:

○ *Eine nette alte Dame macht ihre erste Schiffsreise. Der Steward erkundigt sich, ob sie auch zufrieden sei. »Ja, vielen Dank«, antwortet sie strahlend und deutet auf das Bullauge, »besonders begeistert bin ich davon, wieviel in den Wandschrank hineingeht.«*

○○ *Eine nette alte Dame macht ihre erste Schiffsreise. Der Steward erkundigt sich, ob sie auch zufrieden sei. »Nun ja, eigentlich schon«, sagt sie und deutet auf das Bullauge. »Nur das Fernsehprogramm könnte etwas abwechslungsreicher sein.«*

○○○ *Frau Schmiedbauer aus Obergraiblingen hat bei der Wohltätigkeitstombola auf dem Christkindlmarkt eine Schiffsreise gewonnen. Nachdem das Schiff abgelegt und Frau Schmiedbauer ihre Kabine bezogen hat, erkundigt sich der Steward nach ihrem Wohlbefinden. »Jo mei, freili«, sagt sie und deutet auf das Bullauge, »bsonders guat gfoit ma halt da Dresor do; ned amoi selber bring i mei Schmuck wieder aussi.«*

○○○○ *Nachdem sie das Erbe ihres Großonkels angetreten hatten, machten Herr und Frau Schneider ihre erste große Schiffsreise. Bereits am ersten Abend besticht Herr Schneider den Chefsteward, so daß die beiden neben verschiedenen hochgestellten Persönlichkeiten am Tisch des Kapitäns sitzen können. Im Laufe des sich entwickelnden Gesprächs erkundigt sich der Kapitän nach der Zufriedenheit der Gäste, wor-*

auf Frau Schneider begeistert antwortet: »Oh, alles ist herrlich; besonders angetan bin ich von der einzigartigen Konstruktion des Wandtresors. Obwohl er sich leicht öffnen läßt, konnte doch nicht einmal mein Mann den wertvollen Schmuck und die Nerzstola, die ich hineingelegt hatte, wieder herausnehmen. Sie müssen mir das Geheimnis verraten…«

○○○○○ *Die ländliche Unschuld Petra wurde von dem Agenten einer bekannten Modellagentur mit einigen extravaganten Coutures ausgestattet und auf eine Schiffsreise nach Brighton/England geschickt, wo sie an einer Modenschau teilnehmen sollte. Zwei Stunden nach Ablegen des Dampfers ließ das Mädchen sich den Steward schicken, der sie völlig verstört und nur mit einem Bettlaken bekleidet vorfand. Auf die Frage, was denn passiert sei, antwortete sie: »Sie müssen mir helfen«, und deutete auf das Bullauge, »da sind meine ganzen Dessous drin; wie kann ich denn die Waschmaschine wieder abstellen?«*

○○○○○○ ZEITUNGSMELDUNG
Fürstin von Seinundhaben verliert kostbaren Schmuck auf Traumschiff
Auf einer Vergnügungsfahrt zu den Kleinen Antillen verlor Fürstin von Seinundhaben (68, entfernt verwandt mit der englischen Königin) ihr Brillantendiadem (Versicherungswert 1,4 Mio. DM). Zu dem Vorfall kam es, als sie nach einer feuchtfröhlichen Fete das Bullauge mit dem Safe ihrer Luxuskabine verwechselte.

○○○○○○○ PSYCHIATRISCHER BEFUND
Name: Anna K.
Alter: ca. 90 Jahre (geschätzt)
Geburtsort: unbekannt
starke Senilität, Vergeßlichkeit und Verwechslung von Gegenständen (erste Symptome 1991: Die Patientin hatte auf einer Schiffsreise ihr gesamtes Gepäck verloren, als sie das Bullauge ihrer Kabine mit dem Wandschrank verwechselte.

○○○○○○○○ PROTOKOLL EINES VERSICHERUNGSFALLS
betr. den Verlust des Schmucks von Frau Elise Wackernagel, geb. 19.9.09, wohnhaft Am Hufanger 18, 81827 München
12.05 Frau W. betritt das Schiff
12.15 trifft in Begleitung des Stewards in ihrer Kabine ein

12.20 Steward verabschiedet sich, nachdem er sich nochmals nach ihrem Befinden erkundigt hat
12.45 Aufschrei von Frau W.
12.50 Der Steward betritt die Kabine und kann nur noch die leere Schatulle im Wasser erkennen, kurz bevor sie versinkt.

Bei der Klärung des Sachverhalts wurde deutlich, daß Frau W. das Bullauge mit dem Tresor in ihrer Kabine verwechselt hat. Die Zahlung der Versicherungssumme entfällt, da dieser Verlust auf eigenes Verschulden zurückzuführen ist.

Diese Variationen sind natürlich genauso *utopisch,* wie es Witze im allgemeinen sämtlich sind. Wer hier mit Logik kommt (z.B. damit, daß sich das Bullauge eines Schiffs »gar nicht öffnen läßt«...), ist ein »Spielverderber« – wie jener, der nachweisen kann, daß ein Raucher nicht »meilenweit« (bis er ein Loch im Schuh hat) geht – für eine Camel. Wesentlich bei diesem Spiel ist das Erkennen und Nachvollziehen der Machart eines Gags – wie z.B. bei folgendem: (siehe nebenstehende Anzeige!)

b) Formulierung von Witzen nach existierenden Werbetexten

Abfallprodukt: Unterhaltung

- ○ *»Du trinkst wieder? Warum denn das?«*
- ○ *»Ich trinke, weil ich von einer fliegenden Untertasse angegriffen wurde – aber keiner vom Mars, sondern einer von meiner Frau.« (Jägermeister)*
- ○ *Im Geschichtsunterricht fragt die Lehrerin Karlchen: »Wer hat Europa zuerst belagert?« – Karlchen: »Die Bakterien!« Fragt die Lehrerin: »Wie kommst du denn darauf?« – »Wohin wir auch reisen, die Bakterien sind schon da!« (Sagrotan)*

c) Formulierung von Werbetexten nach existierenden Witzen

Abfallprodukt: Werbung

- ○ *Frauchen flötet: »Vergiß nicht, daß ich nächste Woche Geburtstag habe. Schenk mir was Schönes für den Hals, die Ohren oder die Hand.« Er: »Und welche Seife hast du am liebsten...?«*

WERBETEXT: Wenn Ihre Frau demnächst flötet: »...«, dann sagen Sie einfach: »...«

Lux-Seife

- ○ *Der Internist zu einem notorischen Trinker: »Glauben Sie mir, wenn Sie weiter so trinken, werden Sie nicht alt!« Der*

Patient: »Ganz Ihrer Meinung, Herr Doktor, regelmäßig ein guter Tropfen erhält jung!«

WERBETEXT: Wenn Ihr Arzt Ihnen mit den Worten kommt: »…«, dann sagen Sie ihm: »…«, und denken an…!

Tai Ginseng

◯ Ein flotter, gutaussehender junger Mann betritt ein exklusives Herrenausstattergeschäft. »Was wünschen Sie, mein Herr?« fragt die bildhübsche junge Verkäuferin. Der junge Mann lächelt, beugt sich etwas vor und sagt leise: »Was ich wünsche? Sie in meinen Wagen zu tragen, zu meinem Appartement zu fahren, eine Flasche Champagner zu öffnen, neben Ihnen auf der Couch zu liegen und so weiter…«

WERBETEXT: *Aber, was ich brauche, das sind zwei Paar Socken – schwarze und braune…!«*

Burlington-Socken

◯ Ein junger Mann folgt einer reizenden jungen Dame und spricht sie an: »Gnädiges Fräulein, ich bin kein Freund von langen Worten. Ja oder nein?« Sie: »Mein Herr, Sie haben mich überredet.«

Yes-Süßigkeiten

◯ *»Seit einem Monat läuft mein Mann jeden Tag zehn Kilometer, um schlanker zu werden.« – »Und, hat er es geschafft?« – »Ich weiß es nicht, er ist inzwischen 300 Kilometer entfernt.« – RUF DOCH MAL AN.*

Die Post

◯ *Reisender: »Wieviel Verspätung hat der Zug denn noch? Jetzt sind es schon 25 Minuten!« – Bahnbeamter: »Machen Sie sich keine Sorgen, die Fahrkarte gilt ja drei Tage.«*

Diese zynische Argumentation bietet sich für eine Werbebotschaft an, bei der auf den Vorteil einer Uhr mit eingebautem Timer hingewiesen wird, z.B.

- Bild: Bahnsteig, Schlußlichter eines davonfahrenden Intercity-Expreß.
- Text: »Für Max K., der den ICE-Anschluß und damit einen wichtigen Geschäftstermin verpaßt hatte, war es ein schwacher Trost, daß seine Fahrkarte 3 Tage gültig war…«

d) Erfindung von neuen Witzen nach einem bestimmten Vorbild

BEKANNT:

Im Stoffgeschäft – eine Dame will roten Stoff kaufen. Acht Ballen sind für sie bereits entrollt worden, aber das gewisse Rot, das sie benötigt, ist nicht darunter. Die acht Ballen werden wieder zusammengerollt und – Leiter rauf, Leiter runter – im Regal verstaut; ziemlich anstrengend! 18 weitere werden aus dem Lager angeschleppt und der Dame vorgeführt. Auf dem Ladentisch sieht es aus wie im Roten Meer… Die Dame prüft, hält ans Licht, wiegt den Kopf, kann sich nicht entscheiden. Endlich, beim letzten Ballen (... das Personal atmet auf): »Hier ist es, genau das richtige Rot.« Der total erschöpfte Verkäufer holt von irgendwoher ein Lächeln. »Wieviel Meter, gnä'Frau?« – »Meter? Nein, nein, ich brauche höchstens 1 cm. Wissen Sie, beim letzten Umzug ist meiner Stoffkatze die Zunge verlorengegangen...«

NEU:

Ein alter, buckliger Mann kommt tiefbetrübt zu einem Steinmetz und möchte einen Grabstein kaufen. Der Steinmetz kondoliert ihm und erkundigt sich zartfühlend nach den Vorstellungen des Mannes. Er zeigt ihm Objekte aus weißem, grauem und schwarzem Marmor, aus Granit ... in den unterschiedlichsten Oberflächenbeschaffenheiten, Formen und Größen. Der alte Mann sieht sich alles bedächtig an, kann sich jedoch für keinen Stein so recht entschließen. Dem Steinmetz steht schon der Schweiß auf der Stirn. Endlich einigen sie sich auf einen grafitfarbenen Quader, in den mit silbernen Buchstaben »Fridolin, ruhe sanft!« eingemeißelt werden soll. »Und wie groß soll nun der Stein sein?« fragt der Meister schließlich. Darauf überlegt der Mann: »Nicht so monumental, vielleicht wie eine Zündholzschachtel; wissen Sie, vorgestern ist ein Gast auf meinen armen Marienkäfer getreten...«

BEKANNT:

Die jungfräulich-schrullige Pauline bekommt eines Tages Anwandlungen nach einem Mannsbild. Sie inseriert in der Zeitung: »Dame reiferen Alters sehnt sich nach Wärme und Geborgenheit.« Nach einer Woche wird sie von ihrer stets neugierigen Freundin gefragt: »Sag mal, wieviel Zuschriften hast du bekommen?« Da winkt die Heiratswillige resigniert ab: »Nur eine – ein Ofensetzer hat mir einen Prospekt geschickt...«

○ NEU (umgekehrt/vgl. S. 82):

Der Ofensetzer Karl inseriert in der Zeitung für seinen Betrieb: »Ich biete Wärme und Geborgenheit!« Nach einer Woche trifft er seinen Freund Otto, der ihn fragt: »Na, wie läuft's Geschäft?« Karl antwortet: »Mei, uf mei Werbung hod se oine gmeldet, ond die wollt' mi glei heirode.«

○ NEU (kombiniert/vgl. S. 82):

Der heiratswillige Theo inseriert auf seine alten Tage in der Zeitung: »Kater sucht Kätzchen zum Schmusen.« Nach einer Woche fragt ihn sein Freund Karl: »Na, wieviel Briefe hast du erhalten?« – »Einen! Es war eine Einladung vom Tierheim.«

○ NEU (ersetzt/vgl. S. 82):
Der alte, schwerhörige Junggeselle und steinreiche Ofenfabrikant Emil kommt spät nach Hause. Sein Bruder öffnet ihm mürrisch die Tür: »Na, du alter Lebemann! Wieder Wärme und Geborgenheit verkauft und mit den Weibern das Geld versoffen?« – »Nein, in der City gewesen, Hörapparat gekauft!«

e) Erfindung von Werbetexten nach Lektüre von Anekdoten

BEISPIEL:
Über Sir Stafford Cripps sagte Winston Churchill nach einer hitzigen Debatte im Unterhaus: »Dieser Cripps, er hat all die Tugenden, die ich nicht leiden kann, und keines der Laster, die ich bewundere.«
Die Pointe entsteht durch die Verknüpfung von zwei gegensätzlichen Begriffspaaren. Winston Churchill kann bestimmte Tugenden seines Widersachers nicht leiden, während er bei ihm keines von jenen Lastern finden kann, die seiner Bewunderung würdig wären. Normalerweise müßte hier die Rede sein von Tugenden, die man bewundern kann, und von Lastern, die man mißbilligt. Die Verdrehung läßt eine gewisse Selbstironie Churchills erkennen; die Selbsteinschätzung, welche im Unterton mitschwingt, gibt der Aussage individuellen Charakter. Leise Selbstironie bei der Vermittlung von Werbebotschaften kann man seit einiger Zeit besonders in der anspruchsvollen Werbung, die sich an eine Zielgruppe mit überdurchschnittlicher Bildung wendet, beobachten. Der Vorteil dieses Stilmittels ist es, daß es eine für den Verbraucher glaubwürdige Distanz des Werbers zu seinem Produkt schafft, die Botschaft dem Umworbenen in einem nicht mehr ganz so subjektiven Licht zu zeigen.
Die obenstehende Anekdote könnte in umgewandelter Form Anwendung in einer Werbebotschaft finden, welche den Verbraucher ermuntern soll, sich von seinem alten Produkt zu trennen, um es durch den Kauf eines neuen zu ersetzen. Beispiel:
NEU:
»Auch wenn Sie manche Macken Ihres alten Geräts inzwischen liebgewonnen haben, wäre es falsch, sich dadurch von den Vorzügen unseres neuen Modells ablenken zu lassen.«

f) Erfindung von Werbetexten nach einem witzigen Vorbild

BEKANNT:

»Ich bin für Entschwefelungsanlagen. Gegen Tierversuche. Für Selbstgestricktes. Gegen Dünnsäureverklappung. Für Vollkornbrot. Gegen Fertighäuser. Aber für den Fiat Panda. Bin ich schizo?« *Fiat Panda*

NEU (NEUKOMBINATION):

»Ich bin für Kirschwasser. Gegen Altbier. Für Riesling. Gegen Cognac. Für Magenbitter. Gegen Süßmost. Aber für Milch. Bin ich schizo?« *Cema-Molkerei*

»Ich bin für Lammfellsohlen. Gegen lange Unterhosen. Für weiße Schuhe. Gegen Baskenmützen. Für Fingerhandschuhe. Gegen Hornbrillen. Aber für Krawatten. Bin ich schizo?« *Alpi-Krawatten*

g) Verwandtschaftsverhältnis zwischen Witz und Werbetext

Die Dramaturgie in der Kommunikation basiert auf Perspektivenwechsel. Der Erzähler identifiziert sich total mit dem Zuhörer, während er vor dessen geistigem Auge eine Szenerie aufbaut. Er begleitet diesen absichtlich in eine wegführende Richtung – und vollzieht dann plötzlich einen »Hakenschlag«:

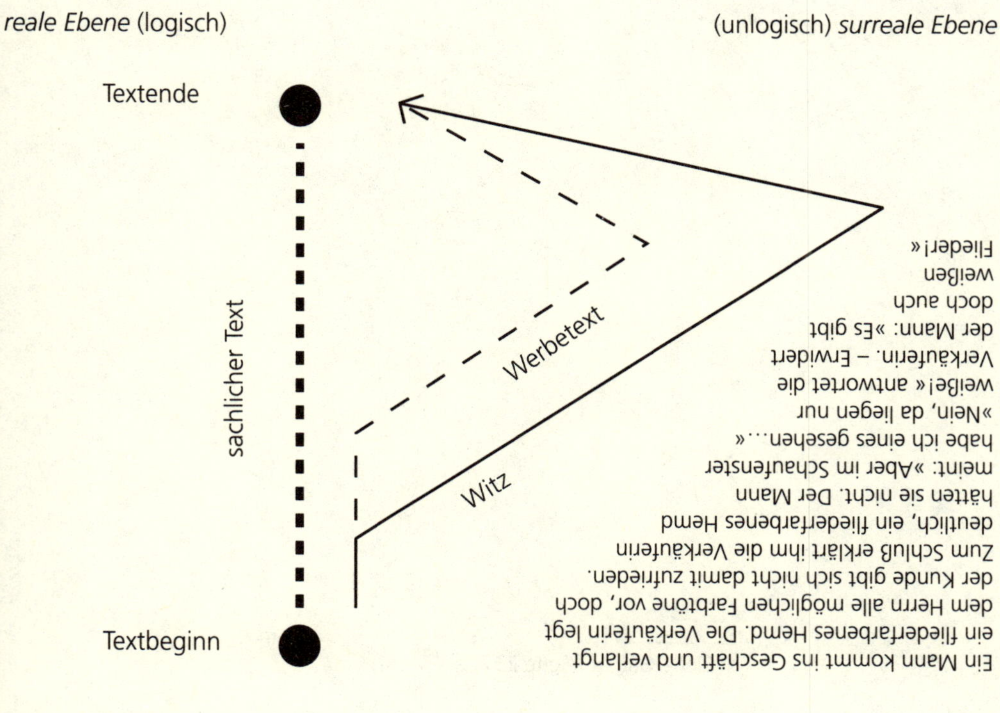

Zwei Beispiele, die unter die Rubrik »Journalistische Stilblüten« eingereiht werden könnten:
Frankfurter Allgemeine: Der »Grüne Punkt« soll in Frankreich schon bald in verschiedenen Farben auf Verpackungen auftauchen. *Berliner Tageszeitung* (Schlagzeile): Sex auf U-Bahn-Gleisen – vom Triebwagen überrollt.
Wenn der Zuhörer diese »geistige Kursänderung« nachvollziehen kann, d.h. das Wortspiel oder die Rhetorik der Pointe begreift, hat er ein Erfolgserlebnis, welches sich in seinem Lachen spiegelt.
Für die Werbung bedeutet das, daß der Hörer/Leser/Betrachter *unbedingt* in den (wechselseitigen) Kommunikationsprozeß *miteinbezogen* werden muß: 90 % der Story/Botschaft muß ihm vorgegeben werden, die restlichen 10 % muß er sich selbst »zu Ende denken«.* Die Gefahren bei der meinungsbildenden Öffentlichkeitsarbeit liegen darin, eine Textvorlage zu erstellen, welche den Empfänger nicht anspricht – oder ihm zuviel Informationen zu liefern, so daß er aus dem Kommunikationskreis ausgeschlossen wird, weil er zu wenig (mit)denken muß.

Gefahr: des Guten zuviel!

---

* Siehe Gag auf Seite 237

Aufgabe 7
Sogar Cartoons lassen sich neu kombinieren, d.h. vom Original in eine analoge bzw. digitale Variation, in einen Wortwitz oder in einen Werbetext übertragen. Ich stieß meine Studenten an … und bekam einige interessante Ergebnisse:

a) Abwandlung von Cartoons nach der Analogiemethode (Sujetveränderung)
Ziel war es, Bestandteile größer oder kleiner zu machen, wegzulassen, zu erweitern und/oder formal analog umzuformen. Wir machten diesen Versuch am Beispiel des folgenden Sujets (Cartoon von Chaval):
… ein ungewöhnliches Bild – weil der fehlende Text im Kopf des Betrachters entsteht (vgl. S. 193). Wenn dieser den Gag begreift, hat er ein Aha-Erlebnis: Hier sind die beiden Diskurswelten »gut gekocht« und »hart gekocht« miteinander verschoben worden; die Wirkung ist je nach Temperament das innere oder äußere Lächeln bzw. Lachen des Konsumenten. Jeder begreift's, der mit einer Kochmütze »kreative Küche« und mit einem Frühstücksei »minutenlang siedendes Wasser« in Verbindung bringt.

Chaval

Die Liste der möglichen Abwandlungen ist lang:

① Im Eierbecher ist ein Überraschungsei.
② Dem Eierbecher ist die Kochmütze als Eierwärmer übergestülpt. Koch hat Eierkopf.
③ Der Kopf des Kochs ist als Osterei bemalt.
④ Das Ei im Becher hat sieben Schalen (Analogien: Zwiebel, russische Puppe).
⑤ Neben dem Eierbecher steht ein Eierkarton, in den das (lächelnde) Ei hüpft.
⑥ Neben dem Eierbecher liegt ein kleiner Fuchsschwanz statt des Eierlöffels.
⑦ Neben dem Eierbecher liegen Spritze, Tupfer und Skalpell. Mann in der Montur eines Chirurgen.
⑧ Koch rührt im aufgeklopften und angeschälten/ausgelöffelten Ei mit Rührlöffel.
⑨ Koch hebt seine Mütze – darunter kommt ein halbiertes Ei als Kopf zum Vorschein.
⑩ Koch hat statt eines Eis ein ausgeschlüpftes Küken vor sich stehen.
⑪ Koch hat einen Astronautenhelm über sich gestülpt; davor Trägerrakete.
⑫ Koch hat den Eierbecher als Mütze über sich gestülpt.
⑬ Koch hat die Augen verbunden – und sechs Eier im Becher vor sich stehen.
⑭ Koch hat einen Polizeischutzhelm auf und einen Schlagstock in der rechten Hand.
⑮ Statt Kochkopf sieht man einen Blindekuhkopf vor den sechs Eierbechern.
⑯ Der Clown Grock sitzt vor dem Eierbecher.
⑰ Ein chinesischer Koch sitzt vor dem Eierbecher, daneben zwei Eßstäbchen.
⑱ Statt Eierbecher steht eine Schweinshaxe vor dem Koch.
⑲ Statt Eierbecher steht ein pfeifender Wasserkessel vor dem Koch.
⑳ Statt Eierbecher steht ein Kaktus vor dem Koch.
㉑ Koch hat statt Mütze eine Mecki-Frisur, davor steckt ein Igel im Eierbecher.
㉒ Koch hat statt Haube eine Houseguard-Bärenfellmütze aufgesetzt.
㉓ Koch mit Katzenkopf.
㉔ Koch als Schneemann.
㉕ Vor dem Koch steht ein Frosch im Wasserglas.
㉖ Koch hat einen Maikätzchenzweig in der Hand; sein Kopf ist selbst ein Maikätzchen und wird mit einer Gießkanne gegossen.
㉗ Koch mit Eichelkopf und einem Zweig mit Eichelfrüchten (Analogie: Haarausfall).
㉘ Koch als Zauberer; vor ihm ein Zylinder, aus dem er ein Kaninchen zieht.

㉙ Koch als Häftling; davor im Eierbecher die Stahlkugel mit Kette.
㉚ Koch als Häftling, hinter ihm ein Gitterfenster, davor ein Gitterstall mit Hühnern.
㉛ Mann als Schiedsrichter, vor ihm im Eierbecher ein kleiner Fußball, daneben Trillerpfeife.
㉜ Koch, dem die Mütze ins Gesicht gerutscht ist; Ei ist mit Atomzeichen gestempelt.
㉝ Koch sitzt vor einer Urkunde, auf der in großen Lettern »95° Celsius« gedruckt ist.
㉞ Drei-Sterne-Koch sitzt vor einem Fast-Food-Set à la Economy-Class.
㉟ Mann mit Denkblase (dampfende Kaffeetasse), davor überdimensionale Kaffeebohnen.
㊱ Das gleiche Motiv, aber Mann hat umgestülpte Kaffeetasse als Hut auf und die Füße im dampfenden Wasserbecken unter dem Tisch.

Ein weiteres Beispiel:
Der Cartoon – selbst schon eine Analogie zum Zollschlagbaum – stammt wieder vom Franzosen Chaval (»Eßt Scheiße, 1000 Fliegen können nicht irren!«) Die Liste der möglichen Neukombinationen ist nicht viel kürzer:

Chaval

Anticartoons

① Die beiden Männer spielen über einen beschrankten Bahnübergang.
② Die Schranke ist das trennende Netz auf einer Tischtennisplatte.
③ Die Schranke ist eine Gefängnismauer, der Uniformierte ist Aufseher.
④ Der Schlagbaum wird durch die ZDF-Torwand (mit zwei Löchern) ersetzt.
⑤ Schranke wird durch überdimensionalen Schweizer Käse mit (Ball-)Löchern ersetzt.
⑥ Der Schlagbaum wird durch ein Hindernis (Analogie: Springreiten) ersetzt.
⑦ Der Schlagbaum ist eine lange Stange (Analogie: Drehgrill) mit Spanferkel.
⑧ Der Schlagbaum wird durch gestreifte Pfosten (Analogie: Venedig/Gondel) ersetzt.
⑨ Der Schlagbaum wird durch Stacheldrahtverhau ersetzt, über den gegenseitig geschossen wird.
⑩ Diesseits ein »Tennisspieler« – jenseits eine Ballwurfmaschine...
⑪ Die beiden Männer benutzen Zollschilder als Tennisschläger.
⑫ Zwei Köche mit Pfannen (statt Tennisschlägern) spielen »Omelett« über die Schranke.
⑬ Der Schlagbaum wird durch ein Seil ersetzt, auf dem eine Tänzerin läuft.
⑭ Unter dem (geschlossenen) Schlagbaum laufen die sieben Zwerge als Formation durch.
⑮ Ball fliegt auf Zollhäuschen und zerschlägt die Fensterscheibe.
⑯ Auto fährt über das Netz eines Tennisplatzes.
⑰ Fünf Schlagbäume sind hintereinander als »Hürden« aufgebaut.
⑱ Hinter dem Schlagbaum steht ein Fußballtor, in welches der (Elfmeter-)Ball fliegt.
⑲ Schlagbaum wird durch elf nebeneinanderstehende Zöllner (Mannschaft) ersetzt.
⑳ Schlagbaum wird zur Wippschaukel, auf deren beiden Enden die Männer sitzen – der hintere unten, der vordere oben.
㉑ Einer der beiden Spieler hat statt eines Tennisschlägers ein Fangnetz in der Hand.
㉒ Schlagbaum wird durch eine Handsäge ersetzt, über die Holz geworfen wird.
㉓ Über den Schlagbaum wird eine gefesselte Ente geworfen, auf die geschossen wird.
㉔ Über den Schlagbaum wird ein Schlachthähnchen geworfen – und mit Topf aufgefangen.
㉕ Über den Schlagbaum wird ein Almosen geworfen – und mit Klingelbeutel aufgefangen.
㉖ Schlagbaum wird durch Schwebebalken ersetzt, Olympionikin turnt darauf ihre Kür.
㉗ Schlagbaum wird zur Guillotine (Analogie: Rasierklappmesser).
㉘ Schlagbaum wird zur Wäscheleine.

(29) Schlagbaum wird zur Schleuse.
(30) Beide Männer sitzen in den Startlöchern und warten auf das Kommando des Zöllners (mit Startpistole) – Schlagbaum wiederholt sich zur Hindernisstrecke.
(31) Zöllner wird zum Kampfrichter, welcher einem stabhochspringenden Mann zuschaut, der sich über die (Schlagbaum-)Latte schwingt.

Analogien zu diesen und weiteren Variationen können auch z.B. sein für

Ball:	*Schlagbaum:*	*Zollhaus:*	*Zollbeamter:*	*Spieler:*	*Schläger:*
Knödel Kartoffel Woll- knäuel Münze Bonbon Bombe Schweine- keule Weltkugel	Mauer Glaswand Webrahmen Schranke Mikadostab etc.	Restaurant Toilette Stall Bordell Konferenz- raum etc.	Arzt Papst Hahn etc.	Klatschtanten Engel/ Teufel Hennen Geschäfts- leute Politiker Soldaten etc.	Brat- pfannen Waffel- eisen etc.

Dieses sind *spontan* entstandene analoge Assoziationen beim Betrachten des Originalcartoons; das Ergebnis entspricht jenem eines Brainstorming – es ist deshalb nicht besser und nicht schlechter. Jede Variante könnte ein *neuer Cartoon* sein, wenn man den bereits existierenden nicht kennt und die entsprechende (tolerante bzw. Bedarfs-)Zielgruppe berücksichtigt.

b) Erfindung von Cartoonthemen – Ansätze und druckreife Sujets

Auf dieser Doppelseite werden folgende Denkmechanismen nachvollzogen: Der Cartoonist »zerlegt« eine Vorstellung, verdichtet sie und präsentiert die Aussage – aus wenigen Elementen bestehend – dem Betrachter. Die Wirkung hängt nun davon ab, wie fähig dieser zum Kombinieren jener Elemente ist (kapiert er's nun, oder doch nicht?...).

Für die Gestaltung kommunikativer Werbung kann/muß dies als Basis gelten – denn von der »Mitarbeit« des Umworbenen hängt die Effizienz der verkaufsfördernden Botschaft ab. Der *Cartoon* kann dabei *eher als ein Wortwitz* (das textliche Pendant) eine »fertige« Aussage darstellen, weil er dem Betrachter *mehr Spielraum* für das Erkennen der Pointe läßt.

„Auch ein Immobilienmakler sollte seine Gelben Seiten immer zur Hand haben."

c) Erfindung von Werbefotos – Cartoons als »Scribbles«

Die Bearbeitung der Aufgabe 7 kulminierte dann in der Erkenntnis, daß existierende Cartoons eigentlich *nachfotografiert* werden könnten; spektakulärer noch: daß sie quasi als Ideenskizzen für Werbefotos »geistig mißbraucht« werden können ... Das hört sich sehr unmoralisch und juristisch bedenklich an (Plagiat), ist es aber letztlich nicht, weil

- ein Cartoon nicht nur von der Bildidee, sondern auch vom »Strich« seines Zeichners lebt. Wortwitze beispielsweise sind copyrightfrei; niemand weiß, wer sie erfunden hat, geschweige denn, woher sie stammen.
- ein Werbefoto ebenfalls nicht nur vom Inhalt, sondern von der Form lebt; vom bildnerischen Stil des Fotodesigners, von der Bildinszenierung, den Objekten bzw. Models, der Arbeit des Stylisten etc.

Lösung haben und dann das Problem dazu suchen

Der für den Gag eines Anzeigenfotos zuständige Mechanismus steckt aber in vielen Witzzeichnungen. Es ist verblüffend (und eigentlich schade, weil ungenutzt), wie viele Cartoons ein werblich pointiertes Bildsujet abgeben würden. Unzählige Cartoons in aller Welt (gezeichneter Humor ist im Unterschied zum geschriebenen international) »schlummern« in Büchern und Zeitschriften so dahin – wer »küßt sie wach« für die Werbung, indem er sie als »Scribbles« für Fotos verwendet?

- Am Tisch eines Restaurants sitzt ein Gast mit nachdenklichem Gesicht und wartet auf das Essen. Vor ihm steht der Kellner in typischer Haltung – mit einer Nähmaschine auf dem Tablett . . . Als *Foto* umgesetzt, wäre dies sicherlich hervorragend geeignet, Werbung für ein *Fremdsprachenlexikon* zu machen!
- Unter der auf Putz gesetzten Wasserspülungswanne einer Toilette erkennt man das Gesicht eines Musikanten, welcher hingebungsvoll Querflöte bläst . . . Mit dem *Text* »Probieren Sie es doch einmal mit XYZ!« wäre dies als fotografiertes Bildmotiv eine ideale Werbung für ein *Laxativum* . . .
- In Anlehnung an die »Römische Wölfin« hat der Cartoonist eine Bernhardinerhündin gezeichnet, welche drei Welpen säugt. Der vierte sitzt vor ihr und schnuppert an einem kleinen Fäßchen, das ihr um den Hals gehängt worden ist. Wer dieses wiederum fotografiert und mit dem Text einer *Whisky*-Reklame kombiniert, erreicht (zumindest beim allgemeingebildeten Betrachter) die Gedankenverknüpfung »Mythologie« mit »Individualismus« . . .

Aufgabe 8

Schließlich lassen sich nicht nur Sprichwörter zu Antisprichwörtern (vgl. Seite 161 ff.) umstrukturieren, sondern auch einzelne Wörter zu *Antiwörtern* neu kombinieren. Auf der Basis der Buchstabenformation auf Seite 183 f. sollten *Anagramme* entwickelt, d.h. sogenannte »Schüttelwörter« (ähnlich den Schüttelreimen auf Seite 149) gebildet werden. Beispiel: Wie wird ein Nagel zur Angel? Antwort: Über »lange Algen lagen«. Das klingt ebenfalls grotesk-utopisch, ist aber für verballhornende Werbetexter ein gutes Training. Das unterste der vier rechtsstehenden Buchstabenspiele gab die Anregung zu einem der besten deutschsprachigen Anzeigen/Plakat-Sujets:

NAGEL
LANGE
ALGEN
LAGEN
ANGEL

MARTIN LUTHER
LEHRT IN ARMUT

SALVADOR DALI
AVIDA DOLLARS
(Ich liebe Dollars)

schreIBMaschinen

Wir untersuchten und verglichen die Buchstabenfolgen der Wörter (Seite 252f.)

Dabei stellten wir folgendes fest:

- Es gibt viel mehr Wörter, welche mit einem Konsonanten beginnen, als solche, die mit einem Vokal anfangen.
- Entsprechend angeordnet, können vier Wörter untereinandergesetzt sowohl waagerecht als auch senkrecht gelesen werden (Akrostichon/Telestichon):

*SEE**LENIN**GENIEUR*

Dabei entsteht eine Art »magisches Quadrat« aus *Kreuzworträtselbegriffen* wie 1. Weizenart, 2. Abk. für *A*merican *M*otor *S*chool *I*nsurance (amerikansiche Fahrschulenversicherung), 3. italienische Modeschule (*I*stituto *S*uperiore *M*oda *A*rtistico), 4. früherer Name für Thailand – die auch rückwärts zu lesen sind (= Rücklinge).

MAIS (Mais
AMSI wird
ISMA zu
SIAM Siam)

- Aus ADEL kann LEDA (…die mit dem Schwan) und DALE (engl. = Tal) gebildet werden. Der »Filmtitel« AMME EMMA bleibt von vorn und hinten gelesen gleich (= Palindrom).
- Weitere Rücklinge sind GRAS – SARG, KRAM – MARK, REIZ – ZIER und der Satz LESE NIE FALSCH – SCHLAF EIN ESEL.
- Weitere Palindrome sind MARKTKRAM, REITTIER, LAGERREGAL, DREHHERD, ZIERREIZ und der berühmte RELIEFPFEILER (nach Schopenhauer).

ACHT	BACH	DACH	EBBE	FACH	GABE	HAAR	IDOL	KABA	LADA
ADAM	BAHN	DAME	EBER	FALL	GAGE	HAFT	IGEL	KAHN	LADE
ADEL	BALG	DAMM	ECHO	FALZ	GALA	HAHN	IGLU	KALB	LAGE
ADER	BALL	DANK	EDAM	FAMA	GANG	HALL	IRAN	KALA	LAHN
AFFE	BAND	DÄNE	EFEU	FANG	GANS	HALM	IRIS	KAMP	LAHR
AHLE	BALZ	DEAL	EGEL	FARM	GARN	HALS	IRRE	KANU	LAIB
AHNE	BANK	DECK	EGGE	FARN	GAST	HÄME	IWAN	KARO	LAKE
ÄHRE	BANN	DEKO	EHRE	FASS	GAUL	HAND		KÄSE	LAMA
AIDS	BART	DILL	EIBE	FAXE	GEIZ	HANF		KAUF	LAND
AKNE	BASE	DING	EILE	FELD	GELD	HANG		KERL	LAOS
AKTE	BAST	DIRN	EKEL	FELL	GIER	HANS		KEIL	LARS
ALGE	BAND	DOCK	ELAN	FELS	GIFT	HARN		KEIM	LAST
ALOE	BAUM	DOGE	ELCH	FEME	GIPS	HARZ		KEKS	LAUB
AMME	BEIN	DOSE	ENDE	FENN	GIRO	HASE		KERN	LAUS
ANIS	BEIZ	DREH	ENGE	FEST	GLAS	HAST		KICK	LEDA
ARIE	BERG	DREI	EPIK	FETT	GLUT	HAUE		KIEL	LEGO
ARFE	BERN	DRUM	EPOS	FILM	GNOM	HAUS		KILO	LEIB
ARZT	BIER	DUAL	ERBE	FILZ	GOLD	HAUT		KIND	LEID
ASYL	BILD	DUFT	ERDE	FINK	GOLF	HAXE		KINO	LIED
ATEM	BILL	DÜNE	ERLE	FIRN	GÖRE	HECK		KITT	LIST
ATOM	BISE	DUTT	EROS	FLOH	GOTE	HEER		KITZ	LOGE
AUGE	BLEI		ESEL	FLÖZ	GOTT	HEFE		KIWI	LOGO
AULA			ESPE	FLUG	GRAB	HEFT		KLUB	LOHN
			ESSE	FLUR	GRAD	HEHL		KNIE	LORD
			ETAT	FLUT	GRAF	HEIL		KOCH	LÜGE
			ETUI	FOND	GRAL	HEIM		KODE	LUKE
			EULE	FORD	GRAM	HEIN		KOJE	
			EXIL	FORM	GRAS	HELD		KORK	
				FOTO	GRAT	HELM		KORN	
				FRAU	GROS	HEMD		KRAM	
				FRON	GURT	HERD		KRUG	
				FUGE	GURU	HERZ		KULT	
				FUND	GUSS	HEXE		KURS	
				FUNK	GÜTE	HIRN		KURT	
				FURT		HIRT			
				FUSS		HÖHE			
						HOLZ			
						HORN			
						HOSE			
						HUHN			
						HULD			
						HUND			

MAAT
MARK
MADE
MAGD
MAHL
MAID
MAIS
MALZ
MAMA
MANN
MARS
MASS
MAST
MATZ
MAUL
MAUS
MAXI
MAYA
MEER
MEGA
MEHL
MEHR
MEMO
METT
MILZ
MIME
MINE
MINI
MISS
MIST
MODE
MOFA
MOHN
MOHR
MOLL
MOND
MOOR
MOOS
MOPS
MORD
MOST
MUFF
MUM
MUND
MUSE
MUSS

NAHT
NAME
NAPF
NARR
NASE
NEID
NERV
NERZ
NEST
NETZ
NEWS
NORD
NORM
NOTE
NULL
NUSS

OASE
OVER
OBOE
OBST
ODEM
OFEN
OKAY
OMEN
OPAL
OPER
OPUS
OVAL
OXYD
OZON

PAAR
PACK
PAGE
PAKT
PAPA
PACK
PARK
PART
PASS
PATT
PECH
PEER
PEIN
PELZ
PEST
PFAD
PFAU
PIER
PILZ
POET
POLE
POLO
POMP
PONY
POOL
PORE
POSE
POST
POTT
PRIX
PULT
PUMA
PUMP
PUNK
PUTZ

RABE
RAHM
RAIN
RANG
RAPS
RAST
RATE
RAUB
REBE
RECK
REDE
REIF
REIM
REIS
REIZ
REST
REUE
RIFF
RIND
RING
RIPS
RISS
ROCK
ROHR
ROLF
ROSE
ROSS
RÜBE
RUHM
RUSS

SAAL
SAAT
SABA
SACK
SAFE
SAFT
SAKE
SALM
SALZ
SAMT
SAND
SARG
SARI
SATZ
SAUM
SAUS
SHOW
SIEB
SIMS
SINN
SITZ
SLIP
SMOG
SNOB
SODA
SOHN
SOLD
SOLE
SAUL
SPUK
STAB
STAR
STAU
STEG
STIL
SULZ

TABU
TAFT
TAKT
TALK
TAND
TANG
TANK
TANZ
TAPE
TARA
TEAM
TEER
TEIG
TEST
TEXT
TICK
TIEF
TIER
TOGA
TOTO
TURM
TRUM

ÜBEL
UFER
ULAN
ULME
UNNA
URIN
URNE

VAMP
VASE
VATI
VELO
VERB
VERS
VETO
VIEH
VIER
VIZE
VOGT
VOLK
VOLT

WABE
WADE
WAHL
WAHN
WALD
WALL
WAMS
WAND
WARE
WATT
WEHE
WEHR
WEIB
WEIN
WELT
WERK
WERT
WEST
WILD
WIND
WINK
WIRT
WITZ
WOGE
WOLF
WORT
WURF
WURM

ZAHL
ZAHN
ZANK
ZAUM
ZAUN
ZEHN
ZEIT
ZELT
ZIEL
ZIER
ZIMT
ZINK
ZINN
ZINS
ZOFE
ZOLL
ZONE
ZOOM
ZOPF
ZORN
ZOTE
ZWEI

6 Kreativ: intuitiv/kognitiv, analog/digital, produktiv/reproduktiv (= Synthese)

»Vertrauen ist gut, Kontrolle ist besser«, meinte einmal der sowjetrussische Politiker Lenin. Er war nun wirklich einer, der sich selten zu einer Gefühlsduselei hinreißen ließ. Und der alte Geheimrat Goethe schrieb einmal: »Bei den alten Persern war es üblich, im betrunkenen Zustand zu beraten und im nüchternen zu beschließen. Heute scheint mir es dagegen so zu sein, daß politisch im nüchternen Zustand beraten und im trunkenen Zustand beschlossen wird...«

Vertrauen ist emotional, Kontrolle ist rational

Daß *ausschließlich* erfahrungsorientiert oder *ausschließlich* gefühlsmäßig gedacht wird, ist häufig die Ursache für unkreative Lösungen. Nur in der *Kombination* beider Denkrichtungen können neue, produktive Ideen zustande kommen:

– Das laterale Denken versucht, möglichst alle Seiten eines Problems einzuschließen, ohne sich aber dabei in Einzelheiten zu verzetteln. Die Veranschaulichung einer Situation hängt hier sehr stark von vertrauten Begriffen ab. Ob allerdings eine derart getroffene Lösung das Optimale darstellt, bleibt offen – weil verschiedene Leute auch verschieden vertraute Begriffe haben.
  Das lateral/horizontale Denken ist auf keine Spur festgelegt. Es ist deshalb auch frei von fixierten Vorstellungen oder eingeschränkten Vorkenntnissen bzw. klischeehaften Vorurteilen.

horizontal:
subjektiv
intuitiv
divergent
rechtshirnig

– Das eskalierende Denken geht linear von einer Stufe zur anderen und baut auf Schritten auf, welche jeweils auf den vorangegangenen basieren. Dieser systematische Aufbau macht eine einfachere Überprüfung der einzelnen Stufen möglich, z.B. Problemerkennung–Problemdefinition–Hintergrundinformation–Lösungsansätze–Überprüfung–Auswahl–Realisierung.

vertikal:
objektiv
kognitiv
konvergent
linkshirnig

Welches der beiden Denkschemata das bessere ist, darüber gibt es verschiedene Ansichten. Die einen sagen, daß dies von der jeweiligen Aufgabe abhinge (Such- oder Systemproblem, vgl. S. 73), die anderen meinen, der persönliche Arbeitsstil bestimme auch die Denkweise. Ich selbst schließe mich dabei der

These Linnewehs an, welcher von »realitätsangepaßtem divergentem Denken« spricht – von einer »Synthese aus Lust und Realität« (vgl. Seite 102, Punkt 9).

Erweiterung
- Analoges Denken bezieht sich auf *Konzeption durch Variation*, d.h., der Problemkern wird abstrahiert und auf Verfremdungsmöglichkeiten (Synektik/Bionik) abgecheckt.

Verkürzung
- Digitales Denken orientiert sich an *Konzeption durch Reduktion*, d.h., eine Botschaft wird analysiert und auf Darstellungsmöglichkeiten (Headline, Slogan, Piktogramm, Signet) untersucht.

Beispiel:

Meditation-Gebet-Traum-Verwandlung-Surrealismus
Körper-Geist-Seele-Metaphysik-Esoterik-Psychologie
Atem-Lunge-Luft-Sauerstoffmaske-Gas-Erdatmosphäre-Äther
Ernährung-Diät-Askese-Fakir-Akupunktur-Injektion
Indien-Bettelmönch-Nagelbrett-Bürste-Massage

analog/assoziativ

digital/rhetorisch

Links werden Assoziationen gebildet, rechts werden sie geweckt.

Bei der kreativen Arbeit spielen vor allem *Assoziationen* einen wesentlichen Part: Hierbei sind die Verknüpfungen vorhandener Bewußtseinsinhalte mit anderen gemeint. Wenn wir z.B. etwas *Bestimmtes sehen*, kann uns etwas völlig *anderes in den Sinn kommen*, zu dem wir eine Beziehung aufgebaut haben – durch ein damit verbundenes Erlebnis, über das wir uns gefreut, gewundert oder geärgert haben.
Assoziationsmechanismen gliedern sich wiederum in zwei Arten:

kleiner Radius
– Die geschlossene Gedankenverbindung (hier bezieht sich jede Variation auf den Ursprung; die verknüpften Begriffe beschränken sich dabei auf ein verhältnismäßig kleines Feld, welches jedoch sehr eng am Ausgangspunkt liegt – 1. Beispiel auf Seite 146).

großer Radius
– Die offene Gedankenverbindung (bei diesem assoziativen Mechanismus bezieht sich zwar der neue Begriff auf den vorhergegangenen, aber nicht auf den Ursprung; die Verknüpfungen beschränken sich nicht mehr auf ein überschaubares Feld – 2. Beispiel auf Seite 146).

Vorurteile sind subjektive, oft gefühlsmäßig vorgefaßte Meinungen, welche *im voraus* über etwas oder jemanden entstehen. Sie sind entscheidend, wenn es darum geht, ob wir uns weiter mit einem Thema beschäftigen wollen oder nicht; sie geben den Ausschlag zu Interesse oder Desinteresse. Vorurteile entwickeln sich aus verschiedenen Eindrücken, Erfahrungen und anerzogenen Bewertungskriterien, z.B. Urteile

Klischees

- die zu Hause erlernt und bestätigt wurden,
- durch die unmittelbare und mittelbare Umgebung (Beruf, Hobby),
- durch die Medien (Politik, Wirtschaft, Kultur, Religion),
- durch persönliche Erfahrungen,
- aus Erziehung, Aus-, Weiter- und Fortbildung.

Den größten Einfluß haben eigene vorgefaßte Meinungen – auch in Verbindung mit Sogverhalten, »Herdentrieb«, Suggestion, Bequemlichkeitsdenken (Weg des geringsten Widerstands). Vorurteile müssen nicht unbedingt negativ sein. Sie behindern zwar einerseits das ungebundene Arbeiten, andererseits ist das Vorhandensein von Vorurteilen ein Schutzmechanismus des einzelnen gegenüber der Gesellschaft. Wir müssen uns aber stets im klaren darüber sein, daß wir uns in unserer fixierten Meinung auch täuschen können; im Laufe eines kommunikativen Prozesses sollte deshalb versucht werden, Vorurteile durch (objektiv begründete) Urteile zu überprüfen oder gar zu ersetzen.

Sog
Suggestion
stereotypes Verhalten

Vorurteile durch Urteile ersetzen

Tagtäglich wird der Gestalter selbst mit einer Vielzahl von Botschaften konfrontiert; er ist – wie jeder andere Konsument – gezwungen, sich damit auseinanderzusetzen. Die *Analyse fremder Arbeiten* (aber auch der eigenen) kann dem Gestalter Transparenz ermöglichen und schließlich dazu dienen, eventuelle Fehleinschätzungen zu eliminieren – aber auch neue Designtrends aufzuspüren.

- Produktives Denken bezieht sich auf *Synthese durch Analyse*, d.h. durch Nachvollziehen eines Gestaltungsprozesses, um Kreativität *exemplarisch* zu erfahren.
- Reproduktives Denken orientiert sich an *Interpretation durch Beurteilung*, d.h., unabhängig vom Gestaltungsprozeß sollten Originalität, Qualität, Realisierbarkeit, Schnelligkeit, Wirtschaftlichkeit, ethische/ästhetische/hygienische Unbedenklichkeit überprüft werden.

exemplarischer Nachvollzug

Originalität
Qualität
Realisierbarkeit

Um eine Beurteilung möglichst objektiv durchzuführen, sollte auch diese systematisch angegangen werden, z.B. mit folgenden Fragen:

- Was beeindruckt mich, was macht mich betroffen? Die Form? Der Inhalt?
- Was ist die Botschaft? Gibt es überhaupt eine Botschaft?
- Welche (Gestaltungs-)Mittel wurden eingesetzt?
- Warum wurden diese eingesetzt?
- Wie (und wo) wurden diese eingesetzt?
- Stimmen Form und Inhalt der Botschaft überein?
- Besteht ein bewußtes Zusammenspiel, oder ist es eher Zufall?
- Kann ich mich mit dem Adressaten der Botschaftsgestaltung identifizieren?
- Wenn nicht, warum nicht?

etc.

produktive Kreativität: kontrollierte Divergenz

Wissenschaft und Kunst

Kreativität: Klugheit und Grips

Dazu möchte ich nochmals Klaus Linneweh zitieren: »Der entscheidende Unterschied zwischen Genie und Wahnsinn besteht in der Realisierbarkeit – in der kritischen Distanz des Genies. Wir brauchen beides: Die Divergenz zur Ideenproduktion, die Konvergenz, um die gefundenen Ideen zu überprüfen. Produktive Kreativität ist eine der Realität angepaßte Divergenz – eine kontrollierte Divergenz. Konvergente und divergente Denkoperationen sind daher nicht in einem Gegensatz zu sehen, stehen für eine kreative Persönlichkeit durchaus in notwendiger Ergänzung zueinander. Dieser Problemlöser, der durch schöpferische Phantasie und kritisches Urteilsvermögen gleichermaßen gekennzeichnet ist, löst die alte Vorstellung vom Wissenschaftler mit strenger Logik und dem Künstler mit fast ausschließlich schöpferischer Phantasie ab. *Was wir heute in allen Teilen der Wirtschaft und des Lebens schlechthin brauchen, sind beide Elemente: die Strenge des logischen Schlußfolgerns und die Ungebundenheit der Phantasie, die nüchterne Sachlichkeit der Aufgabenbewältigung und die Gefühlsbetontheit des Tagträumers, die Gewißheit und die Unwägbarkeit – die Dialektik des ›Sowohl-Als-auch‹.«* Diese Auffassung teile ich ohne jede Einschränkung!

Kontrollierte Divergenz: Beispiele aus der Werbung

Erfolgreiche Werber hatten schon immer gute Ideen. David Ogilvy sagte einmal: »Ich bezweifle, daß von hundert Werbekampagnen mehr als eine auf einer Big Idea basiert. Obwohl ich angeblich zu den einfallsreichsten Erfindern von Big Ideas gezählt werde, muß ich zugeben, daß ich während meiner langen Karriere als Texter höchstens zwanzig hatte. Große Ideen kommen aus dem Unterbewußten. Dies gilt für die Kunst, für die Wissenschaft wie auch für die Werbung. Nur Ihr Unterbewußtsein muß *gut informiert* sein, oder Ihre Idee ist irrelevant. Speichern Sie Ihr Unterbewußtsein mit zahlreichen Informationen, und schalten Sie dann Ihren rationalen Gedankenprozeß aus. Das ist am einfachsten, wenn Sie einen langen Spaziergang machen, ein heißes Bad nehmen oder ein Viertel Rosé trinken. Sobald die Verbindung zu Ihrem Unterbewußtsein hergestellt ist, wird fast unerwartet eine Big Idea zum Vorschein kommen.«

Tag
Tagtraum
Traum

Werbeagentur Young & Rubicam Italien

Raymond Rubicam riet einmal aphoristisch: »Resist the usual« (Widerstehe dem Normalen). Die Worte seines Cheftexters Roy Whittier: »In der Werbung beginnt Größe damit, anders als die andern zu sein, und Mißerfolg damit, dasselbe wie sie zu tun« hat die Werbeagentur Young & Rubicam Italia S.p.a. in ein Eigenwerbeinserat umgesetzt, welches Intelligenz mit Schläue verbindet.

Die Idee zur erfolgreichen Marlboro-Kampagne stammt von Leo Burnett, der die folgenden Äußerungen zum kreativen Arbeitsprozeß machte:
»Jedes Produkt hat eine eigene, ihm spezifische Problematik. Unsere vorrangige Aufgabe besteht darin, diese herauszufinden und daraus Nutzen zu ziehen.«
»Wenn Sie nach den Sternen greifen, erreichen Sie sie vielleicht nicht, aber Sie wühlen mit Sicherheit nicht im Dreck.«
»Sie müssen sich in ein Thema hineinknien, wie ein Pferd arbeiten, Ihre Eingebungen beachten, sie wertschätzen und ihnen folgen.«
Auf analogem *und* digitalem Denken (bionische Technik) basiert die untenstehende VW-Anzeige. Der geistige Vater dieser Kampagne war der unvergessene Bill Bernbach, welcher einmal zur Zukunft der Werbung gefragt wurde. Seine Ant-

Werbeagentur Doyle Dane Bernbach

Big Idea von David Ogilvy

wort war: »Die menschliche Natur hat sich in Milliarden von Jahren nicht verändert. Und sie wird sich auch in den nächsten Milliarden Jahren kaum ändern. Lediglich oberflächliche Dinge haben sich gewandelt. Man spricht heute sehr gern vom sich *wandelnden* Menschen. Jeder, der in irgendeiner Weise im Kommunikationsbereich tätig ist, sieht sich jedoch mit einem *gleichbleibenden* Menschen konfrontiert – mit seinen Antrieben und Neigungen, die sämtliche Handlungen bestimmen, selbst wenn seine Sprache meistens das kaschiert, was ihn *tatsächlich* motiviert. Wenn Sie all dies über einen Menschen wissen, können Sie ihn in seinem Innersten erreichen.

Ohne Einschränkung und Änderung wird gültig bleiben: Der kreative Mensch, der die menschlichen Verhaltensweisen umfassend kennt und darüber hinaus die Fähigkeit besitzt, auf Menschen einzugehen und sie zu motivieren, wird Erfolg haben. Ohne diese Fähigkeiten wird er versagen.«

Vor 27 Jahren hatte ich anläßlich einer Studienreise Gelegenheit, die Werbeagentur Doyle Dane Bernbach in der New Yorker Madison Avenue zu besuchen. Mr. Bernbach selbst war leider abwesend, in seinem Büro stand ein runder Tisch, der – als »Mr. Bernbachs Schreibtisch« vorgestellt – mich die Frage stellen ließ, warum dieser *rund* ist? Antwort: »Mr. Bernbach möchte nicht *hinter* seinem Schreibtisch, sondern *an* ihm sitzen. Wenn er seine Mitarbeiter z.B. zum Brainstorming um sich schart, möchte er, daß diese *neben* ihm sitzen.« Die Hierar-

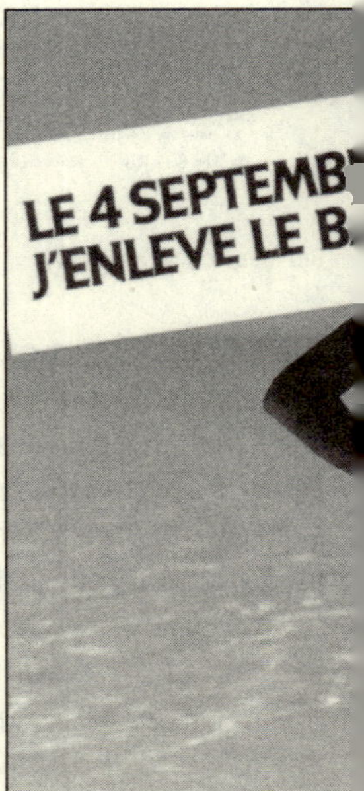

chie war diesem »Gentleman mit ausgeprägtem Intellekt« (Ogilvy) fremd, Teamwork bedeutete ihm sehr viel.
Ogilvy selbst schrieb den wohl berühmtesten Autoanzeigentext überhaupt: Bei 60 Meilen in der Stunde ist das lauteste Geräusch in diesem neuen Rolls Royce das Ticken der elektrischen Zeituhr. Das ist Rhetorik vom Feinsten…
Schon zu Beginn der achtziger Jahre verfolgte »tout Paris« voller Spannung eine 3er-Serie von Plakaten, die für Plakatwerbung Werbung machen sollte – Text: Am 2. September werde ich das Oberteil ausziehen (1. Plakat) – Am 4. September werde ich das Unterteil ausziehen (2. Plakat) – Der Plakatkleber, der seine Versprechen hält (3. Plakat). David Ogilvy hatte wieder einmal zugeschlagen…

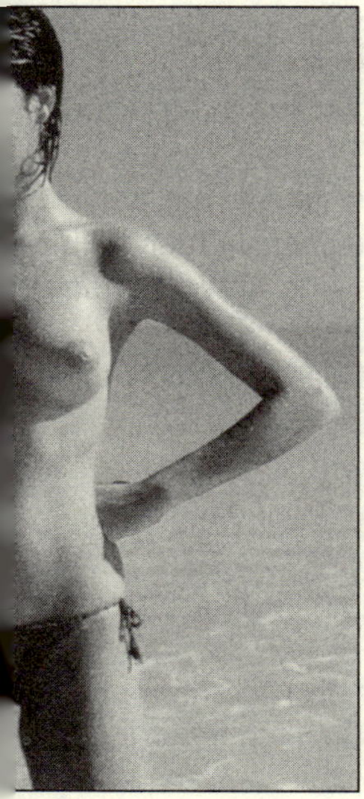

Kreativitätstest

Entscheiden Sie sich für eine aus drei alternativen Antworten:

(A) Schließen Sie hin und wieder mit Freunden eine Wette ab?

○ Ja, wenn ich mir meiner Einschätzungsfähigkeit sicher bin.
○ Es kommt darauf an, wieviel ich dabei gewinne oder verliere.
○ Nein, ich wette grundsätzlich nicht.

(B) Werden Ihre Mitarbeiter (Kollegen, Familienmitglieder) nach guter Arbeit von Ihnen gelobt?

○ Ja, weil ich glaube, daß sie dies besonders motiviert.
○ Das kommt darauf an, um welche Mitarbeiter (Kollegen, Familienmitglieder) es sich handelt.
○ Lieber selten als oft, weil zuviel Lob die Selbstkritik beeinträchtigt.

(C) Wie lesen Sie ein Sachbuch?

○ Ich blättere durch und schaue nach den Überschriften.
○ Ich fange bei der Einleitung an und höre bei der Zusammenfassung auf.
○ Mich interessiert vor allem der Klappentext, die Inhaltsgliederung und das Literaturverzeichnis. Häufig schlage ich nach.

(D) Wie verhalten Sie sich als Partygast?

○ Ich erzähle viel und habe die Lacher meist auf meiner Seite.
○ Ich gehe auf keine Parties.
○ Ich frage viel und höre gerne den anderen zu.

(E) Wenn Sie Lehrer wären, wie würden Sie Ihre Schüler/Studenten prüfen?

○ Fragen mit jeweils drei Antworten versehen, von denen zwei falsch sind und die richtige angestrichen werden muß.
○ Fragen so formulieren, daß nur jeweils eine Antwort möglich ist.
○ Fragen stellen lassen und die Qualität der Antworten bewerten.

(F) Trinken Sie als Gast lieber Rotwein oder Weißwein?

○ Rotwein zu dunklem Fleisch und Käse, Weißwein zu hellem Fleisch und Fisch.
○ Mir ist beides gleich lieb, weil ich gerne mit Mineralwasser mische.
○ Ich erkundige mich nach Art, Herkunft und Beschaffenheit der angebotenen Sorten und entscheide mich für die höhere Qualitätsstufe.

(G) Wenn neben Ihnen jemand ins tiefe Wasser fällt und nicht schwimmen kann, was tun Sie?
- ◯ Ich springe kurzentschlossen hinterher und versuche zu retten, was zu retten ist.
- ◯ Ich überlege mir vor dem Rettungsversuch, ob meine eigene Gesundheit oder gar mein Leben gefährdet sind.
- ◯ Ich hole schnell Hilfe, weil ich kein ausgebildeter Rettungsschwimmer bin.

(H) Schlafen Sie gut vor einem wichtigen Auftritt am nächsten Tag?
- ◯ Ich kann immer gut schlafen; stehend wie ein Soldat im Schützengraben, wenn es sein muß.
- ◯ Ich nehme in einem solchen Fall ein Schlafmittel, das hilft.
- ◯ Ich bin innerlich sehr angespannt, werte dies jedoch als ein Zeichen starker Motivation.

(I) Wie fühlen Sie sich, wenn Ihr Lieblingssportler gewonnen hat?
- ◯ Ich würde in diesem Augenblick gerne in seiner Haut stecken.
- ◯ Ich interessiere mich nicht für Sport.
- ◯ Ich trinke darauf ein Glas Champagner.

Feedback

Sie liegen mit Ihren Antworten zwischen 3 extremen Polen:

1. Antwort	2. Antwort	3. Antwort
= Romantiker	= Verstandesmensch	= Entdecker
Schwärmer	Intellektueller	Erfinder
Idealist	Realist	Gestalter
Spinner	Streber	Macher
Type	Typ	Genie

Mit großer Wahrscheinlichkeit haben Sie nicht 9x die erste, zweite oder dritte Antwort angestrichen, sondern irgendwo die erste oder zweite oder dritte. Die Bewertung orientiert sich am Schwerpunkt – Beispiele:
2 x 1. Antw., 2 x 2. Antw., 5 x 3. Antw. = eher ein Kreativer
2 x 1. Antw., 5 x 2. Antw., 2 x 3. Antw. = eher ein Skeptiker
5 x 1. Antw., 2 x 2. Antw., 2 x 3. Antw. = eher ein Optimist
Dieses *Selbstbild* darf natürlich nicht überbewertet werden – ein *Fremdbild* dagegen wäre viel objektiver. Wer eine Überprüfung des subjektiven Ergebnisses anstrebt, kann sich diese Fragen von einer vertrauten Person beantworten lassen.

Kommunikationsziele Teil III

7 Fragen und Antworten

Anhand der folgenden 44 Fragen mit den direkt anschließenden Antworten soll die Feedbackmöglichkeit genutzt werden, d.h., der Leser dieses Buches kann damit den Inhalt der beiden Kapitel »Spielfelder« und »Denkrichtungen« reflektieren und exemplarisch nachvollziehen (ggf. Antwort abdecken). Lernkontrolle der ersten sieben Fragen: Erläutern können, was unter »Kommunikation« zu verstehen ist, den Kontext zwischen Kommunikation und zweckbestimmtem »Spielmaterial« herstellen.

Frage 1: Was bedeutet der Satz »Leben ist Kommunikation«? Welche Beispiele gibt es dafür?

Antwort: Nicht nur Menschen verständigen sich untereinander; Tiere (ja in bestimmten Situationen sogar Pflanzen) reagieren auf die Einflüsse ihrer Umgebung: Pflege, Fürsorge und Hinwendung unterstützen den Instinkt eines domestizierten wie auch zur Nutzung gehaltenen Haustieres; werden sie wie eine Sache behandelt, gejagt oder gar gequält, entsteht auch bei Tieren Verstörtheit, Streß und Aggression. Jedes *Lebe*wesen *verhält* sich, d.h., es agiert und reagiert durch Triebsteuerung.

Frage 2: Welche Kommunikationsformen werden durch die folgenden Begriffe gekennzeichnet:

	Antwort:
direkt/indirekt?	persönliches Gespräch (auch Telefon) / Kommunikation über Medien (auch Rede)
bewußt/unbewußt?	Denken und Handeln / Reaktion auf im Gedächtnis Gespeichertes
verbal/nonverbal?	Sprechen und Schreiben / Gestik, Mimik, Körperspiel, Schreie
öffentlich/privat?	Veranstaltung (auch medial) / Vier-Augen-Gespräch, Beziehung
einseitig/gegenseitig?	Rede, Predigt, Vorlesung / Round-Table-Diskussion, Konferenz

Frage 3:
Um welche Kommunikationsarten handelt es sich bei den folgenden Situationen:

	Antwort:
Sie schauen sich einen Film an?	Indirekte Kommunikation (monolateral/medial)
Sie rufen Ihren Freund an?	Direkte Kommunikation (bilateral/direkt)
Sie sprechen mit Kollegen?	Verbale Kommunikation (multilateral/direkt)
Sie hören sich einen Vortrag an?	Einseitige Kommunikation (monolateral/direkt)
Sie lesen ein Sachbuch?	Kognitive Kommunikation (monolateral/indirekt)

Frage 4:
Wovon hängt es ab, ob eine Kommunikation gelingt?
Antwort: Von Aufmerksamkeit, Interesse und Bedürfnis des Partners.

Frage 5: Wie verläuft ein Kommunikationsprozeß?
Antwort: Indem auf eine Aktion eine Reaktion erfolgt. (Eine Reaktion kann aber auch nur darin bestehen, daß der Empfänger zu erkennen gibt, an einer Kommunikation nicht interessiert zu sein.) Vier grundlegende Voraussetzungen lassen Kommunikation entstehen – das WAS, das WO, das WANN und das WIE. Die Frage nach dem WAS bezieht sich auf den Inhalt: inwieweit er für den Partner von Bedeutung, von Interesse, d.h. für ihn nachvollziehbar ist. Das WO meint die lokale Gegebenheit, den Ort der Kommunikation. Es ist ein großer Unterschied, ob z.B. eine Marktfrau ihre Ware auf dem Marktplatz, an der Wohnungstür oder gar im Konzertsaal anbietet bzw. anbieten würde. Das WANN meint den Zeitpunkt, der in Beziehung auf Wirkung optimal oder gänzlich falsch gewählt sein kann – nachts, wenn alle schlafen, oder tagsüber, wenn alle arbeiten, werden wir wohl auf wenig Aufnahmebereitschaft stoßen. Das WIE beinhaltet die Frage nach den (publikums-)taktischen Momenten, das angewandte Wissen, Art und Umfang der Hintergrundinformation – die Person des Kommunikators (Sender) und sein Verhältnis zum Kommunikanten (Empfänger) oder zur Kommunikantengruppe –, die Kontextbezüge und die (audio)visuell gebundenen Informationen wie Untermalung durch Musik, Bilder, Gestik, Mimik; kurz gesagt: die ganzen äußeren Bedingungen, die Umrahmung der Darbietung. Erst bei Beachtung dieser vier Punkte kann der Gestalter/Werber Gewähr dafür leisten, daß er als Kommunikationsdesigner seine Absicht erreicht – nämlich Wirkung erzielen.

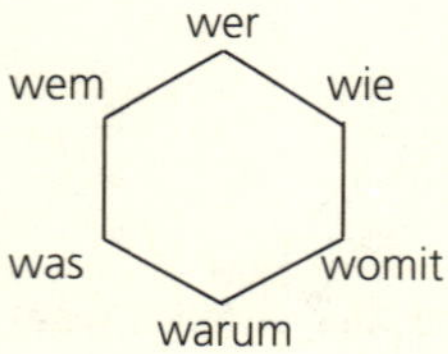

Frage 6: Welche Beispiele könnte man für eine private und eine öffentliche Kommunikation geben?
Antwort: privat = Ein Mitarbeiter redet mit seinem Chef über eine mögliche Lohnerhöhung, weil er glaubt, unterbezahlt zu sein. Die Form der bilateral-direkt-verbalen Kommunikation ist höflich, aber bestimmt; die Mimik wird stärker betont als die Gestik.
publik = Im Fernsehen wird ein Fußballänderspiel live übertragen... Die beiden Mannschaften wollen den Zuschauern für ihre gute Zeit ein gutes Spiel liefern; die Gestik und vor allem das Körperspiel sind bei dieser monolateral-indirekt-nonverbalen Kommunikation sehr stark betont.

Frage 7: Welche Möglichkeiten des Informationsaustausches hat die nonverbale Kommunikation?
Antwort: Bilder ohne Ton (Signale, Gestik, Mimik etc.) – Ton ohne Bilder (Tierstimmen, Geräusche, Musik etc.) – Bilder mit Ton (Kino, Fernsehen, Video etc.) – Geruch (Menschen, Tiere, Pflanzen, Sachen etc.) – Genuß (essen, trinken etc.) – Gefühl (kalt/heiß, hart/weich, spitz/stumpf etc.).

Lernzielkontrolle der nächsten fünf Fragen: Erklären können, was man unter dem Begriff »Ideenfindung« versteht. Beurteilen können, ob sich ein Problem für die Ideenfindung eignet. Den Zusammenhang zwischen Ideenfindung und Problemlösung erkennen.

Frage 8: Was ist ein Problem?

Antwort: (a) Ist-Zustand definieren (bei komplexen Problemen mit Ursachen-, Umfeld- und Hintergrundforschung). (b) Soll-Zustand definieren. (c) Weg vom Ist- zum Soll-Zustand finden, unter Berücksichtigung der Rahmenbedingungen (physikalisch, zeitlich, wirtschaftlich, sozial etc.).

Elementar gesehen ist ein Problem ein Gefüge von Situationen (subjektiv) und Zustand (objektiv), welche den Umstand ergeben, der vom gegenwärtigen in einen verbesserten Zustand (Abhilfe) gewandelt werden sollte. Zwei Beispiele:

- Umstand: Hungersnot
  Zustand: Trockenperiode durch ausbleibenden Regen wegen Klimaverschiebung (Ozonloch).
  Situation: Ernte geht ein...
- Umstand: zu wenig öffentliche Verkehrsmittel werden benutzt.
  Zustand: veraltete Systeme, zu wenig Personal.
  Situation: Unpünktlichkeit der Verkehrsmittel, Bequemlichkeit der Leute.

Frage 9: Welche Beispiele entsprechen der Definition?

Antwort: Nicht jede Beantwortung einer Frage ist problematisch. Nur wenn einem (unbefriedigenden) Mißstand abgeholfen werden muß, ist eine (kreative) Idee gefragt. Das Beispiel auf Seite 15 unten (Bewerbung bei Stellenknappheit) kommt der Definition »Ideen finden heißt Probleme lösen« ziemlich nahe.

Frage 10: Wo ist die Ideenfindung angebracht?

Antwort: Ideenfindung ist da angebracht, wo kreative, irrationale Lösungen gefragt sind – wenn also die Lösung über die reine Funktionalität hinausgehen muß.

Frage 11: Was ist ein Suchproblem, was ein Beziehungsproblem?

Antwort: Ein Suchproblem wird mit einzelnen, miteinander nicht koppelbaren – also unabhängigen – Ideen gelöst, etwa durch die Ideenfindungstechnik Brainstorming. Ein Systemproblem ist ein komplexes Problem, welches nicht mit einer einzelnen Idee (»Knüller«) gelöst werden kann. Es muß in Teilprobleme zerlegt werden, um die Lösung der einzelnen Teile – unter Berücksichtigung ihrer Wirkung aufeinander – wieder zu einem Ganzen zusammenzufügen (Ursachenforschung, Abhilfe ohne Folgeprobleme).

Frage 12: Wie kann man feststellen, ob bei einem Problem die Ideenfindung angewandt werden soll?

Antwort: Um festzustellen, ob bei einem Problem die Ideenfindung angebracht ist, bedarf es der Abklärung, ob das Problem – oder Teile davon – überschaubar sind. Es müssen Orientierungsmöglichkeiten vorhanden sein (in der Werbung z.B. Konkurrenzverhalten, Ist-Zustand, Zielvorstellungen etc.). Für das Problem müssen subjektive, irrationale, kreative Lösungen gesucht werden; Varianten müssen möglich sein.

Lernziel der folgenden sieben Fragen: Die Bedeutung spontaner Einfälle bei der Ideenfindung kennen. Die Möglichkeiten bewußten Assoziierens auszuschöpfen verstehen. Sich mit selbstgestellten Fragen, allgemeingültigen Fragelisten und Zufallsverbindungen von Blockaden wieder lösen können.

Frage 13:
Über welches Thema könnte eine neue Zeitschrift berichten?
Antwort: Die neue Zeitschrift berichtet in monatlicher Erscheinungsweise über »in's« von gestern, d.h., sie bringt längst vergessene, inzwischen verstaubte Berichte, welche zu schade sind, weggeworfen zu werden... Sie werden quasi wieder aufgerollt. Damit soll ein Zeitschriftenprofil geschaffen werden, das inmitten einer Welt von sofort verbrauchter Aktualität (Mode, Zeitgeist, »nicht von gestern sein wollen«) das Neue zur Gewohnheit und damit das Unmoderne zum Besonderen macht.

Frage 14:
Welche Suchtaktik wurde angewandt?
Antwort: Bestandsaufnahme des Zeitschriftenmarkts – Brainstorming – Heuristik (Fragen zum Auflockern) – Kontrastbeschäftigung (Entfernung vom eigentlichen Problem) – Ordnen der gefundenen Ideen – Rollenwechsel in Zielgruppe – Herauskristallisierung einer Marktlücke.

Frage 15:
Wie könnte diese Zeitschrift gestaltet sein?
Antwort: aufwendig – großformatig – Hochglanzpapier – flacher Rücken mit grober Inhaltsgliederung (Stichworte).

Frage 16:
Was wären die Vorteile, wenn überhaupt keine Rücksicht auf die Herstellungskosten genommen werden müßte?
Antwort: Qualifizierte, teure Mitarbeiter – große Redaktion (inkl. eines aufwendigen Leserdienstes) – Aufbau eines großen Archivs – hervorstechende Bildqualität durch exklusive Fotografen etc.

Frage 17:
Wie müßte diese Zeitschrift aussehen, wenn sie für eine entgegengesetzte Zielgruppe gemacht würde?
Antwort: Wie die sog. »Yellow press« (Programmzeitschriften, Klatsch und Tratsch, Trivial-Magazine).

Frage 18:
Wie sollte der Name dieser Zeitschrift lauten? Wie der Untertitel?
Antwort: »OUT« – Die Zeitschrift für die anderen.

Frage 19: Wie könnte diese Zeitschrift beworben werden?
Antwort: Mit einem Commercial oder Funkspot (»Eine zeitlose, andere Zeitschrift«) – Inserate in exklusiven Illustrierten (Esquire, Cosmopolitan, Häuser, Merian, Wein etc.).

Lernziel der nächsten acht Fragen: Den Wert der Identifikation bei der Ideenfindung erkennen. Die beiden Arten der Identifikation bei verschiedenen Problemen anwenden können. Wissen, was Analogien sind. Die Ideenfindung bei Systemproblemen durch Analogien erleichtern.

Frage 20:
Hat der Blickwinkel, unter dem ein Problem betrachtet wird, einen wesentlichen Einfluß auf die Ideenfindung?
Antwort: Aus jedem Blickwinkel werden andere Anforderungen an die Lösung des Problems gestellt. Wenn das Problem also verschiedene Aspekte aufweist, eröffnet das bei der Ideen- bzw. Lösungsfindung neue, ungewohntere Möglichkeiten, welche man vom eigenen (subjektiven) Standpunkt aus nicht gesehen hätte. (Neue Perspektiven sind möglich aus der Sicht eines Unbeteiligten, Neugierigen, Gleichgültigen, Vorbelasteten, evtl. sogar aus dem Blickwinkel des Produktes selbst.) Will man jedoch bei der Lösung selbst alle möglichen Gesichtspunkte berücksichtigen, engen sich die Möglichkeiten stark ein (u.U. ist unter diesen Bedingungen gar keine Lösung zu finden).

Frage 21:
Was würde ich als Verleger, Agenturchef oder Leser von dieser neuen Zeitschrift halten?
Antwort: »Diese Zeitschrift kann nur in einem großen Verlag bestehen, weil sie eine zu schmale Leserschaft und, damit verbunden, eine zu kleine Auflage hat, um sich zu rentieren. In einem großen Verlag könnte auch teilweise aus dem eigenen Archiv geschöpft werden.« (Verleger) – »Die Zeitschrift ist für die Anzeigenwerbung gegenüber einem spezifischen Zielpublikum geeignet, also kein Massenblatt. Die Adressaten können als interessierte Leser/innen angesehen werden, die auch informative, textintensive Inserate lesen. Sie sind auch Bezieher anderer Publikationen und können so mehrfach angesprochen und vertieft informiert werden.« (Agenturchef) – »Die Zeitschrift bietet einen absoluten Gegensatz zu neuen, trendigen und kurzlebigen Magazinen. Mit der ›Lanze, die gegen die Vergänglichkeit guter Texte gebrochen wird‹, wird sicherlich eine (Markt-)Lücke geschlossen.« (Leserzuschrift)

Frage 22:
Wie dürfte ein XY-Inserat in dieser Zeitschrift aussehen?
Antwort: Beispielsweise ein ganzseitiges Inserat für alle Museen einer Stadt – Headline »Einsicht in andere Welten.«

Frage 23:
Was ist der Unterschied zwischen einer inhaltlichen und einer formalen Analogie?

Antwort: Eine inhaltliche Analogie besteht bei zwei oder mehreren Gegenständen, welche die gleiche Funktion, d.h. den gleichen Verwendungszweck haben. Eine formale Analogie dagegen liegt zwei Gegenständen zugrunde, die in Form und Gestalt übereinstimmen, jedoch nicht den gleichen Zweck haben, also sich nur visuell ähnlich sind.

Frage 24: Welches Beispiel eignet sich für die Erklärung?
Antwort: Während die inhaltliche Analogie zu einer Brille ein Fernglas ist, wäre demnach die formale Analogie dazu ein Fahrrad.

Frage 25: Wie könnten z.B. die Leser/innen dieser neuen Zeitschrift am Konzept mitwirken?
Antwort: Wunschreportagen bzw. Wunschthemen anmelden oder aus alten Zeitschriften einsenden, Interessengebiete bekanntgeben, Leserbriefe (besonders alte, schon früher einmal veröffentlichte) einsenden.

Frage 26:
Wie könnten die Leser/innen dazu aufgefordert werden?
Antwort: Perforierte, unbedruckte Seite im Heft vorsehen – zum Beschreiben, Heraustrennen und Einsenden. Lesertelefon einrichten; Fragebogen im Heft (Fragen zum Ankreuzen und Ausfüllen, z.B.: »Was lesen Sie regelmäßig im Heft? Was lesen Sie mehrmals? Sammeln Sie die Ausgaben? Wie beurteilen Sie das Preis-Leistungs-Verhältnis? Was würden Sie ändern, wenn Sie redaktionell mitarbeiten würden? Haben Sie weitere Anregungen?«).

Frage 27: Wie könnte man die Vorschläge auswerten?
Antwort: Unterteilung in positive und kritische Stimmen, nach Themen/Rubriken ordnen – gleichlautende Vorschläge zusammenfassen, nach Häufigkeit ordnen – Machbarkeit prüfen (finanziell, konzeptionell) – zu Kritik Stellung nehmen – Gründe aufzeigen, warum etwas so und nicht anders gemacht wird.

Die folgenden drei Fragen beziehen sich auf Zeichen und Bezeichnung.

Frage 28:
Wie ist das Verhältnis zwischen Form und Information?
Antwort: Die grafische Form kann ihrer Bedeutung als Botschaftsträger nur gerecht werden, wenn sie sich entsprechend der unterschiedlichen Semantik auch syntaktisch unterscheidet. Gleich oder ähnlich gestaltete Zeichen können leicht als Informationsträger der gleichen Botschaft verstanden werden. Syntaktische Veränderungen von Form(qualität)en, z.B. verschiedene Erscheinungsformen, haben somit inhaltliche Weiterungen – und umgekehrt. Neue Botschaften erfordern neue Zeichen. Die Korrespondenz zwischen Form und Information verlangt jedoch nicht immer, daß für neue Botschaften auch neue Formen eingesetzt werden.
Beispiele: Ein Kreuz wird sowohl als kirchliches Zeichen als auch (nach einem Namen) für die Bezeichnung »gestorben« sowie (im Buchstabenverbund) als t eingesetzt. Es kann auch eine Reihe weiterer Funktionen vertreten:

- schwarz auf weißem Grund = Additionszeichen (plus),
- rot auf weißem Grund = Erste-Hilfe-Zeichen (Rotes Kreuz),
- weiß auf rotem Grund = Nationalitätszeichen (Schweiz).

Hier hilft die unterschiedliche Farbe. Ursprung war das christliche Zeichen, als Sinnbild für den (Opfer-)Tod, aber auch für das Christentum überhaupt. Daraus haben sich im Laufe der Zeiten zahlreiche Kreuzsymbole gebildet.

Frage 29:
Welche Aspekte der Zeichenunterscheidung gibt es?

Antwort:

Syntaktik: untersucht die Form als Mittel – Beschaffenheit und Verknüpfungsmöglichkeit

Semantik: untersucht die Bedeutung zwischen bezeichnetem Objekt und bezeichnetem Mittel

Pragmatik: untersucht Interpretationsregeln – Wertungen und Normen, die vermittelt werden.

Symbole = Sinnbilder – bedeutungsvolle (Kult-)Zeichen für einen (übersinnlichen) Begriff

Signale = Farb-, Licht- oder Lautzeichen, die eine unmittelbare Reaktion auslösen sollen

Signets = ursprünglich Drucker- und Verlegerzeichen – heute Logos i.S.v. Firmenemblemen

Schutzmarken = Buchstaben- und Wortmarken, Bildmarken (Mensch, Tier, Pflanze, Gerät etc.)

Standardisierte Zeichen = technische Formen im Sinne von (elektronischen) Schaltzeichen

Bildzeichen = Piktogramme im Sinne der (Orientierungs- und Leit-)Kommunikation

Grundformen = Kreis-, Viertel-, Halbkreis, Dreieck, Quadrat, Raute, Sechseck, Achteck etc.

Ikone = Abbildungen im Sinne von Illustrationen oder Fotos

Frage 30:
Welche Auswirkungen auf den Betrachter hat der Stern als Zeichen?

Antwort: Der Stern als sogenannter Freiheitsstern zählt zu den populärsten politischen Symbolen. Beispiel: Die »Stars« in der Flagge der USA und die Sterne der afrikanischen und asiatischen Staaten, die um ihre Unabhängigkeit kämpften. Während jedoch der amerikanische (blaue oder weiße) Fünfzack mit zwei Spitzen nach unten weist, ist es beim Roten Stern (frühere Sowjetunion) nur eine Spitze.

Der Stern als sogenannter Davidstern symbolisiert das Judentum weltweit sechszackig in Form zweier übereinandergelegter linearer gleichseitiger Dreiecke.

Der Stern als sogenanntes Fußnotenzeichen steht in Zusammenhang mit einem Wort für einen Zusatzhinweis unter einem Text.

Die nächsten drei Fragen beziehen sich auf Inhalt und (verbale) Übertragungsmöglichkeiten eines Wortbegriffes bzw. einer Textbotschaft.

Frage 31: Wie läßt sich der Begriff »Glück« schematisieren?
Antwortbeispiele:
Hans im Glück = ideell ungesteuert
Glück im Unglück = ideell/materiell
Losglück = materiell gesteuert
Lebensglück = ideell gesteuert
Eheglück = ideell/materiell gesteuert
Erdenglück = ideell ungesteuert
Mutterglück = ideell gesteuert/ungesteuert
Liebesglück = ideell gesteuert
Unglück = Gegensatz, schuldlos/schuldhaft

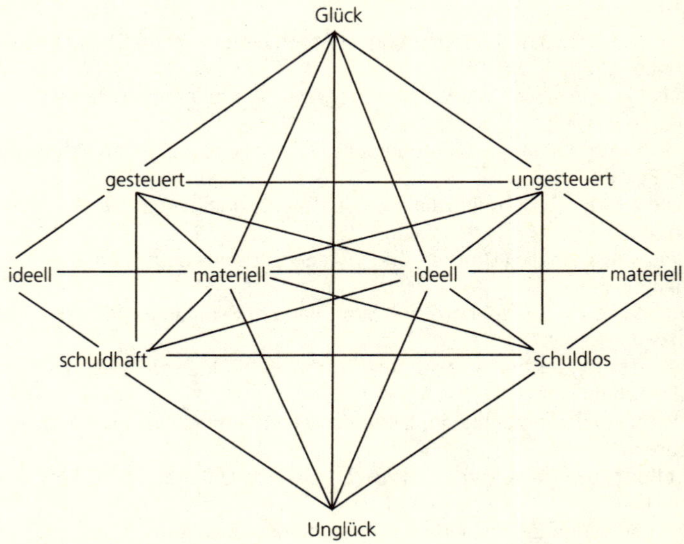

Frage 32: Welche Funktionen hat der Begriff »Botschaft«?
Antwort: Eine Botschaft sollte einen Inhalt so transportieren, daß diese auch von der Zielperson/Zielgruppe empfangen und verstanden werden kann. Die Botschaft wird deshalb in die Wort- oder Bildsprache des Empfängers *übertragen*, fachlich ausgedrückt »kodiert«. Unter »Kode« (= Schlüssel) versteht man jenen Regel- und Zeichenvorrat, der für das kommunikative Verständnis notwendig ist. Genauso wichtig ist es für den Sender, eine Reihe anderer Faktoren zu beachten, wie z.B.
- persönliche Faktoren des Empfängers (Bildung, Erfahrung mit dem Inhalt, Gefühlslage, Alter, Interessen etc.);
- persönliche Faktoren des Senders (ebenfalls Bildung, Gefühlswelt, Milieu etc. sowie sein Verhältnis zum Empfänger);
- äußere Faktoren (Anlaß, Ort, Zeit etc.);
- Medien (Presse, Rundfunk, Fernsehen, Film, Video, Buch etc.);
- Senderabsicht (informieren, beeinflussen, Meinung bilden, erziehen, unterhalten etc.);
- Inhalt der Botschaft (persönlich, technisch, werblich, juristisch, wissenschaftlich etc.).

Eine Botschaft sollte demnach vom Sender unter Berücksichtigung der Sprache des Empfängers und dieser Faktoren so gestaltet werden, daß sie vom Empfänger in der beabsichtigten Weise verstanden wird.

Frage 33:
Welche Übertragungsmöglichkeiten eines Textes gibt es?

Schema als Antwort:

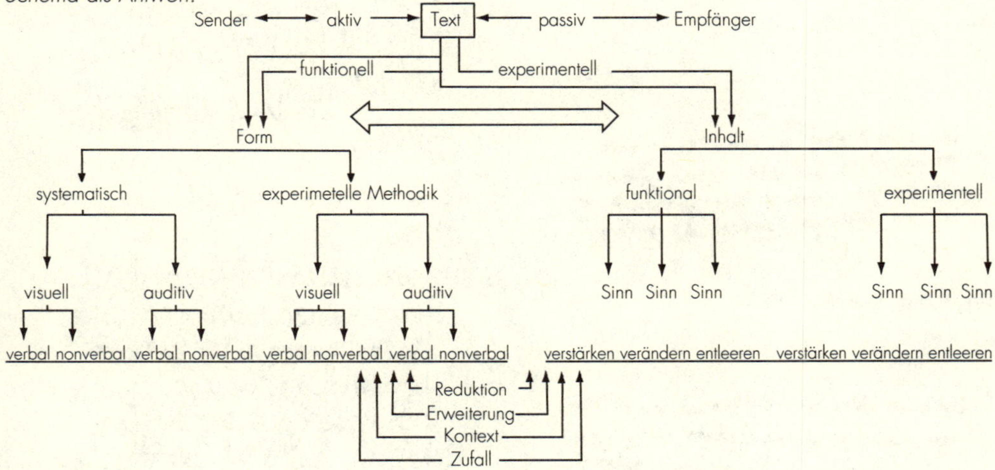

Textbeispiel: »Von allen Welten, die der Mensch nicht von der Natur geschenkt bekommt, sondern sich aus seinem eigenen Geist erschaffen hat, ist die Welt der Bücher die größte.« Hermann Hesse

Bearbeitungsbeispiele:

1. Der Text wurde systematisch auf seine Buchstaben- und Satzzeichen-Zusammensetzung hin untersucht; *Großbuchstaben* gegenüber *Kleinbuchstaben, Konsonanten* gegenüber *Vokalen, Buchstaben* gegenüber *Satzzeichen*. Dazu wurden im Text die jeweiligen Buchstaben und Satzzeichen herausgestellt, indem die übrigen abgedeckt wurden – auch dies ist eine Art Sprachkode, den der Empfänger erst dekodieren muß, um den Text verstehen zu können. Das ist allerdings ohne Erläuterung möglich, da die jeweiligen gegenübergestellten Abdeckungen den Text zu seinem vollen Buchstabenlaut ergänzen; dadurch wird das Entschlüsseln sehr leicht. Die Reihenfolge der Gegenüberstellungen wurde so gewählt, daß nicht nur ein horizontaler, inhaltlicher Kontrast entsteht, sondern auch ein vertikaler, formaler Kontrast: *Von vielen zu wenigen Abdeckungen* gegenüber *von wenigen zu vielen Abdeckungen:* So deutet die optische Gegenüberstellung von hell/dunkel bereits die inhaltliche Gegenüberstellung an und weckt das Interesse des Betrachters am genaueren Hinsehen und der Auseinandersetzung mit den Buchstaben/Satzzeichen.

2. Der Text wurde mehrmals von der gleichen Person geschrieben. Und trotzdem ergeben sich formal äußerst unterschiedliche Schriftbilder:

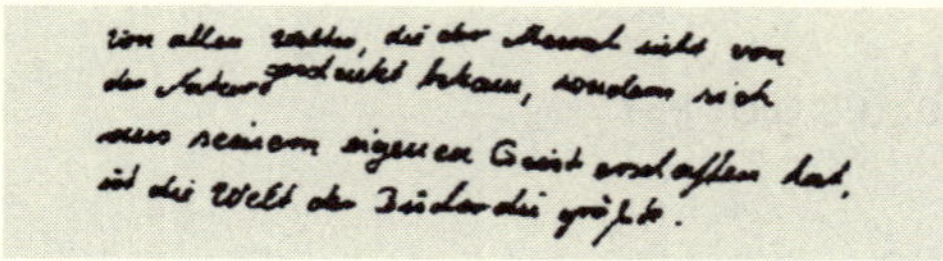
mit rechter Hand schnell

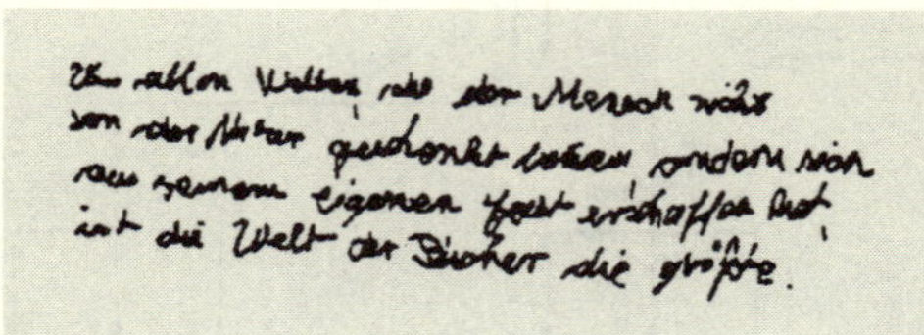
mit linker Hand schnell

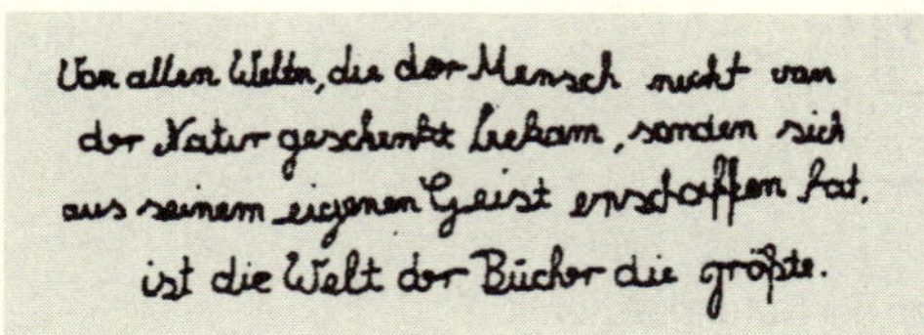
mit linker Hand von vorn

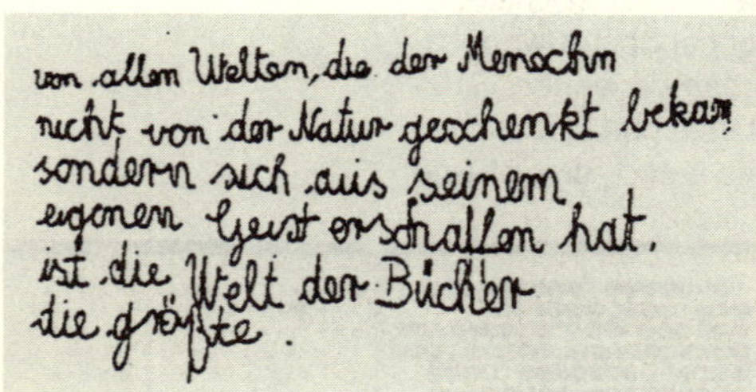
mit rechter Hand von hinten

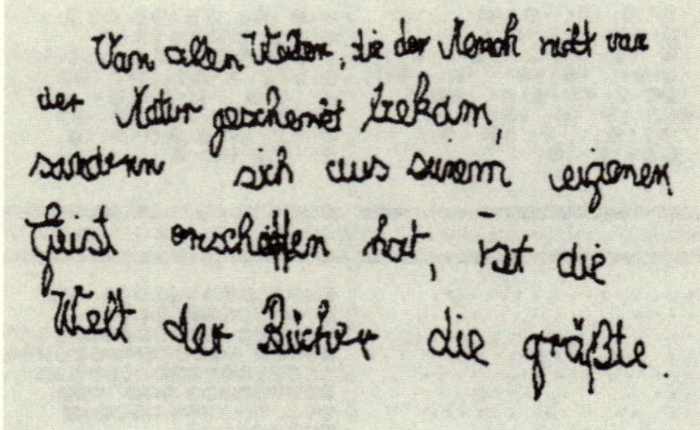
mit linker Hand von hinten

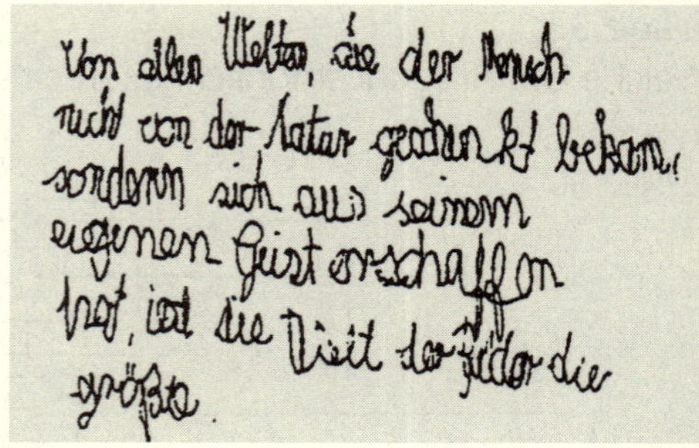
mit rechter Hand blind

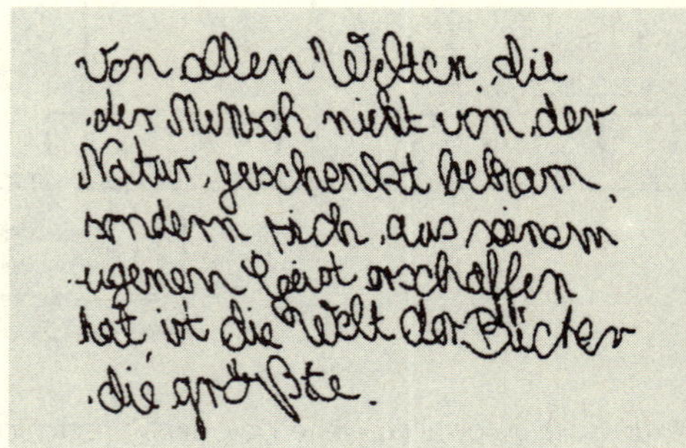
mit linker Hand blind

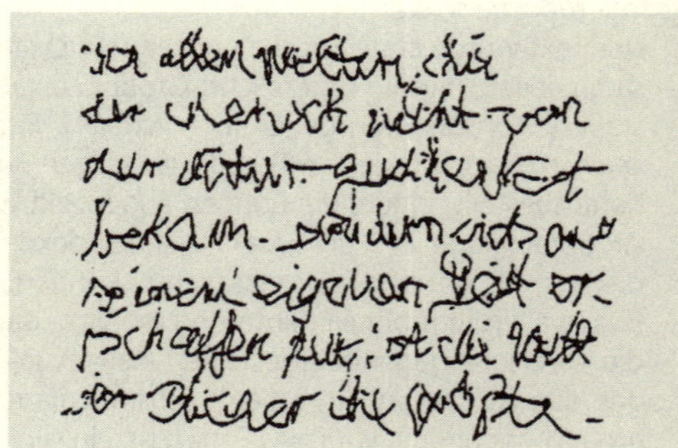
mit dem rechten Fuß

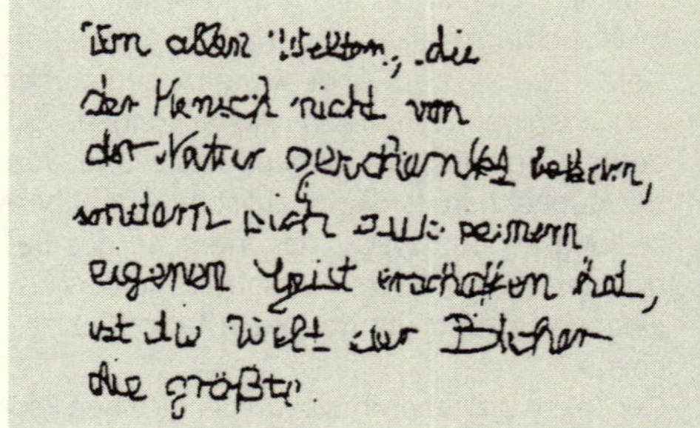
mit dem Mund

Von der Schrift, heißt es, läßt sich auf den Schreiber schließen. Doch hier würde irrtümlich auf verschiedene Personen geschlossen. Dieser irreführende Eindruck wird einfach erreicht durch
a) unterschiedliche Schreibutensilien (Filzstift dünn, Zeichenfeder, Kugelschreiber, Bleistift, Zugfeder, Ölmalkreide, Filzstift dick, Zeichenkohle, Pinsel),
b) unterschiedliche Schreibweise.
3. Der Text wurde in Zahlen umgesetzt: Jedem Buchstaben des Textes wurde, seiner Stellung im Alphabet entsprechend, eine Zahl zugeordnet (a = 1, b = 2, c = 3, d = 4, e = 5, f = 6, g = 7, h = 8 etc.). Diese wurden auf dem völlig textfremden Medium »Lottoschein« eingetragen – entsprechend der Reihenfolge im Text; jeweils sechs Zahlen (= Buchstaben) in ein Kästchen. Da keine Zahl 2x angekreuzt werden kann, wurden mehrfach erscheinende Buchstaben fortlaufend im Lottoscheindurchschlag angekreuzt. Ohne diese Erläuterung des »Sprachkodes« kann der Empfänger den Text nicht mehr dekodieren. Der Text ist durch diese Umsetzung zum »Kassiber« geworden.

Die letzten elf Fragen beziehen sich auf den Zusammenhang von Bild und Sprache, Abbild und Sinnbild, Zeichen und Superzeichen.

Frage 34: Wie lassen sich folgende fünf Gegenstände zu einem Bild konzipieren, arrangieren und fotografieren: Uhr, Koffer, Sitzgelegenheit, Fenster, Zeitschrift(en)?

Antwort: siehe linkes Bild!

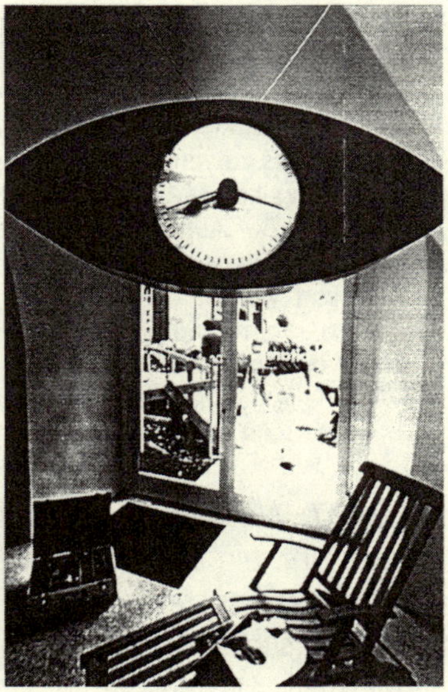

Bildbotschaften entstehen dann, wenn der Betrachter die einzelnen Bildteile nicht mehr separat voneinander, sondern in einem Sinnzusammenhang sieht.

Frage 35:
Wie läßt sich einer der fünf Gegenstände zum Schwerpunkt in einem neuen Bild machen?
Antwort: siehe rechtes Bild!

Frage 36: Wie könnte die Schlagzeile zu diesem Bild (= Anzeigenmotiv) lauten?

Antwort: »Der Augenblick.«

Hier wurde die Antwort durch die Beantwortung folgender weiterer Fragen erleichtert:

1. Mit welcher anderen (scheinbar unlogischen) Schlagzeile könnte ich mein Bild kombinieren?
   Antwort: *Wann gehen wir heute essen?*
2. Wie müßte die Frage lauten, wenn mein Bild die Antwort darauf wäre?
   Antwort: *Welche Uhr kaufen Sie?*
2. Wie müßte die Antwort lauten, wenn mein Bild die Frage darauf wäre?
   Antwort: *Diese Uhr.*
4. Was wäre die falsche Antwort (Frage) darauf?
   Antwort: *a) der Klappstuhl.*
   b) Was wollen Sie mit dem Koffer?
5. Sind Bild- und Sprachebene hinreichend prägnant voneinander getrennt?
   Antwort: *Ja.*
6. Habe ich mit meinem Bild Ursache oder Wirkung gezeigt?
   Antwort: *Wirkung.*
7. Geschieht die Dramatisierung der Verschiebung im Bild oder im Text?
   Antwort: *Im Bild.*
8. Habe ich Elemente bewußt weggelassen, damit sie vom Betrachter im Kopf (neu) zusammengesetzt werden können?
   Antwort: *Ja, durch die Headline.*
9. Wird die Doppeldeutigkeit von Wörtern (Wortspiel) genutzt, z.B. ein Mißverständnis bewußt provoziert?
   Antwort: *Ja.*
10. Sind die zwei Ebenen so miteinander verschoben, daß sie eine Pointe bilden?
    Antwort: *Ja; Uhr als Auge = Augenblick.*
11. Hat das Bild oder die Schlagzeile Aufmachercharakter? (Beides wäre zuviel, keines zuwenig: entweder emotionales Bild / rationale Schlagzeile oder umgekehrt)
    Antwort: *Der Aufmachercharakter liegt im Bild.*
12. Wird das geistig-kulturelle Klima der Zielgruppe richtig getroffen?
    Antwort: *Ja.*
13. Ist die Pointe emotional oder rational, human oder gar zynisch?
    Antwort: *Emotional.*
14. Welche Analogien fallen mir zu meiner Bild- oder Textaussage ein?
    Antwort: *Zyklop, Beobachter.*

Frage 37: Wie könnte ein neues Bild aussehen, auf dem eine *andere* Uhr, ein *anderer* Koffer, eine *andere* Sitzgelegenheit, ein *anderes* Fenster und eine *andere* Zeitschrift fotografisch arrangiert sind?

Antwort: siehe Bild rechts oben

Frage 38: Wie könnte man mit diesem Bild (= Anzeigenmotiv) für einen nicht abgebildeten Artikel werben?

Antwort: siehe Bild rechts unten

Suche nach dem Text mit Hilfe von Assoziationen:

Teppich	Traum vom eigenen Heim
Haus	
Wohnung	Traum vom eigenen Dach
Schlüssel	
	Sonnenenergie
	Heizung

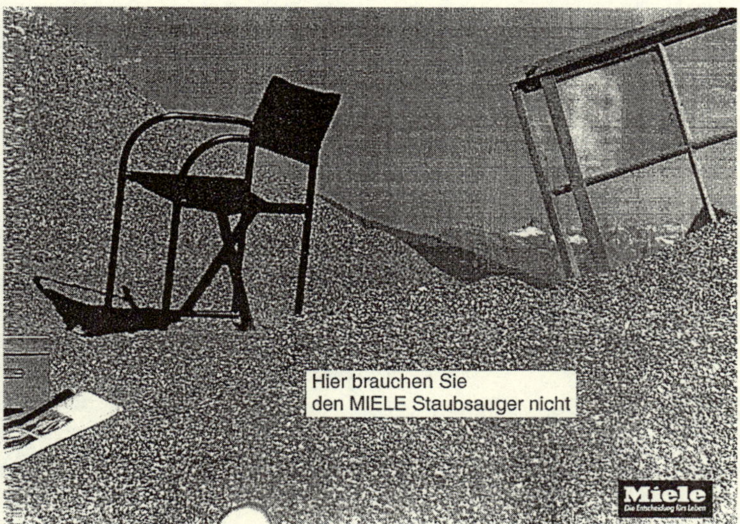

WAS	>Surrealistische Darstellung	WARUM	>empfängerbezogen; wirtschaftlich
WIE	• *fotografiert*	WOMIT	>Text als Bildsteuerung
	• *konstruiert*		
	• *stilisiert*	WER	>Kreative und Layouter
	• *rhetorisch*		
		WEM	>?
WELCHE	>Werbung		
WO	>Zeitschrift; Plakat		

Hier wurde wieder die Antwort durch die Beantwortung vorhergehender Fragen erleichtert:

1. Mit welcher anderen (scheinbar unlogischen) Schlagzeile könnte ich mein Bild kombinieren?
   Antwort: *Brauchen Sie hier einen Staubsauger?*
2. Wie müßte die Frage lauten, wenn mein Bild die Antwort darauf wäre?
   Antwort: *Wo stehen diese Gegenstände?*
3. Wie müßte die Antwort lauten, wenn mein Bild die Frage darauf wäre?
   Antwort: *paradox oder surrealistisch.*
4. Was wäre die falsche Antwort (Frage) darauf?
   Antwort: *a) realistisch*
   b) Was brauchen Sie hier?
5. Sind Bild- und Sprachebene hinreichend prägnant voneinander getrennt?
   Antwort: *Ja.*
6. Habe ich mit meinem Bild Ursache oder Wirkung gezeigt?
   Antwort: *Wirkung.*
7. Geschieht die Dramatisierung der Verschiebung im Bild oder im Text?
   Antwort: *Im Bild.*
8. Habe ich Elemente bewußt weggelassen, damit sie vom Betrachter im Kopf (neu) zusammengesetzt werden können?
   Antwort: *Ja.*
9. Wird die Doppeldeutigkeit von Wörtern (Wortspiel) genutzt, z.B. ein Mißverständnis bewußt provoziert?
   Antwort: *Nein.*
10. Sind die zwei Ebenen so miteinander verschoben, daß sie eine Pointe bilden?
    Antwort: *Ja.*
11. Hat das Bild oder die Schlagzeile Aufmachercharakter? (Beides wäre zuviel, keines zuwenig: entweder emotionales Bild / rationale Schlagzeile oder umgekehrt)
    Antwort: *Die Schlagzeile.*
12. Wird das geistig-kulturelle Klima der Zielgruppe richtig getroffen?
    Antwort: *Ja (aber noch nicht optimal)*
13. Ist die Pointe emotional oder rational, human oder gar zynisch?
    Antwort: *Rational.*
14. Welche Analogien fallen mir zu meiner Bild- oder Textaussage ein?
    Antwort: *Wüste, Flugzeugabsturz.*

Frage 39:
Für welchen redaktionellen Text wäre dieses Bildmotiv einzusetzen?
Antwort: siehe unten und nächste Seite!

GEDANKENGANG

Die Giraffe wandelte durch den Zeitraum.

Da traf sie den Stuhl.

Der blickte zurück.

Der Koffer gähnte und verschloß sein Wissen – k l a p p .

Die Zeitschrift blätterte vor sich hin und plapperte.

Wortfetzen geisterten durch den Raum,
Eins gab das andere.

Durchbruch der Zeit.

Die Giraffe begann ihre Gedanken zu ordnen, blickte durch das Fenster und begab sich auf den Weg.

Stuhl	nachdenken
	Fledermaus
	rückblickend
	Denker
Koffer	Arzt
	Wissen
	verreisen
	rastlos
	hat es in sich
Zeitschrift	Wissenschaft
	Informationen
	Spiegelbilder
	Zeitebene
	Zeitraum
Uhr	kurz vor 12
	bestimmend
	gibt Rahmen
	Geschichte
	Urzeit
Fenster	Zukunft
	Vision
	Durchblick
	Spiegelung
Kies	mondhaft
	Mars
	neu
	unbebaut
	unverarbeitet

VERSCHIEBUNGEN

Viel unberechenbarer als der Anstieg des Meeresspiegels sind Verschiebungen im globalen Wasserkreislauf, die eine Erwärmung mit sich bringen. Es wird Gewinner und Verlierer geben, wobei die Niederschlagsverteilung kaum auf die Verteilung der Weltbevölkerung und ihre jeweiligen technischen Möglichkeiten Rücksicht nehmen wird. Für die Tropen beispielsweise erwartet man eine Zunahme der konvektiven Niederschläge, was die Erosion sicherlich erhöht. Sollten die Klimagürtel polwärts wandern, würde das Sahelproblem zwar entschärft, aber woanders eines geschaffen. Die Gefahr der Wüstenbildung ist in vielen Gegenden der Erde sehr hoch. Regionale Prognosen sind noch viel zu unsicher, um bereits heute damit umgehen zu können. Damit uns die Zeit nicht davonläuft, wird verstärkte Forschung zu unserer vordringlichsten Aufgabe, um den kommenden Veränderungen nicht machtlos ausgeliefert zu sein.

Wird sich unser Bewußtsein darüber im Sand verlaufen?

Bei der Antwort handelt es sich um einen modifizierten Text aus dem Buch »Klima – unsere Zukunft?« (Es wurde dabei mit den Techniken Heuristik in Kombination mit Zufallsverbindung gearbeitet.)

Frage 40:
Wie lassen sich zwei der fünf genannten Gegenstände zu einem neuen Bild kombinieren?
Antwort: siehe rechts!

Frage 41:
Wie könnte ein neues Bild (1. Version) aussehen, wenn dabei einer der Gegenstände demoliert, deformiert oder demontiert mit den anderen vier (intakten) angeordnet wäre?
Antwort: siehe unten rechts!

Frage 42:
Wie könnte dazu eine verkaufsfördernde Schlagzeile lauten?
Antwort: siehe nächste Seite!

zeitlos
klappen
Sonnenschirm
überall bequem

heute wird es klappen

vielversprechende Bequemlichkeit

entfalten

es hat geklappt

alles o.k., nun die Ruhe

Mittagspause
Treffpunkt mittags im Hof
wir treffen uns bequem

Lage zeitlos Liege

es wird sich gut liegen lassen

es wird sich zeitlos liegen lassen

die sonnige Lage in der Liege

Treffpunkt mittags im Hof
MÖBELZENTRUM
DES HANDWERKS

Frage 43:
Wie könnte eine Sequenz aus vier Bildern aussehen, bei der das letzte das Motiv der Antwort von Frage 41 ist?
Antwort: siehe unten!

1

2

3

4

Sequenz im Hinblick auf eine Werbung für den Klappstuhl

1 Blick aus dem Fenster – Chaos, Lärm, Sehnsucht nach Ruhe.

2 Blick auf die Uhr – höchste Zeit, der Zyklop ruft, Griechenland, Aufbruch.

3 Vorbereitung – was kommt mit? Wind, Abenteuer, Sonne.

4 Start – die Zeit der Ruhe steht vor der Tür.

Frage 44:
Wie könnten die Schlüsselbilder zu einem Kurzfilm (2. Version) aussehen, in dem vier Gegenstände »Rollen« und der Stuhl die »Hauptrolle« übernehmen bzw. übernimmt?
Antwort: siehe nächste Seite!

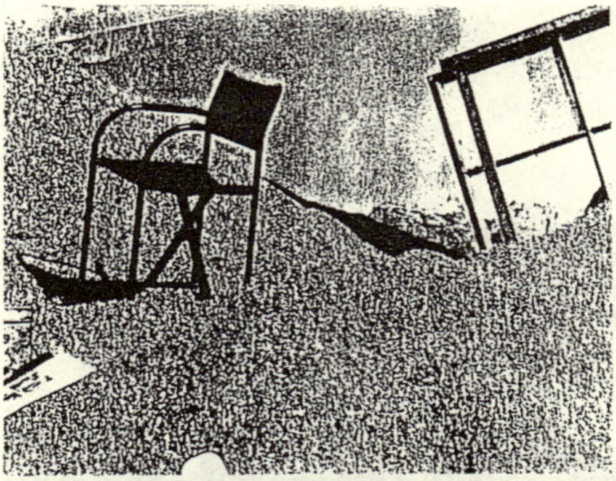

Hört, was ich euch zu erzählen habe!

Gestern, als ich unten im Tal war, setzte sich eine ältere Dame auf mich. Die Krümel von ihrem trockenen Kuchen kitzelten mich dermaßen, daß ich unverzüglich husten mußte, worauf sie mir noch Kaffee über den Arm schüttete. Hm, hm…

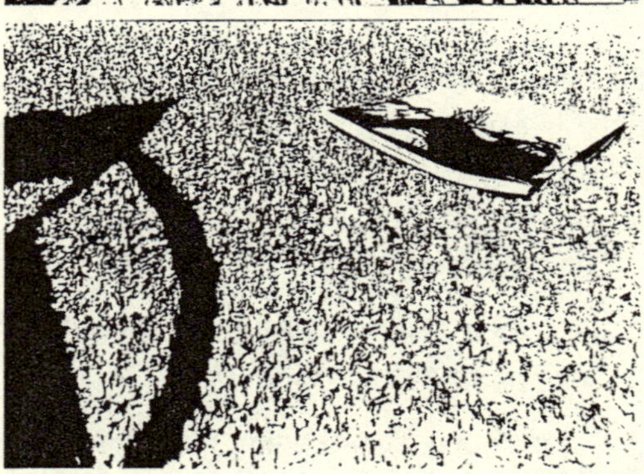

Meine Liebe, dein Blättern irritiert mich – oh, diese gestrichenen Blätter… dein blütenweißer Glanz…
Ich könnte fast die Form verlieren vor lauter Sonne.

Halt, jetzt läuft mir die Zeit davon.

8 Von der Form zur Information

Jede Form steckt ein ganz bestimmtes Interpretationsfeld ab. (Ein Dreieck setzt beispielsweise völlig andere Gedanken in Bewegung als ein Kreis). Ursache dafür ist unsere Erlebniswelt – ebenso die Abrufmöglichkeit aus unserem Unterbewußtsein. Selbst feine Nuancierungen einer Darstellungart führen zu unterschiedlichen Deutungen. Diese lösen in uns wiederum neue Assoziationen aus. Treten dann noch Schrift und/oder Farbe hinzu, können diese Aussagen verdeutlicht werden. Anstelle von persönlichen, subjektiven Interpretationen kommt eine sachbezogene, objektive Information zustande. Aus reproduktionstechnischen Gründen ist häufig eine vereinfachte Darstellung zwingend. Dabei zeichnen sich gute Lösungen dadurch aus, daß der Informationsgehalt trotz dieser Reduktionen nicht leidet. Am Beispiel der Form »Quadrat« soll hier dieser Prozeß nachvollzogen werden:

FORM
FORMAT
FORMATION
INFORMATION

Definitionen: Das Quadrat

In der Geometrie: ebenes Viereck, dessen Seiten alle gleich lang sind und senkrecht zueinander stehen.
In Algebra und Arithmetik: Das Quadrat einer Zahl a ist die Zahl, die man erhält, wenn man a mit sich selbst multipliziert.

»Quadratur des Kreises«
Bei der Quadratur des Kreises handelt es sich um eines der drei berühmten Probleme der Antike. Es besteht in der Aufgabe, aus einem gegebenen Kreisradius a mit Zirkel und Lineal die Seite eines Quadrates zu konstruieren, und zwar so, daß der Flächeninhalt dieses Quadrates gleich dem Flächeninhalt des Kreises vom Radius a ist. Mit dem Beweis der Transzendenz von Pi ist der Nachweis der Unlösbarkeit der Quadratur des Kreises erbracht worden.

Bedeutung des Quadrates in der Mathematik
Umfang: $4a = U$
Flächeninhalt: $a^2 = A$
Pythagoras: $a^2 + b^2 = c^2$

Verwandte Formen

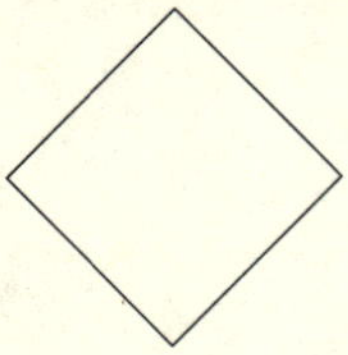

Raute

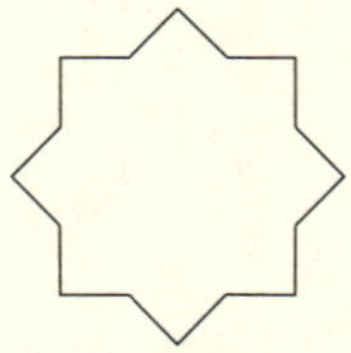

Stern

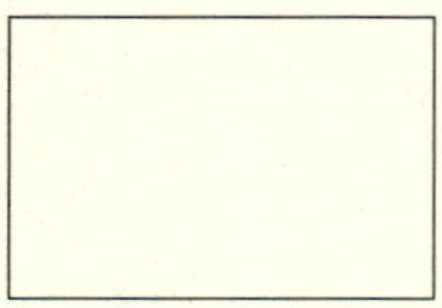

Rechteck

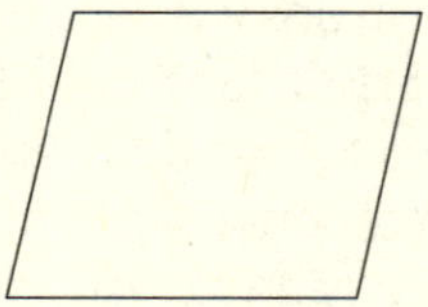

Parallelogramm

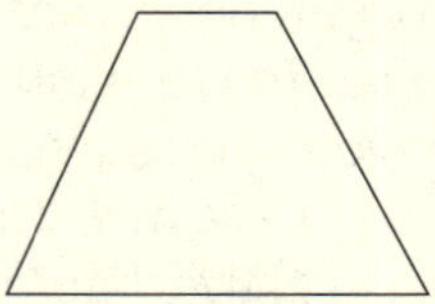

Trapez

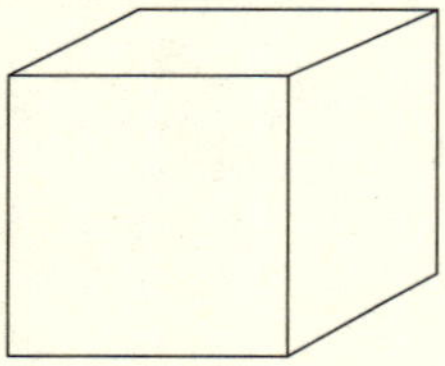

Würfel

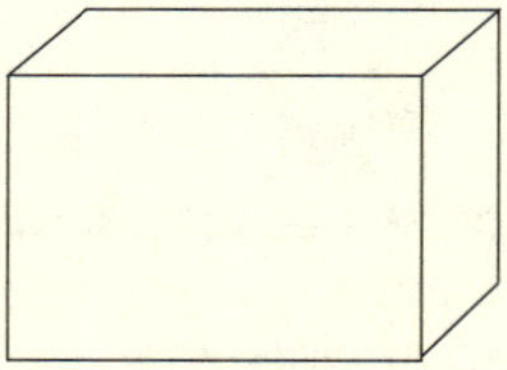

Quader

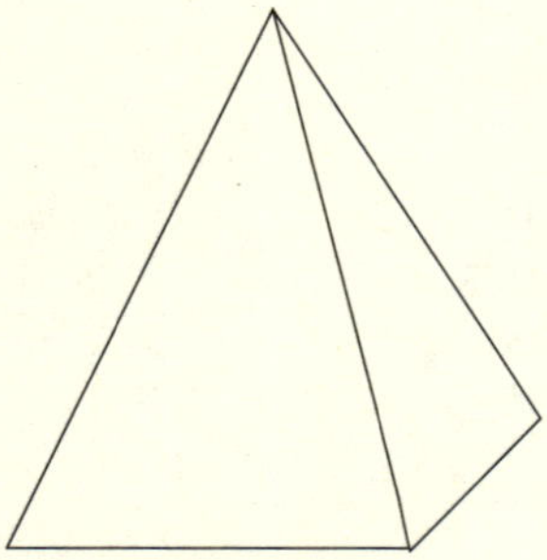

4seitige Pyramide

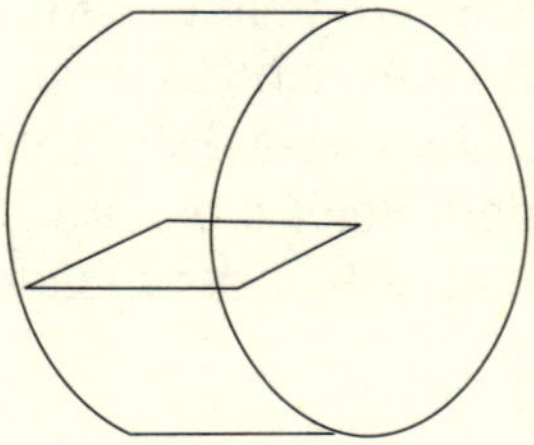

Zylinder

Geometrische Grundformen

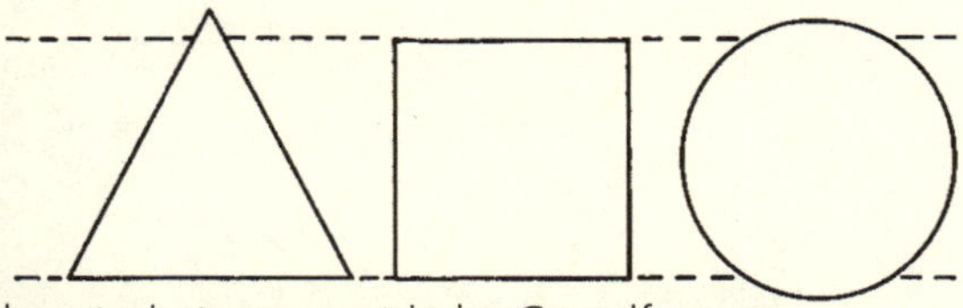

konstruierte geometrische Grundformen

Optisches Quadrat

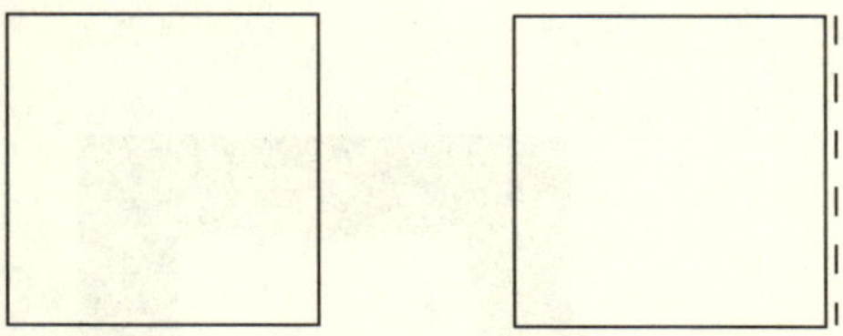

geometrisches Quadrat
Höhe = Breite

optisches Quadrat:
Höhe > Breite

Bedeutung für Versal-Proportionen (Capitalis Quadrata)

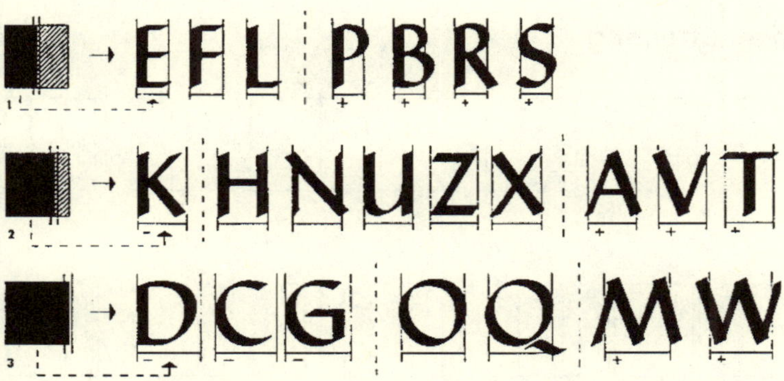

Entnommen aus: Eugen Nerdinger, Lisa Beck: Schriftschreiben, Schriftzeichnen

Die Buchstaben der Capitalis Quadrata leiten sich in ihren Proportionen vom Quadrat ab. Aufgrund ihrer unterschiedlichen Breiten lassen sie sich in drei Hauptgruppen einteilen:

a) Buchstaben, deren Breite die Hälfte ihrer Höhe beträgt (E, F, L)
b) Buchstaben, deren Breite ein Dreiviertel ihrer Höhe ausmacht (H, N, U, Z, X) und
c) Buchstaben, deren Breite ihrer Höhe entspricht (O,Q)

Form und Anmutung

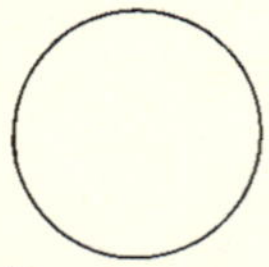
Bewegung

Statik

Richtung unbestimmt – Neutralität

Formatbegrenzungen

Fläche

Umriß

Umschlußform/Rahmen

Versuchsreihe: Flächenaufteilung

1. eine Gerade

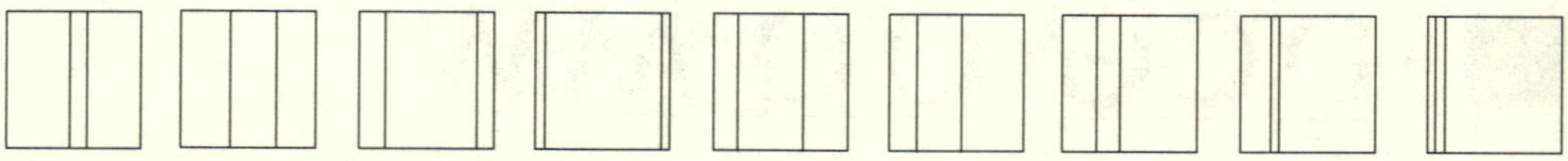
2. zwei Geraden, parallel senkrecht

3. zwei Geraden, parallel waagerecht

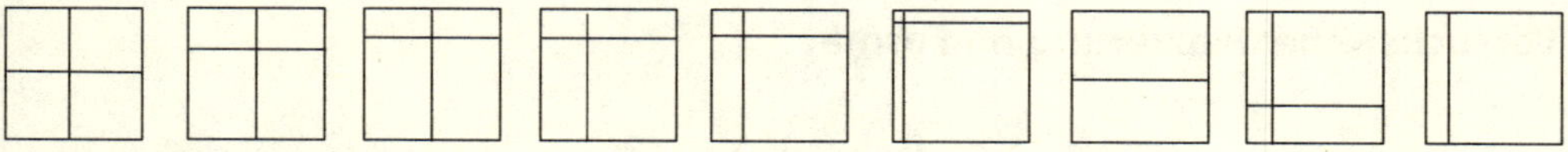

4. zwei Geraden, orthogonal

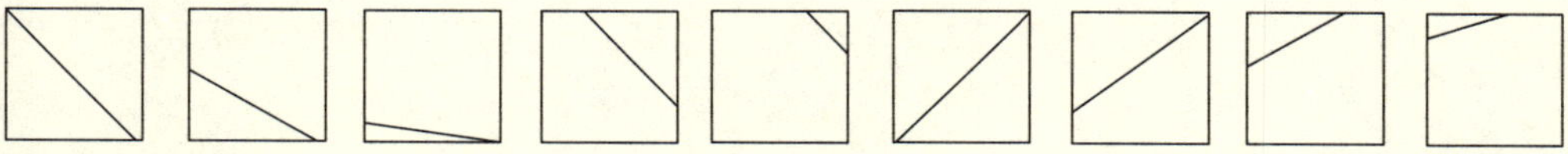

5. eine Schräge

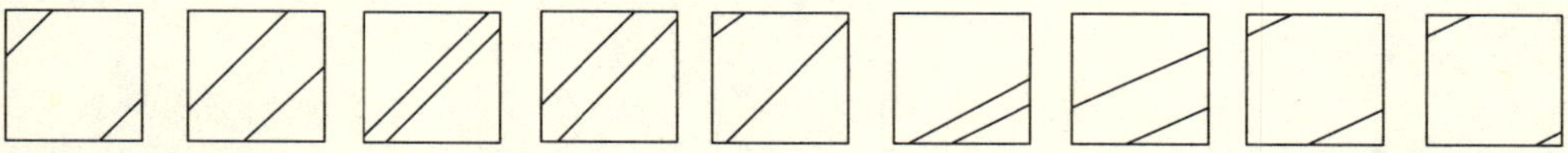

6. zwei Schrägen, parallel

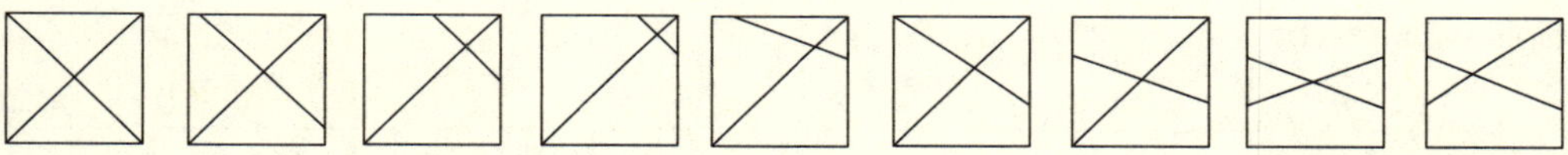

7. zwei Schrägen, orthogonal

Versuchsreihe: Drehung

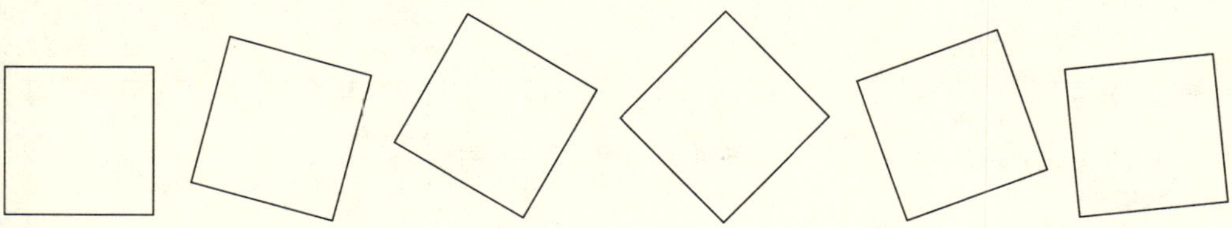

Versuchsreihe: Vom Umriß über den Rahmen zur Fläche

Versuchsreihe: Plazierung im Format

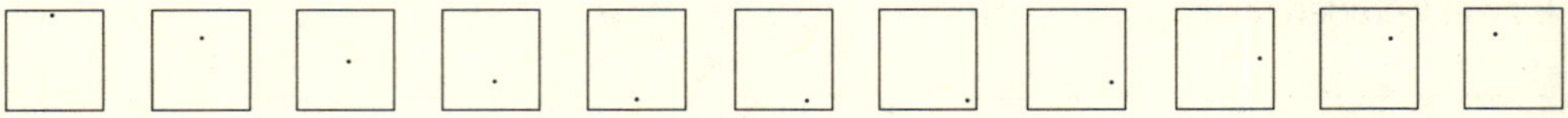

Punkt

Linie senkrecht

Linie waagerecht

Dreieck

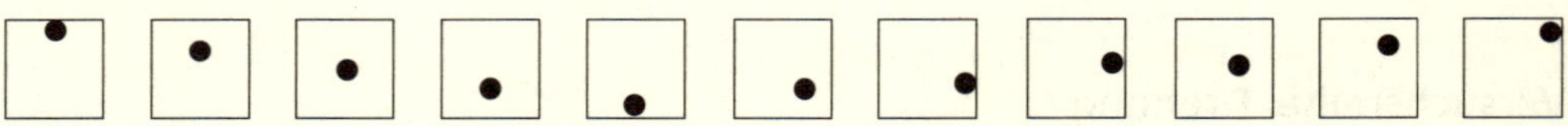

Kreis

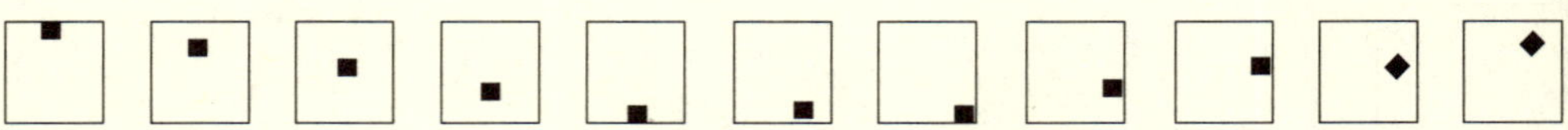

Quadrat

Kombination von zwei und mehr Quadraten

Das Quadrat in der 3. Dimension

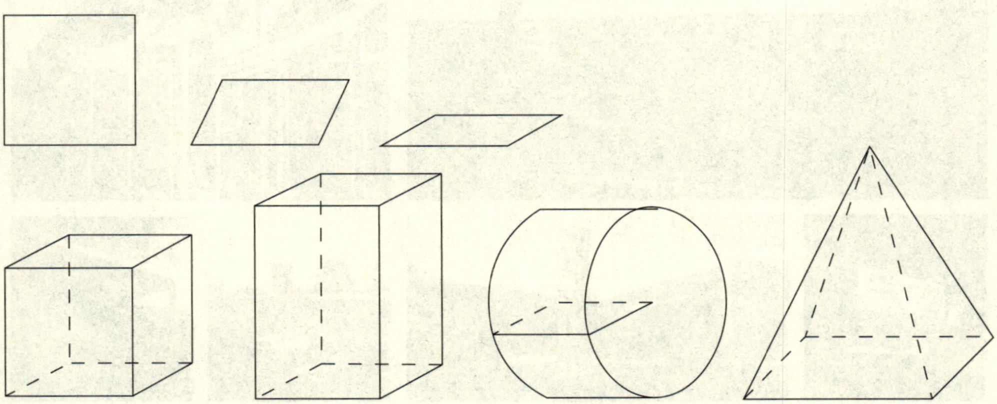

Das Quadrat als Rasterzelle und Modul

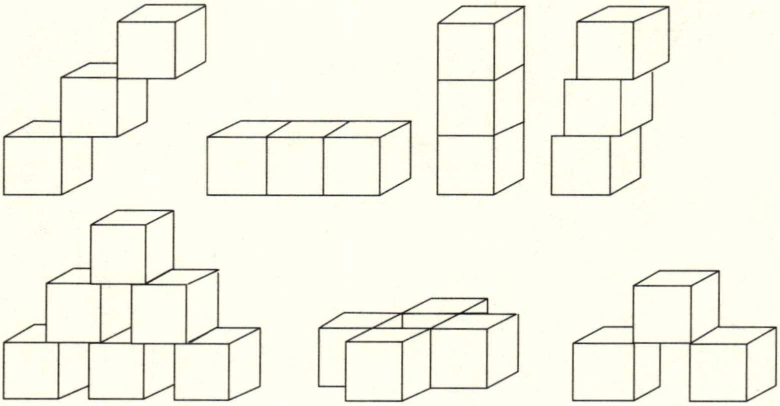

Aufgrund seiner unendlichen Kombinierbarkeit mit sich selbst ist das Quadrat die ideale Ausgangsform für die Festlegung eines Gestaltungsrasters.

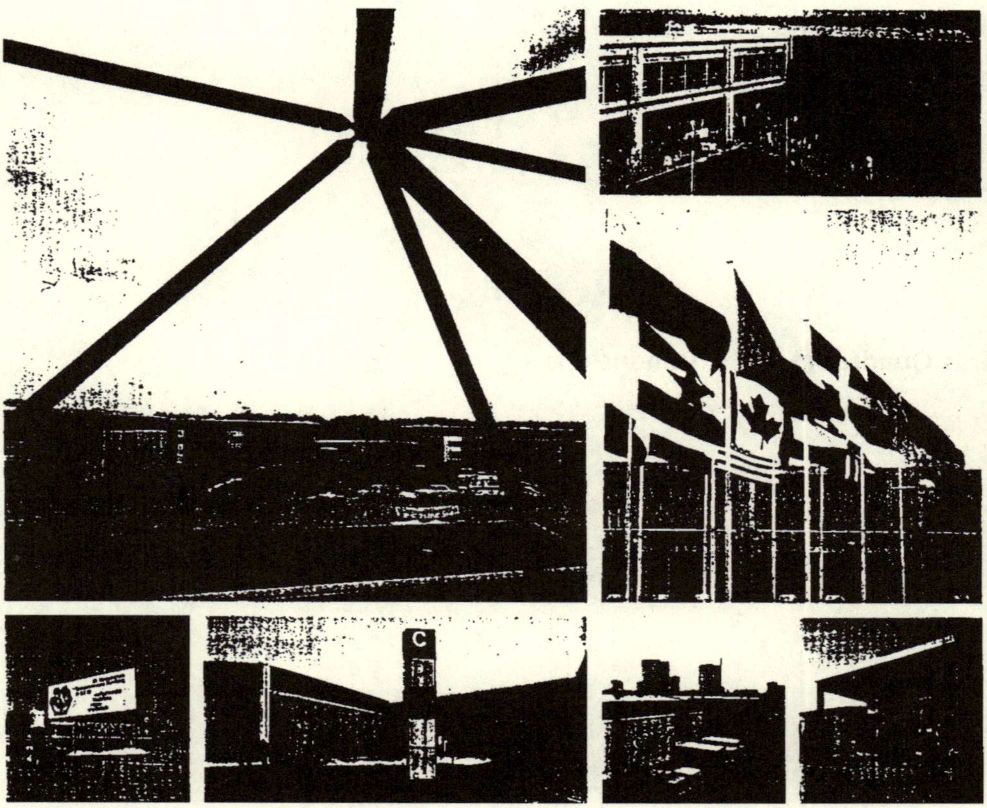

Das Quadrat im Rapport – experimentelle Musterbildungen

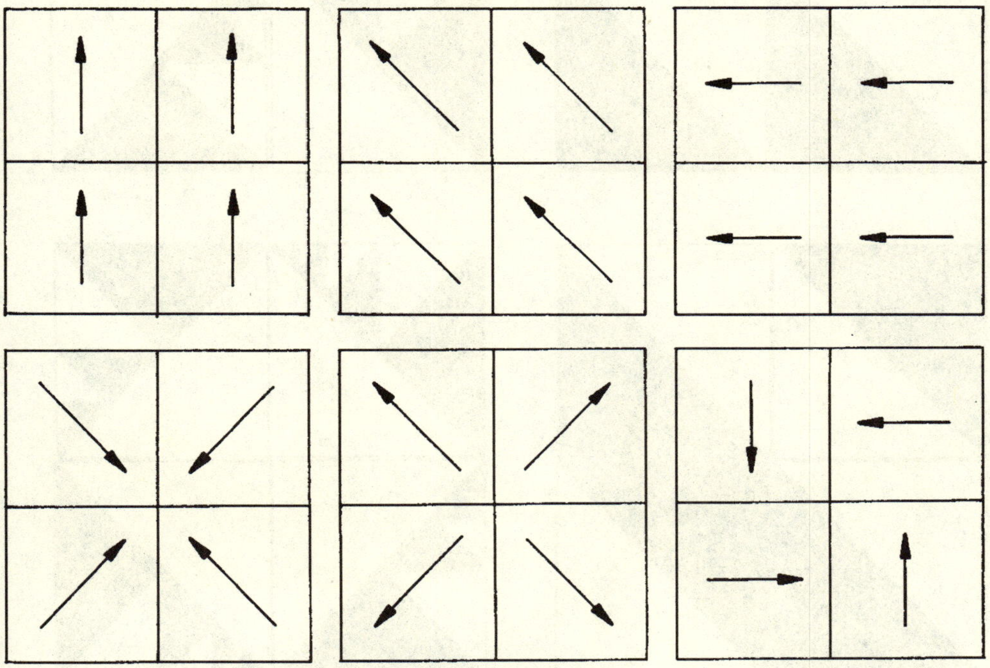

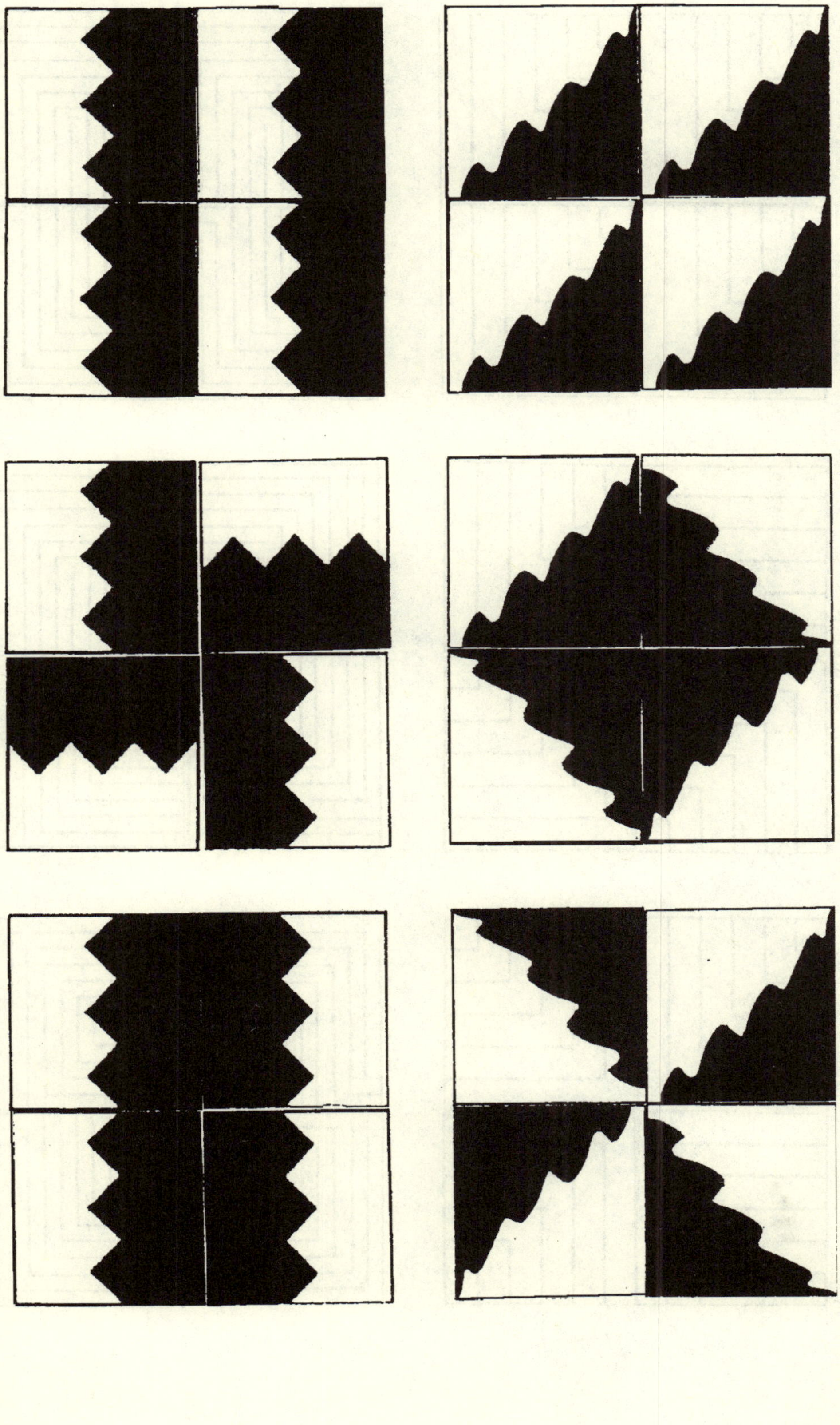

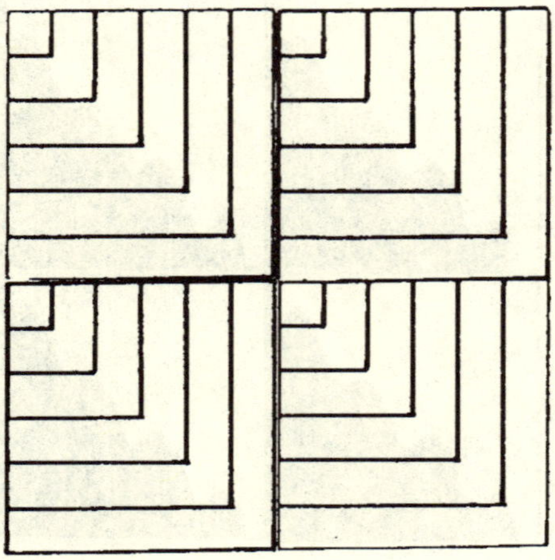
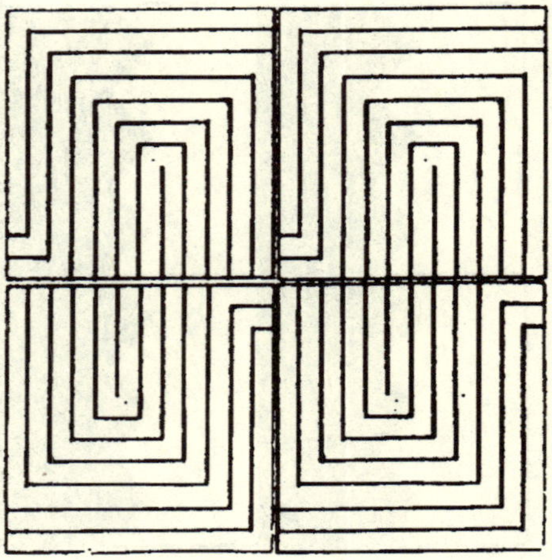
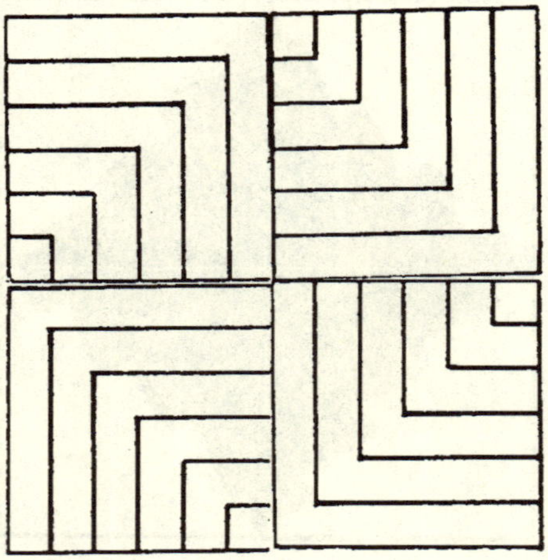

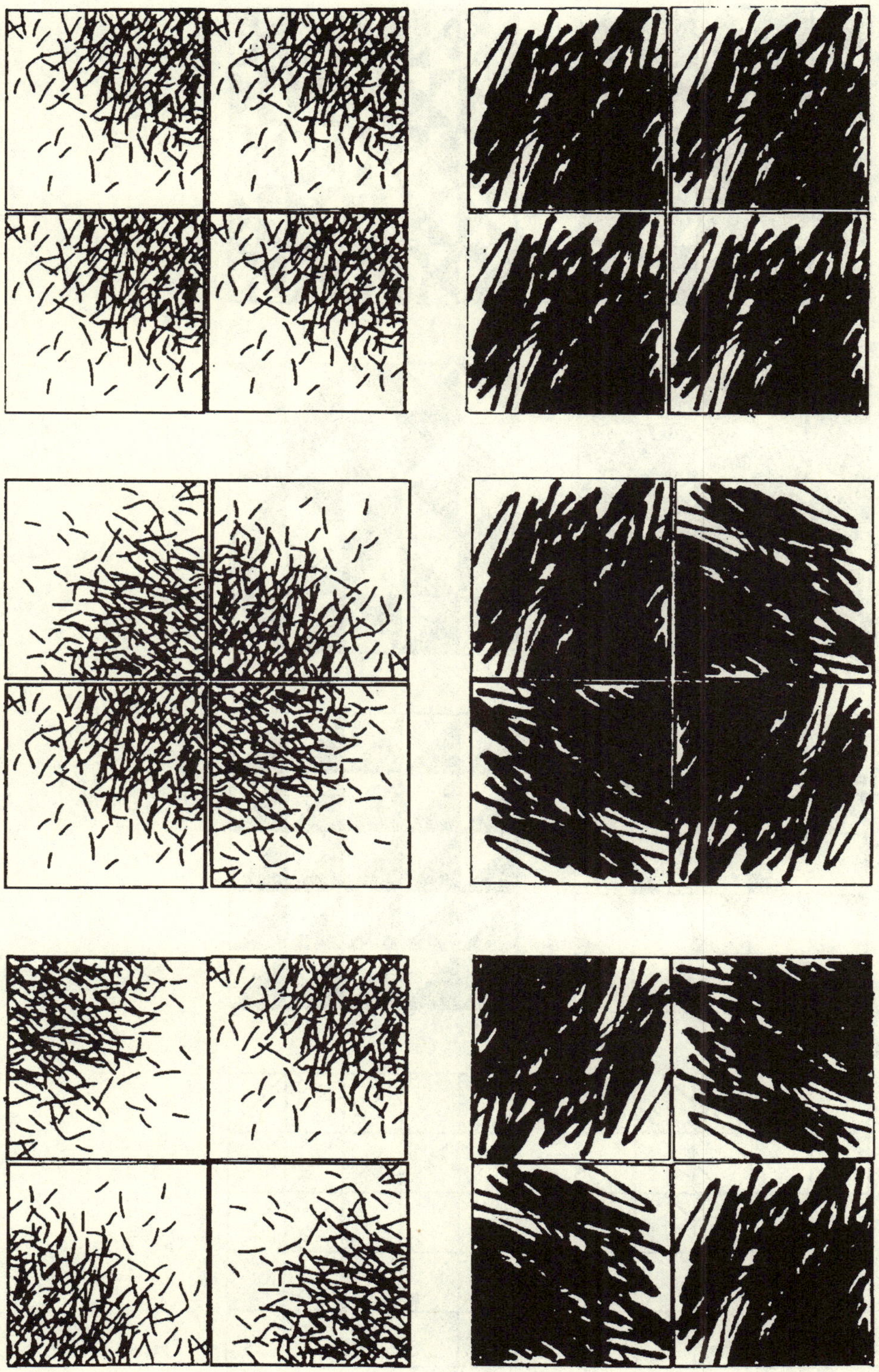

Das Quadrat – Assoziationen und Anmutung

– Höhe = Breite ⟶ Stabilität
Ruhe
Ausgewogenheit

– rechte Winkel ⟶ Rationalität

– keine bestimmte Richtung ⟶ Neutralität
Vielseitigkeit in der Verwendung

Durch den Kontext von der Form zur Information

Mit der reinen Form verbinden wir bestimmte Gefühle, Gedanken und Begriffe. Aus Erfahrung wissen wir, daß ein Körper mit großer Grundfläche fester steht als z.B. ein runder Körper mit nur geringer Auflagefläche. Die Ecken und Kanten eines Quadrates erscheinen uns härter als die Rundung eines Kreises; die Gleichheit aller Seiten und Winkel mutet uns rational, durchdacht, konstruiert an, da wir sie aus der Natur nicht kennen.
Diese Deutungen sind kultur-, zeit- und persönlichkeitsbedingt; mit zunehmender Zahl der Personen, die durch ein Zeichen angesprochen werden sollen, muß die Information immer unmißverständlicher und klarer zum Ausdruck kommen. Soll die Aussage einer Form also präzisiert werden, so muß diese in Beziehung zu anderen Elementen gesetzt werden. Bereits der Zeichenträger (Briefbogen, Flagge, Verpackung) kann einem einfachen Zeichen (z.B. Quadrat) einen bestimmten Inhalt zuweisen (z.B. Firmenlogo, Nationalzeichen, Würfelzucker). Je mehr Elemente mit der einfachen Grundform in Verbindung gebracht werden, desto eingeschränkter werden die Deutungsmöglichkeiten und desto präziser die Aussage des Zeichens. Wird ein Zeichen aber aus seinem Kontext losgelöst, so kann es seine ursprüngliche Bedeutung verlieren und beim Betrachter unter Umständen sogar gegenteilige Assoziationen hervorrufen.

Der Kontext macht die Form zur Information

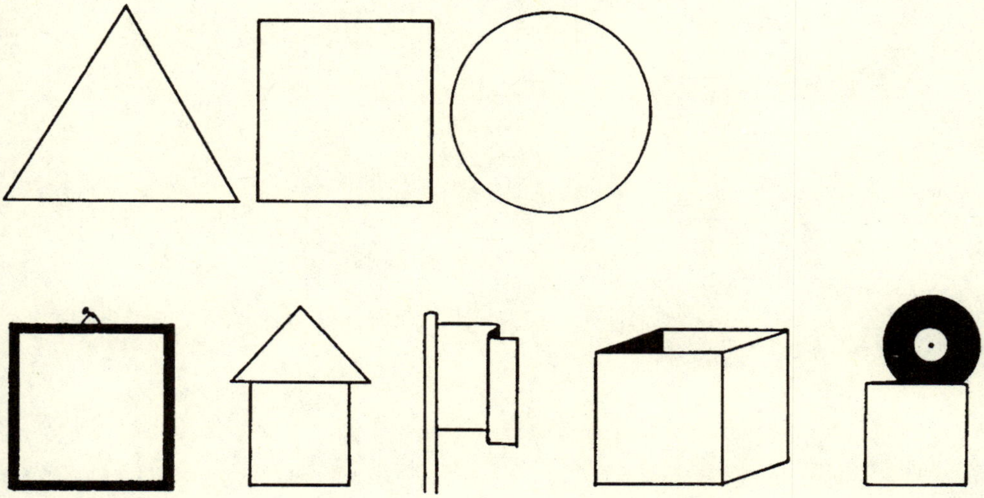

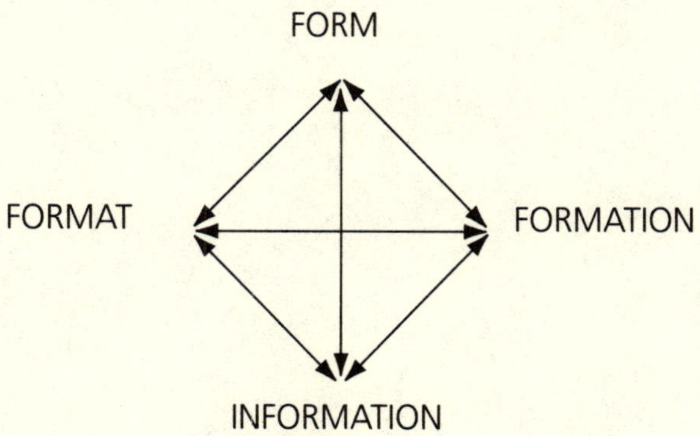

FORM: (objektiv) Es können verschiedene Assoziationen gebildet werden.
FORMAT: Form wird begrenzt und bekommt dadurch präzisere Aussagekraft.
FORMATION: Es können damit (rapportierbare) Muster gebildet werden.
INFORMATION: (subjektiv) Form kann einer bestimmten Diskurswelt zugeordnet werden.

9 Vom Wort zum Wortlaut

Mit der Wahl eines Wortes wird ein bestimmtes Assoziationsfeld abgegrenzt. (»Musik« löst andere Assoziationen aus als z.B. »Sport«). Dabei spielt unsere Bewußtseins- bzw. Wahrnehmungswelt eine wesentliche Rolle, ebenso die unterschwellige Abrufmöglichkeit. Selbst feine Differenzierungen z.B. durch Synonyme führen zu unterschiedlichen Interpretationen. Diese lösen in uns wieder neue Assoziationen aus. Durch Einbeziehung von Farbe und Bild kann der Ausdruck verdeutlicht werden. Anstelle von individuellen Deutungen tritt eine objektive Information ein. Am Beispiel des Wortbegriffs »Glück« soll hier dieser Prozeß nachvollzogen werden:

WORT
WORTSCHATZ
WORTBILD
WORTLAUT

Definitionen: Das Glück

- Das Einssein mit seinen Hoffnungen, Wünschen und Erwartungen, als Ziel individuellen Handelns in der Philosophie wird seit der Antike viel diskutiert. Das von Francis Hutcheson (irischer Philosoph, 1694–1747) propagierte Moralprinzip des »größtmöglichen Glücks der größtmöglichen Zahl« wurde von Jeremy Bentham (engl. Sozialphilosoph und Jurist, 1748–1832) auch bei rechtlich-ökonomischen Entscheidungen in die Staats- und Volkswirtschaftslehre übernommen.

Was ist Glück?

- In der *bildenden Kunst* als Göttin Fortuna oder durch das Glücksrad (Roulette) symbolisiert. Auch die Attribute der Göttin werden gelegentlich selbständig verwendet (z.B. das »Füllhorn«), während die üblichen Glückssymbole (Glücksschwein, Hufeisen oder Fliegenpilz) der Volkskunst vorbehalten bleiben (mit Ausnahme des Glücksklees, welcher schon vor der Zeitenwende als Glückssymbol erscheint).
- Erfolg, Freudenleben, Gedeihen, Glücksfall, Glücksstern, Glückswendung, Honigmond, Flitterwochen, Segen, Wohlergehen, Wohlsein, Wonneleben; Heil, Interesse, Lohn, Nutzen, Gewinn, Profit, Vorteil, Füllhorn; Aufstieg, Glückswurf, Preis, Sieg, Treffer, Trumpf, Gelegenheit, Chance, Dusel, Massel, Bonheur, Sauglück, Mordsdusel;

Welche Arten von Glück gibt es?

Arbeitssegen, Befreiung, Beseligung, Entzücken, Erfolg, Ergiebigkeit, Fortuna, Freude, Lust, Segen.

Was ist das Gegenteil von Glück?

○ Havarie, Kalamität, Mißgeschick, schwarzer Tag, Unfall, Katastrophe, Untergang, Plage, Traurigkeit, Trübsal, Unannehmlichkeit, Niederlage, Reinfall, Pech, Hilflosigkeit, Mühsahl, Mühseligkeit, Ungeschick, Leidensgang, Leidensweg, Leidenskelch, Notlage, Notzeit, die Büchse der Pandora, trauriger Fall, Schlamassel, Ungemach, Mißlingen, Schaden, Mitleidenschaft, Schiffbruch, Schlag, Malheur, Panne, Schicksalsschlag, unglückseliger Stern, Verhängnis, Unheil, Unglücksfall, Ärgernis, Armut, Bedrücktheit, Bekümmernis, Beschwerlichkeit, Beschwernis, Betrübnis, Bürde, Enttäuschung, erdrückende Sorgen, Fehlgeburt, Fluch, Katastrophe, Pech, Schaden, Schicksal, Tragödie, Übel, Ungemach; Dilemma, Bredouille, in der Tinte sitzen; Liebeskummer, Liebesleid, schwere Depression.

Glückstreffer

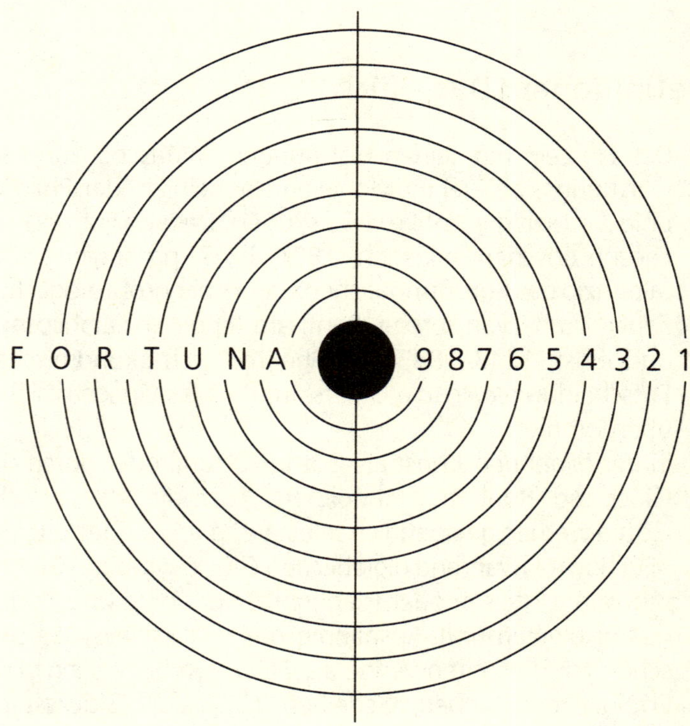

empfängerbezogen (Werbung): materielles Glück

Das populäre Glücksspiel als Inhalt einer originellen Textanzeige der Nordwestdeutschen Klassenlotterie kann als Beispiel dafür gelten, was entsteht, wenn der »Wortlaut« das übliche Bild ersetzt bzw. im Kopf des Lesers aufbaut (es erschien in ei-

FLIRT MIT FOLGEN

Ein Flirt mit Fortuna ist oft genauso reizvoll wie nervenaufreibend. Denn wer die launische Dame auf seine Seite bringen will, der braucht schon Ausdauer und ein bißchen Bereitschaft zum Risiko. Mit großen Worten ist es nicht getan. Das Spiel mit dem Glück verlangt vollen Einsatz, und wer sich dabei reelle Chancen ausrechnet, setzt hierzulande auf das Spiel mit dem Glück.

›Wer wagt, gewinnt‹ weiß schon der Volksmund, und das gilt besonders dann, wenn große Summen auf dem Spiel stehen. Rund 20 Milliarden Mark verspielen die Deutschen jährlich – vom Lotto bis zum ›Einarmigen Banditen‹. Vier von fünf Deutschen lassen sich regelmäßig auf ein Techtelmechtel mit der (un)-berechenbaren Glücksgöttin ein. Die Chancen, bei ihr eine offene Hand zu finden, sind allerdings recht unterschiedlich. Nach den Berechnungen der Stiftung Warentest ist die Chance, einmal die begehrten sechs Richtigen zu haben, verschwindend gering. Tausendmal wahrscheinlicher ist es da schon, beim Kegeln zu sterben. Und wer will das schon.

Aber es müssen ja nicht gleich so viele Glückstreffer sein. Eine Nummer reicht ja schon, es muß nur die richtige sein. Auch Fortuna muß man eben richtig anpacken. Das Zauberwort, ihre Gunst zu erwerben, heißt Klassenlotterie. Dabei kann man spielend gewinnen. Das wußte man schon im 15. Jahrhundert, denn so alt ist diese Idee, die nach dem Krieg mit neuem Leben erfüllt wurde. Schon 1948 etablierte sich die Nordwestdeutsche Klassenlotterie. Im Laufe der Jahre hat sich die Beliebtheit dieses Spiels mit dem Glück stetig erhöht. Und mit der Zahl der Teilnehmer stiegen auch die Gewinne.

Die Nordwestdeutsche Klassenlotterie steht jetzt vor der 75., der Jubiläumsziehung. Und dabei sollen, sagt der staatliche Lotterieeinnehmer Goothusen, alle Mitspieler ihre besondere Freude haben. ›Extra Glück zum Jubiläum‹ heißt die Devise, und für die, die dabei ihr Glück versuchen, bedeutet dies: Noch mehr Glück in Gestalt harter deutscher Währung.

400.000 Losnummern pro Ausspielung stehen 147.000 Gewinne gegenüber – da hat die Lotterie-Aussage ›Wir machen Millionäre‹ mehr Gewicht als nur ein flotter Werbespruch – und selbst 100.000 Märker sind ja im Verhältnis zum Einsatz recht lukrativ. Noch ein Bonbon gibt es bei der 75. Ausspielung: Losnummern, auf die Jubiläumsgewinne fallen, scheiden nicht, wie sonst üblich, für die nächsten Ausspielungen aus. Also: Ohne Mehrkosten mehrfache Gewinnchancen.

Bei der Klassenlotterie kommt es auf die Losnummer an, denn stimmt sie mit einer der gezogenen Gewinnnummern überein, öffnet das Füllhorn seine Schleusen. Klassenvorurteile bei der Klassenlotterie sind völlig fehl am Platze. Denn was diesem lukrativen Spiel den Namen gegeben hat, sind die verschiedenen Abschnitte – eben die Klassen – in denen die Lotterie durchgeführt wird. Es gibt sechs Klassen innerhalb der halbjährigen Laufzeit. In den fünf ersten Klassen finden vier, in der sechsten Klasse bei der Nordwestdeutschen Klassenlotterie sogar sieben Ausspielungen statt.

Mit jeder Klasse steigt auch die Wahrscheinlichkeit, daß Fortuna mitspielt und eine ansehnliche Summe locker macht. Für jede Klasse ist ein neues Los zu kaufen, um mitspielen zu können. Ein Anrecht auf den Erwerb eines Loses in einer höheren Klasse hat man nur, wenn man sich auch in allen vorherigen Klassen beteiligt hat. Dies ist deshalb Bedingung, weil die Ausschüttung in den höheren Klassen besser ist als in den niedrigen.

Lose kann man nicht direkt beim Veranstalter, sondern nur beim Lotterieeinnehmer kaufen. Wie beispielsweise bei Gustav Boesche, dessen Familie dem Glück schon seit 1880 verbunden ist. Der bei weitem größte Teil des Umsatzes wird auf dem Versandweg getätigt. Und dies nicht allein in Deutschland, sondern in weiten Teilen der Welt. Lose für die Klassenlotterie werden per Post bestellt, die Bezahlung erfolgt per Banküberweisung oder im Lastschriftverfahren.

Wer gleich mehrere Eisen im Feuer haben will, setzt nicht alles auf eine Karte, sondern auf viele Nummern. Denn statt eines ganzen Loses kann man auch mehrere Viertel oder Achtel kaufen. So teilen sich also einige Spieler eine Nummer – zum Vergnügen aller. Und anschließend das Bare.

Die Gewinne reizen selbst Skeptiker: Bei der Nordwestdeutschen Klassenlotterie geht es während der Laufzeit jeden Freitag um eine Million oder um zehnmal 100.000 Mark. Außerdem warten noch über 147.000 Gewinne bis zu 50.000 Mark auf die Mitspieler. Bei der Jubiläumslotterie gibt es noch einen Zusatzknüller: In jeder Klasse wird ein zusätzlicher Gewinnblock ausgespielt. Dabei werden Sondergewinne zwischen 1.000 Mark und einer Million ausgespielt.

Daß die Dame Fortuna – was die Nordwestdeutsche Klassenlotterie angeht – schon auf eine unübersehbare Schar zufriedengestellter Liebhaber zurückblicken kann, sollte ihren Reiz nur erhöhen. Sie ist és jedenfalls wert, daß man um sie buhlt.

nem Herrenmagazin, umgeben von galanten Geschichten und nackten Mädchen; siehe Seite 309). Das bekannte Märchen »Hans im Glück« der Gebrüder Grimm kann abstrahiert (eskalierende Abnahme von materiellem Wert bei gleichzeitiger Zunahme von ideellem Wert) und variiert werden (siehe Seite 157 ff.)

sachbezogen (Presse): ideelles Glück

senderbezogen (Brief): das Gegenteil von Glück

Im zerknirschten Schreiben eines verschmähten Liebhabers an seinen Freund (je nach Zeitgeist sehr unterschiedlich formuliert) kann das »Vokabular« den entscheidenden Part übernehmen; wird es verändert, verändert es zwar nicht den Sinn, wohl aber die Tonalität und damit die Stimmung, die Anmutung des Inhalts:

Der Romantiker anno 1830

Drei Tage sind es wohl, da mich meine Liebste verließ. Ihr Herz hat sich einem anderen zugewandt. Ein Schurke ist er wohl, ein Lügner. Er hat sie verführt mit den verlockenden Tiraden seiner süßen Worte! Blendwerk der Hölle! Gott verzeihe ihr und ihm die Stunden, die ich erlebt habe, die brennenden Tränen, die ich geweint, die qualvollen Schmerzen, die mein Inneres zerrüttet haben. Aller Lust habe ich aus Liebe zu ihr entsagt, an ihr allein hang ich, auf ihr habe ich all meine Hoffnung und mein Vertrauen gesetzt, und sie dankt es mir mit ihrer Treulosigkeit. Das Beste, das Schönste, das Begehrenswerteste auf der Welt kann man nur mit der eigenen Seele bezahlen, wie man niemals eine Liebe erkaufen kann. Doch manch einer darf sein Herz einer so schönen und ausgezeichneten jungen Dame antragen, wie meine Liebste es war. – Diese Bösewichte, kalt und egoistisch im Herz, versuchen mit heuchlerischem Maule die Unglücklichen zu betören und machen trügerische Hoffnungen ...

Der Kavalier anno 1930

Meine Freundin hat mit mir Schluß gemacht. Sie hat sich in einen anderen verliebt. Wahrscheinlich wird es ein reicher Lebemann sein, der ihr alles bieten kann. Auf Paula macht solch ein Angeber wie der natürlich einen tollen Eindruck. Ganz schön blöd, am Anfang war ich todunglücklich – in einem völlig desolaten Zustand war ich. Ihr infames Verhalten hat mich sehr gekränkt. – Weiber mit Format lassen sich nicht so leicht um den Finger wickeln. Aber manche Mannsbilder haben eben mehr Glück als Verstand und erobern die schönsten Frauen. Diese Opportunisten machen die tollsten Versprechungen und schwingen große Reden. So was imponiert natürlich. Solche Schwadroneure kann ich nicht ausstehen.

Der Hippie anno 1970

Mit meiner Freundin läuft nichts mehr. Sie hat sich in einen anderen verknallt. Einer mit viel Kohle und irren Klamotten. Wahrscheinlich hat der auch noch 'ne tolle Wohnung. Da kommt einfach so'n Arsch daher mit 'ner großen Klappe, und sie fällt drauf rein. So was is' doch Scheiße. Am Anfang ging's mir ziemlich mies, ich war ganz schön down, fand das von Susi unheimlich fies, eine echte Gemeinheit. Die echt starken Frauen sind nicht so leicht aufzureißen. – Aber manche Typen haben wahnsinnigen Dusel, die bekommen die tollsten Emmas, knutschen mit denen rum und verdrücken sich dann wieder. Die spielen den Mädchen irgendwas vor, ziehen 'ne Riesenshow ab, und die Weibsen stehn da noch drauf. Solche Typen habe ich gefressen ...

Der Punker anno 1990

Mit meiner Alten isses empty. Die is' auf so'nen Wichser abgefahren. So einer mit 'nem Haufen Knete und affengeilem Fummel. Wahrscheinlich auch noch mit 'ner abgefahrenen Bude. Da kommt einfach so'n Schniegel-Poppie, der unheimlich auf'n Putz haut, und meine Tussi läßt sich anmachen. Das is' doch Fuzzy, so was. Zunächst war ich finster drauf, war völlig abgebaggert, ich fand das von Gaby tierisch abgespitzt. Das is' doch echt 'ne Verlade. – Die echt zombigen Tanten sind nicht so leicht anzusägen. Aber da gibt's immer noch so'n paar Macker, die sich die echt tollen Bräute keilen, sich an der Mutti abarbeiten und dann 'ne Biege machen. Die schmieren der Tussi unheimlich was vor, powern voll rein, und die Disco-Torten fahren da voll drauf ab. Auf solche Scheißer hab ich 'nen Rochus ...

Weisheiten

GLÜCK – REDEWENDUNGEN, SPRICHWÖRTER UND ZITATE (Auszüge)

Glück muß der Mensch haben – Mehr Glück als Verstand – Auf gut Glück – Glück und Glas, wie leicht bricht das – Jeder ist seines Glückes Schmied – Unglück im Spiel, Glück in der Liebe – Glück hat auf die Dauer doch zumeist wohl nur der Tüchtige (Moltke, Denkschrift: Strategie)

Der Kontext macht das Wort zum Wortlaut

Glückspilz Glücksspiel Glücksritter

Glück auf (Bergmannsgruß) Glück ab (Fliegergruß)

Glück im Unglück Glücksspirale Glücksklee

Glücksschwein Glückwunsch

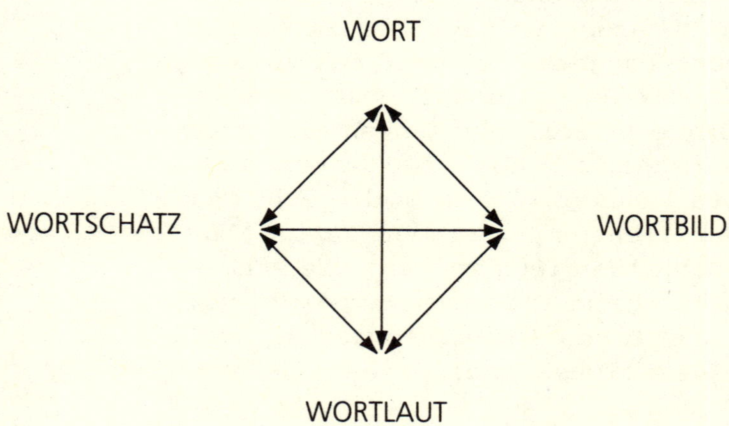

WORT: (objektiv) Es können verschiedene Assoziationen gebildet werden.
WORTSCHATZ: Durch Einsatz von Synonymen kann präziser formuliert werden.
WORTBILD: Begriff kann auch von Ausländern verstanden werden.
WORTLAUT: (subjektiv) Begriff kann einer bestimmten Diskurswelt zugeordnet werden.

Fazit

Am Ende eines Buches liegt es nahe, Bilanz zu ziehen – Vorrangiges gegenüber Details festzuhalten, Schlüsse daraus zu ziehen, nach Sinn und Zweck des Themas zu fragen. Das soll auch hier so sein: Kreativität ist ein Phänomen, welches untrennbar mit dem menschlichen Organismus zusammenhängt – und durch keinen, auch nicht den perfektesten Computer dieser Welt ersetzt werden kann. Seine allenfalls digitalen Fähigkeiten können beispielsweise gegen einen (fortgeschrittenen) Schachspieler etwas bewirken – weil ihm aber wichtige analoge Eigenschaften fehlen, wird er auf einen (unabsichtlichen oder absichtlichen) Fehler genausowenig »menschlich« reagieren wie auf eine Idee, die aus dem Herzen, aus einer augenblicklichen Stimmung oder aus dem Temperament seines Gegenübers kommt. Ein Computer kann deshalb auch nicht clever, taktisch klug, diplomatisch, zynisch oder impertinent sein; aber er kann uns mechanische Routinearbeit abnehmen, d.h. alles, was nicht mit kreativem Denken bewältigt werden muß – damit wir mehr Zeit für Ideenfindung zur Verfügung haben. Kreativität ist der Ball, der Homo sapiens ist der Spieler, die Welt ist der Sportplatz. Und dabei kommen oft verblüffende Ergebnisse zustande:

Computer können nicht lachen

- Wenn z.B. wie bei einem (Theater-)Stück, einem (Kriminal-) Film oder einem (Liebes-)Roman für den Autor das Ende schon bekannt ist, muß er entsprechend beginnen, an den Höhepunkt denken, logisch abschließen und sich dabei immer in die Rolle des Adressaten versetzen. Ergo: Ein guter Anfang – der angeblich »schwer« ist – ist oft die zwangsläufige Folge vom Ende einer Story. Dieses liegt nicht »in der Zukunft« und der Anfang »in der Gegenwart«, sondern es liegt »in der Gegenwart« und der Anfang »in der Vergangenheit« (Count*down* von -10 bis 0). Ich möchte nicht wissen, wie viele Lösungen in der »Schublade« liegen und auf ihr »Problem« warten...

Dramaturgie heißt, daß man das Ende schon am Anfang kennt

- Dieses führt wiederum zur Erkenntnis, daß man eigentlich alles, was zu Routine und Abstumpfung führt, kurz vorher *umdrehen* sollte. Ich selbst lasse mir z.B. bei Klausuren meiner Studenten keine Fragen mehr beantworten, sondern

Die Dinge um 90°/180°/360° zu drehen ist oft die einfachste Lösung lasse *Fragen stellen,* deren Qualität mir dann wichtige Schlüsse erlaubt…

- Nur wer (rhetorische) Fragen stellt, hat ein ungestörtes Verhältnis zur Innovation; wobei natürlich nicht jede Frage beantwortet werden muß – beispielsweise die Frage »Warum hat ein Kirchturm keine Digitaluhr?« oder: »Können Stechmücken AIDS bekommen?« o. ä.

Hypothesen können weiterhelfen

- Nur wer auch *gegensätzlich* denken kann oder will, kann sich von seinem Problem entfernen – beispielsweise mit den Fragen »Was ist der Kontrast zum augenblicklichen Zustand?«…»Was soll das Ganze überhaupt?«…»Macht die Suche nach Ideen überhaupt Sinn?«

Training

- Nur wer trainiert, »seinen Mitmenschen auf die Nerven zu gehen«, kann finden und *er*finden. Wie geht das? Man nimmt sich eine Zeitlang jeden Tag einen Gegenstand oder ein Ereignis und durchdringt es eine Viertelstunde systematisch mit dem Rüstzeug der Fragen. Nehmen Sie sich z.B. einen Bleistift und fragen Sie: »Wo kommt er her? Wie wird er gemacht? Woher stammt sein Holz?« Der Fragestrom fließt. Wenn Sie diese Übung einige Wochen hindurch Tag für Tag an immer wieder anderen Gegenständen (oder Geschehnissen) durchführen, wird Ihnen das Fragen tatsächlich zur Gewohnheit (aus: »Richtig denken, richtig arbeiten« von F. Pachtner). Ergo: Wer Fragen stellt, braucht sich weniger Gedanken um Antworten zu machen, die auf Fragen anderer gegeben werden müssen!

Kompetenz

- Nur wer in einer Sache *kompetent* ist, kann natürlich befriedigende Antworten geben. Aber auch in der Form des Beantwortens gibt es Unterschiede. Man kann eine Frage sachlich und direkt entgegennehmen und beantworten – oder mit Hilfe eines Verbindungsstückes die Frage auffangen und zur Antwort überleiten. Dieses Verbindungsstück darf jedoch kein Eigenleben haben. Wenn wir eine Frage beantwortet haben, so überlassen wir es dem Fragesteller, selbst nachzuhaken, falls er die Antwort für unbefriedigend hält.

Blickkontakt

- Nur wer den Blickkontakt zu einem Fragesteller aus einer Gruppe herstellt, signalisiert diesem, daß ihn die Frage auch interessiert. So richtet er beispielsweise den ersten Teil seiner Antwort *bewußt* an den Fragesteller; dann schafft er wieder Blickkontakt zum Publikum, um es nicht auszuschließen. Nach dem zweiten Teil seiner Antwort läßt er den Blick nur noch sehr kurz auf dem Fragesteller ruhen und wendet sich deutlich *wieder* dem übrigen Publikum zu. Ein längeres Ruhenlassen des Blickes auf den übrigen Gesichtern (im Anschluß an die Antwort) wird von den meisten Anwesenden als Herausforderung empfunden, zusätzliche Fragen zu stellen…

Kommunikation, also *Reaktion auf Aktion*, ist das Ziel der Ideenfindung für Werbung und Design. Morphologie ist dabei die Analyse, Heuristik die Synthese.
Als Übersicht und Essenz der vorliegenden Thematik möchte ich die folgenden acht Kanons verstanden wissen, welche Wesentliches zusammenfassen und zur Auseinandersetzung Anlaß geben sollen.

Kanon Nr. 1

Jeder Mensch ist latent kreativ; Übung macht den Meister!

Der Homo sapiens ist mehr oder weniger

- sensibel
- intellektuell
- flexibel
- urteilsfähig
- zielstrebig
- innovationsfreudig

Entsprechend unterschiedlich arbeiten auch die beiden Gehirnhälften.
Rechts: analoges Denken (emotional)
Links: digitales Denken (rational)

Der allen Individuen gemeinsame Zeichenvorrat ist das Spielmaterial für den gestaltenden Menschen.

Weil jeder gesunde Mensch wahrnehmen kann, entwickelt er auch sinnliche Triebe wie z.B.

- Aufmerksamkeit
- Neugier
- Motivation
- Interesse
- Bedürfnis
- Aktivität

Kreativität kann trainiert werden durch Aktivierung der jeweils unterentwickelten Gehirnhälfte.

Kanon Nr. 2

Kreativität löst nicht nur künstlerisch-ästhetische, sondern auch wirtschaftliche, politische und soziokulturelle Probleme.

Dem Menschen ist es möglich, unterschiedlich stark

- visuell oder
- verbal zu denken,
- intuitiv zu organisieren,
- zu lernen, zu planen und zu vergessen.

Organisierte Ideenfindung:

(1) individueller Weg
(2) Gruppenweg firmen-intern oder extern (Workshop)

Führungskräfte werden mit Streßsituationen besser fertig als Untergebene.

Ideenfindung ist Problemlösung.

Modell:
- Problemanalyse (Problemformulierung)
- Ideenfindungsphase (Problementfernung)
- Bewertungsphase (Ansätze filtern)
- Realisationsphase (Argumentation)

Techniken:
- Anknüpfung (Brainstorming)
- Verfremdung (Analogien)
- Auflösung (Morphologie)
- Kombination (Heuristik)

Kanon Nr. 3

Problemlösungen unterliegen einem Prozeß, welcher mit der Problemerkennung beginnt und mittels kreativer Strategie zum gewünschten Ergebnis führt.

Die *Methodik*
»Durch Analyse zur Synthese« dient dem Erfahren und Erfassen von Zusammenhängen: Richtungen können »zurückgedacht«, Wege »zurückgegangen« werden, um das ursprüngliche Gestaltungsproblem zu erkennen.

Strategien, welche schon zu erfolgreichen Lösungen geführt haben, können bewertet, abstrahiert und umstrukturiert werden.

Verarbeitung:

- Unterbewußtsein
- Vor-Bewußtsein (»Zensor«)
- Bewußtsein

Die *Denkrichtungen*

- konvergent (objektiv, systematisch),
- divergent (subjektiv, willkürlich)

sind ambivalent, jedoch dialektisch.

- Pointen sind stets divergent.

Kanon Nr. 4

Eine kreative Strategie beruht auf unbewußten und bewußten, produktiven und reproduktiven, geordneten und chaotischen Denkrichtungen.

Das Vor-Bewußtsein, auch Speicher genannt, ließe sich sehr gut mit einem Computer vergleichen, in welchem verarbeitete, d. h. durch unseren Bewertungsfilter abgesicherte assoziative Informationen zum Abruf bereitliegen.

Kreativität ist nicht durch einen Computer abrufbar – weil Ideen, auch durch Kreativitätstechniken hervorgebrachte, aus dem Unterbewußtsein kommen (intuitive Produktion).

Die *Methodik* »durch Analyse zur Synthese« ist auch in der Kreativitätstechnik nachvollziehbar:

Auflösung (Morphologie) = Analyse.
Kombination (Heuristik) = Synthese.

So gesehen, ist z.B. auch jede Collage eines Künstlers eine (Neu-)Kombination von an sich schon bekannten, aber noch nicht miteinander verknüpften Elementen.

Kanon Nr. 5

Kreatives Denken ist die Kombination von Divergenz (Lust, Freiheit, Phantasie) mit Konvergenz (Logik, Disziplin, Systematik).

Die *Methodik*
»Konzeption durch Variation« dient dem Erkennen und Verstehen von Gestaltungsmechanismen: Anzeigen können in Einzelelemente aufgelöst und diese mit Teilen anderer Anzeigen ausgetauscht, aber auch ergänzt werden – oder sogar auf wenige Elemente reduziert werden.

Layouts, welche schon zu fertigen Lösungen geführt haben, können persifliert, d.h. in Frage gestellt oder ad absurdum geführt werden.

Veränderungsmöglichkeiten: Text bzw. Bild größer/kleiner, Produkt oder Nutzen verändern etc.

Die *Denkrichtung*

- kreativ (intuitiv/kognitiv, analog/digital, produktiv/reproduktiv)

ist eine Verbindung von konvergentem mit divergentem Denken.

Kanon Nr. 6

Die Dinge anders zu sehen ist oft die einfachste Lösung.

Denken Sie mal bei einem guten Werbetext an einen Witz, der Ihnen erzählt wird…

Denken Sie mal bei einem Werbefoto, das eine Pointe enthält, an einen Cartoon…

Für die Werbung bedeutet das, daß der Betrachter unbedingt in den wechselseitigen Kommunikationsprozeß mit einbezogen werden muß: 90% der Botschaft muß ihm vorgegeben werden, die restlichen 10% muß er selbst »zu Ende denken«.

Wer die Dinge anders als üblich sehen kann, ist in der Lage

- transparent und analytisch zu denken,
- Phantasie *und* Realitätssinn zu entwickeln,
- Tatsachen und Probleme im Gesamtzusammenhang zu erfassen (Helikoptereigenschaft).

Kreative:

Forschung	= Entdecker
Technik	= Erfinder
Design Architektur	= Macher
Kunst Musik	= Genie

Kanon Nr. 7

Ideenfindungsmethoden sind Methoden zum Lösen von Problemen; diese Strategiesysteme dienen der systematischen Problemlösung – sie sollen Kreativität zwar nicht ersetzen, aber freisetzen.

Ein Problem systematisch lösen heißt, es systematisch zu analysieren:

W-Fragen

WAS haben wir?	Situation	IST
WIE soll es sein?	Ziel	SOLL
WAS haben wir nicht?	Problem	IST NICHT
WARUM ist das so?	Ursache	
WELCHE Möglichkeiten?	Perspektive	
WIE kann ich erreichen, daß…?	Strategie	
WELCHE Bedingungen müssen erfüllt sein?	Wirkung	

Kanon Nr. 8

Die kreative Energie ist abhängig vom jeweiligen Denker, seinem Umfeld und seiner Problembehandlung; Persönlichkeit, Stimmung und Denkrichtung sind die Faktoren zur organisierten Ideenfindung.

Eigenschaften:	geeignet für:
sensibel, intellektuell	• Analyse
flexibel, clever	• Ideenfindung
urteilsfähig, kritisch	• Bewertung
zielstrebig, beharrlich	• Realisation

Anhang

Literaturangaben

Berth, R.: Beitrag in Absatzwirtschaft, Sonderausgabe 10/85
Beck, L./Nerdinger, E.: Schriftschreiben, Schriftzeichnen, Callweg, 11. Aufl. 1989
Chaval: Eßt Scheiße, Zehn Millionen Fliegen können nicht irren, Diogenes, Zürich 1982
Der Große Brockhaus, Wiesbaden 1973 – 1975
Fröhlich, W. D.: dtv-Wörterbuch zur Psychologie, München, 15. Aufl. 1987
Gaede, W.: Vom Wort zum Bild, München 1981
Gerstner, K.: Kompendium für Alphabeten, Teufen 1972
Gordon, W. J. J.: Synectics o. O., 1961
GWA: Effizienz in der Werbung, Moisburg 1983
Hartwig, H.: Werbetextgestaltung, München 1978
Hirsch, E.C.: Der Witzableiter, Hamburg 1985
Hofstätter, P. R.: Gruppendynamik, Reinbek 1957
Huff, W. S.: »Argumente zum Grundkurs«, in Ulm 12/13, Zeitschrift der Hochschule für Gestaltung, Ulm 1965
Hunsinger, H.: Beitrag in W & V, Nr. 38/85
Kapitzki, H. W.: Programmiertes Gestalten, Karlsruhe 1980
Kirckhoff, M.: Mind Mapping, Berlin 1988
Klaus, G. (Hrsg.): Wörterbuch der Kybernetik o. O., o. J.
Klima – unsere Zukunft, Kümnerly & Frey, 1987
Leavitt, H.: »Management and Management Education«, in London Business School Journal, Sommer 1983
Levitt, Th.: Marketing Imagination, Landsberg 1984
Linneweh, K.: Kreatives Denken, Rheinzabern 1991
Lüscher, M.: Farben – visualisierte Gefühle, Firmenschrift, Frankfurt 1978
Maier, N. R. R.: »Das Denken beim Menschen«, in C. F. Graumann: Denken, Köln 1965
Matthaei, J. M.: Grundfragen des Grafik-Design, Augsburg 1988
McLuhan, M.: Die magischen Kanäle, Düsseldorf 1968
Meyers Großes Handlexikon, Mannheim 1975
Mieder, W.: Antisprichwörter II, Wiesbaden 1985
Ogilvy, D.: Ogilvy über Werbung, Düsseldorf 1984
Osborn, A. F.: Applied Imagination, New York 1963
Peltzer, K.: Das treffende Zitat, Thun 1955
Raudsepp, E.: So steigern Sie Ihre Kreativität, München 1984
Ravensburger Sprachbastelbuch, Ravensburg 1977
Ritz, H.: Die Geschichte vom Rotkäppchen, Göttingen 1981
Rohracher, H.: Einführung in die Psychologie, München, 13. Aufl. 1988
Rutz, U.: Ideenfindung. Adaptive Teachware, Zürich 1974
Seiwert, L. J.: Das 1x1 des Zeitmanagements, Speyer 1984
Strehle, H.: Vom Geheimnis der Sprache, o. O., o. J.
Teigeler, P.: Verständlichkeit und Wirksamkeit von Sprache und Text, Stuttgart 1969
Urban, D.: Text im Kommunikationsdesign, München 1980

Urban, D.: Digitale Wortbilder, Kassel 1987
Urban, D.: Text-Design, München 1989
Urban, D.: Gestaltung von Signets, München 1991
Watzlawick, P.: Wie wirklich ist die Wirklichkeit? München 1978
Watzlawick, P.: /Beavin, J. H./Jackson, D. D.: Menschliche Kommunikation, Bern, 8. Aufl. 1990
Weigel, H.: Blödeln für Anfänger, Zürich 1985
Wirz, A.: Lerne schöpferisch denken, Zürich 1970

Bildquellenverzeichnis

Alle hier nicht genannten Bildquellen stammen aus dem Archiv des Autors. Autor und Verlag haben sich gründlich bemüht, die Inhaber der Bildrechte ausfindig zu machen und die Abdruckerlaubnis einzuholen. Wenn uns das nicht in jedem Fall gelungen ist, bitten wir die Rechteinhaber um Verständnis. Mit der Unterlassung möchten wir uns nicht der Verpflichtung zur Honorierung von Abdruckrechten entziehen.

Seite	
64–66:	Fachhochschule Augsburg, Fachbereich Gestaltung
150:	Hochschule für Gestaltung Linz, Fach Medienphilosophie
169–187:	Fachhochschule Augsburg, Fachbereich Gestaltung
193–213:	Schule für Gestaltung, St. Gallen, Grafikerfachklasse
214–234:	Schule für Gestaltung, St. Gallen, Weiterbildungskurs
215:	Braun-Werbeabteilung, Kronberg/Ts.
243:	Diogenes-Verlag, Zürich
245:	Diogenes-Verlag, Zürich
248–249:	Fachhochschule Augsburg, Fachbereich Gestaltung
261:	ECON Verlag, Düsseldorf
262/63:	ECON Verlag, Düsseldorf
277–278:	Fachhochschule Augsburg, Fachbereich Gestaltung
279–288:	Schule für Gestaltung, St. Gallen, Weiterbildungskurs ›Visueller Gestalter‹
290–305:	Fachhochschule Augsburg, Fachbereich Gestaltung
309:	Bruckmann-Verlag, München (novum)

Personen- und Sachregister

Wenn Sie Fragen, Anregungen oder Beschwerden haben, rufen Sie uns bitte an: Wolfgang Drescher, ECON Verlagsgruppe, Telefon 02 11/4 35 96, Fax 02 11/4 35 97 68.

Die Deutsche Bibliothek – CIP-Einheitsaufnahme

Urban, Dieter: Kreativitätstechniken für Werbung und Design / Dieter Urban. – Düsseldorf; Wien; New York; Moskau: ECON Verl., 1994.
ISBN 3-430-19257-9.

Lektor: Gerhard Juckoff. Gesetzt aus der Frutiger, Linotype. Satz: Formsatz GmbH, Diepholz. Papier: Papierfabrik Schleipen GmbH, Bad Dürkheim. Druck und Bindearbeiten: Bercker Graphischer Betrieb GmbH, Kevelaer. Printed in Germany. ISBN 3-430-19257-9.